2018 라틴아메리카

세계화 시대의 라틴아메리카

2018 라틴아메리카

세계화 시대의 라틴아메리카

서울대학교 라틴아메리카연구소(편)

SNUILAS
서울대학교 라틴아메리카연구소

2018 라틴아메리카를 발간하며

2017년 라틴아메리카는 지난 몇 년간의 경제 둔화에서 탈출하기 위해 많은 노력을 경주하였다. 국제 유가가 천천히 회복의 기미를 보이며 세계 경제, 그리고 라틴아메리카 경제에 기대감을 주었고, 각 국가 정부들은 다양한 정치·경제 정책을 통해 국가를 안정시키고 국가 경제의 재기를 꿈꾸었다. 하지만 여전히 라틴아메리카 대부분의 국가들은 지난 몇 년간의 저성장의 굴레에서 벗어나지 못하였다. GDP가 완연한 회복세를 보인 몇몇 국가에서도 고도의 인플레이션과 실업 문제로 실질적인 경제 발전을 이룩하지 못하였다. 특히 베네수엘라는 2017년 실질 물가상승률이 6천%에 달하고 전 국민의 90%가 빈곤에 빠진 것으로 추산되는 등 국가 경제가 거의 파산에 이르렀고 정치적으로도 극심한 불안을 나타내고 있다.

이러한 암울한 상황에서, 라틴아메리카는 세계화 또는 비세계화라는 상반되는 개념에 대한 논의를 구체화함으로써 라틴아메리카의 지역적 부활을 도모하고 있다. 우파적 성향을 띠는 정부의 국가들은 글로벌 자유주의 질서를 옹호하며 금융과 경제의 자유화를 추구하고 있다. 반면 좌파 성향이 강한 정부의 국가들은 국지적 특수성을 강조하며 보호주의적 전략을 추진하고 있다. 후자의 비세계화적 태도는 최근 미국의 트럼프 정부에 의해 전 세계적으로 화두에 오르고 있는데, 라틴아메리카에서의 비세계화 개념은 반미주의 태도를 토대로 부상한 반신자유주의 담론이다. 이러한 상이한 입장은 공존하는 가운데, 2018년 아르헨티나가

G20의 의장국으로 1년 동안 정상회담을 개최하게 되었다. 이는 세계화 시대에 라틴아메리카의 지역적 요구를 세계무대에서 논의하고 라틴아메리카가 세계 경제 및 교역의 4분의 3을 차지하는 세력들과 주체적으로 만나는 장을 제공할 것으로 기대된다.

이 책은 최근 이러한 라틴아메리카를 둘러싼 국내외 정세의 변화에 대한 분석과 전망을 제공하고자 하였다. 동시에 라틴아메리카 내부적인 정치·경제·사회적 주요 이슈들에 관한 분석과 비판을 제공하고자 하였다. 물론 여전히 유동적인 국제정세와 라틴아메리카 내부적 혼란으로 인해 분석에 어려움이 존재하는 것이 사실이다. 하지만 이 책을 통한 연구와 시도가 라틴아메리카를 좀 더 올바르게 이해하는 데에 큰 기여를 하리라 기대한다.

앞서 언급한 분석과 함께, 이 책에는 작년 11월 '라틴아메리카 경제의 침체, 그 끝은 어디인가?'라는 주제로 개최한 시사토론회의 전문(全文)을 부록으로 수록하여 라틴아메리카 경제의 문제점과 미래에 대한 수준 높은 식견을 제공하였다. 토론에 참여해주신 김기현 선문대 교수, 권기수 한국외국어대 교수, 김영석 계명대 교수, 김형주 LG경제연구원 연구위원에게 이 자리를 빌려 특별한 감사를 표한다. 아울러 연구와 교육으로 바쁜 가운데서도 성심을 다해 이 책에 실린 글을 집필 또는 번역해주신 여러분께 감사의 인사를 드린다.

2018년 4월

서울대학교 라틴아메리카연구소장

김춘진

감사 인사

이 책을 위해 옥고를 투고해주신 분, 해외 논문을 번역해주신 분, 글의 전재를 허락해준 해외 저널 관계자 여러분에게 깊은 감사를 표합니다.

| 집필자, 번역자, 편집자(가나다 순) |

권기수(한국외국어대학교 교수)

김권식(국제금융센터 연구위원)

박은영(서울대학교 강사)

심상완(단국대학교 교수)

이성훈(서울대학교 라틴아메리카연구소 HK교수)

임태균(서울대학교 라틴아메리카연구소 HK교수)

정동희(서울대학교 강사)

정혜윤(고려대학교 강사)

조영실(서울대학교 강사)

조혜진(고려대학교 강사)

| 해외협력 저널 |

Revista *Nueva Sociedad*

목 차

제1부 정치

제2부 경제

제3부 사회

제4부 세계화 시대의 라틴아메리카

부록

제1부 정치

평화협정 체결에 대한 콜롬비아 국민 투표에 있어서의 탈진실

마리아 페르난다 곤살레스

국립 콜롬비아 대학교 초빙 교수

원제와 출처: María Fernanda González, "La 'posverdad' en el plebiscito por la paz en Colombia", *Nueva Sociedad*, No. 269, mayo-junio de 2017, pp. 114-126.

핵심어: 카스트로-차베스주의, 콜롬비아 무장혁명군, 후안 마누엘 산토스, 알바로 우리베, 콜롬비아

정치 분야에 있어 소셜네트워크 서비스의 도래는 의사소통의 진정한 혁명을 불러 일으켰다. 정보를 전달하고 유포하는 형식이 본질적으로 바뀌게 된 것이다. 소셜네트워크 서비스를 통해 선거 캠페인의 상세한 내용을 확인하고 프로그램의 내용을 알 수 있으며 후보들의 연설을 경청하고 선거 주역들의 변화 과정을 체감할 수 있는 기회는 트위터와 페이스북과 같은 의사소통 수단들이 지닌 힘을 여실히 보여주었다.

프랑스 일간지인 르 몽드지의 주필인 제라르 쿠르투와는 자신의 저서『선거 운동에서의 정당들』에서 1965년 이후 총 9차례 실시된 프랑스 제 5공화국 대통령

선거 기간 동안 유세에 이용된 의사소통 수단의 진화를 상세히 진술하고 있다.[1] 쿠르투와에 따르면, 최근 50년 동안 유권자들에 대한 지지호소 방식은 기술의 혁명과 더불어 진화하였다. 제 4공화국 (1946-1958) 기간 동안의 대통령들은 자신들의 메시지를 전달, 유포하기 위해 라디오를 이용한 반면, 제 5공화국 동안에는 샤를 드 골 장군부터 텔레비전을 적극 활용하였다.

이 변화는 1962년 대선부터 보통, 직접 선거를 통해 유권자들이 대통령을 선출하게 된 이후 대통령과 프랑스 국민들 간의 직접적 만남이라는 이정표를 기록하게 되었다. 무엇보다도 의사소통 방식의 변화는 텔레비전을 통한 메시지 전달 능력이 뛰어난 후보들에게 절대적으로 유리하게 작용하였다. 쿠르투와는 1974년 대선 당시 발레리 지스카르 데스탱 후보가 그의 소심한 성격과 유권자들과의 거리감에도 불구하고 유권자들을 사로잡는데 성공했다고 회고한다. 쿠르투와는 다음과 같이 기술한다.

> 무엇보다도 지스카르 데스탱의 경쟁자들은 제 4공화국 사람들이었고 라디오 세대에 속한 사람들이었다. 그러나 데스탱은 제 5공화국의 아들이었고 텔레비전 세대 사람이었다. 그는 완벽하게 코드를 조정하였다. 공식 선거 운동 시작 후 첫 번째 선거 방송에서 그는 책상에 앉아서 방송을 하는 대신 안락의자에 앉아서 방송을 하였다. 이것은 마치 프랑스인들과 편안하게 대화를 나누는 것처럼 보였다. 첫 번째 선거 방송이 있은 지 3일 후에 있었던 두 번째 선거 방송은 매우 치밀하고 상세하게 만들어진 자신의 이미지를 유권자들에게 어필하는데 할애되었다. 그리고 이 방송은 다음과 같은 데스탱의 기탄없는 말로 끝을 맺었다. “사람들은 저를 보고 차가운 사람이라고 비난을 합니다. 하지만 저는 그렇게 생각하지 않습니다. 의심의

1) G. Courtois, *Parties de campagne. La saga des élections présidentielles*, Perrin, París, 2017.

여지없이 저는 여러분들과 같은 그러한 사람입니다."[2]

데스탱이 유권자들에게 던진 단순한 메시지와 그의 친숙한 연설은 그가 엘리제 궁에 입성하는 것을 보다 용이하게 해 주었다. 그러나 비록 텔레비전이 선거 유세에 있어서 위대한 수단으로 활용되었지만 최근 10년간은 인터넷과 기술 혁명의 거대한 충격으로 인해 그 환경이 급변하였다. 우리가 주목해야 할 점은 이 변화가 선거 수단의 변화일 뿐만 아니라 유권자에게 전달하는 메시지 내용의 변화, 좀 더 복합적인 차원에서 말하자면, 메시지가 지닌 진실성의 변화라는 사실이다.

정보의 대중화와 같은 소셜네트워크 서비스가 가져 온 커다란 유용성에도 불구하고 이것이 생산하는 저질 내용에 대해 우려하는 다양한 연구들이 존재한다. 이와 같은 우려의 목소리가 나오는 이유는 대중이 사건에 대해 신속하게 알 수 있다는 점뿐만 아니라 대중에 유포되는 정보의 진실성에 대해 중요성을 부여하지 않는다는 점, 즉 옥스포드 사전이 2016년 올해의 낱말로 선정한 "탈진실"(posverdad)에 기인한다. 옥스포드 사전은 "탈진실"을 "여론 형성에 있어 객관적 사실보다는 감정과 개인적 신념이 더 큰 영향을 미치는" 순간으로 정의한다.[3]

영국과 미국에서 기성 정치인들에 대한 유권자들의 불만과 경제 및 사회적 위기는 이 "탈진실"의 형식과 결부되었고, 이로부터 영국에서는 브렉시트가, 그리고 미국에서는 도널드 트럼프의 당선이란 사건이 생겨난 것이다. 파리 아메리카 대학교 언론정보학과 제이슨 하신 교수는 르 몽드지와의 인터뷰에서 대중들의 전통 언론 매체들에 대한 불신과 선거 유세에서 루머의 이용은 탈진실의 단순한

2) ibid., p. 104.

3) Martin Le Gros, "Généalogie de la politique post-vérité" en *Philosophie Magazine* No. 106, 2/201, p. 18.

하나의 요소일 뿐이라고 주장하였다.[4] 또한 그는 선거 참모들은 시민들이 실제 생각하는 것을 유포하기 보다는 "여론에 편승하여" 유권자들이 듣기 원하는 것을 추구한다고 확언하였다.

런던에서부터 보고타까지

브렉시트의 결과와 불안을 조성하는 캠페인의 이용은 2016년 2월에 있던 평화 협정 비준을 위한 콜롬비아 국민 투표 결과의 전조였다. 평화 협정 체결 서명이 있기 몇 달 전 후안 마누엘 산토스(Juan Manuel Santos) 대통령은 브렉시트가 가르쳐 준 교훈에 대한 토론회에서 이미 진언을 한 바 있다. 7월 7일 콜롬비아 미래재단의 장학생들을 대상으로 한 연설에서 산토스 대통령은 다음과 같이 주장하였다.

> 우리는 콜롬비아 무장혁명군(Fuerzas Armadas Revolucionarias de Colombia, FARC)과 최종적인 평화 협정 체결 단계에 와 있습니다. 저는 이 협정이 곧 콜롬비아 국민들에 의해 승인되길 기대합니다. 여러분들께서는 이 결정에 어떻게 참여할 것인지에 대해 자문해 보셨습니까? 제가 말하고자 하는 바는 여러분들께서 이 협정에 찬성을 하는지 혹은 반대를 하는지가 아니라 이 주제가 지닌 중요성에 대한 여러분들의 의식 수준입니다. 영국에서 일어난 일을 보시기 바랍니다. 영국인들은 유럽 연합을 떠나는데 찬성표를 던졌습니다. 이렇게 결정을 한 직후에야 비로소 영국인들은 유럽 연합 탈퇴라는 주제에 대한 정보를 본격적으로 공유하기

4) Valérie Segond, "La post-vérité a radicalement transformé les campagnes électorales" en *Le Monde*, 2/3/2017.

시작하였습니다.[5]

산토스 대통령은 마치 교수처럼 영국에서 발생한 브렉시트라는 사건의 항적을 추적하면서 "우리는 국민 투표 후에서야 지속적인 전쟁이 가져 올 결과에 대해 인식할 것입니까? 우리는 타자가 우리 대신 결정하고 비극적인 무장 갈등을 우리에게 강요하도록 놓아 둘 것입니까?"라는 질문을 던졌다.[6]

이 발언들은 산토스 대통령이 집권 후 맞닥뜨린 가장 어려운 순간들 중 하나의 전조가 되었다. 국민 투표 결과 모두의 예상을 뒤엎고 단지 58,000표라는 근소한 차로 평화 협정 비준 반대 진영이 승리를 거두었다.[7] 투표 직후 이 예상치 못한 결과에 대한 초기 분석들은 숨은 표들이 다양한 여론 조사에 반영되지 않았다는 결론을 내렸다. 정치 분석가들은 또한 대통령의 의사소통이 지역에 따라 다르게 받아 들여졌고 국민과 함께 하지 않는 모습이 뜻밖의 선거 결과에 반영되었다고 하였다. 이들은 평화 협정 비준을 위한 국민 투표는 본질적으로 정부에 대한 불만을 표출한 투표였으며 집권 6년차에 접어 든 산토스 대통령의 권력 누수 현상을 보여주고 있다고 단정 지었다.

한편 선거 직후 곧바로 패배를 인정한 정부 측은 카리브 해 연안을 강타했던 허리케인 매튜가 선거 결과에 영향을 미칠 수 있었던 또 다른 원인이라고 하였다. 정부 측 설명에 따르면 산토스 대통령의 지지 기반 중의 한 지역으로 간주되는 콜롬비아의 카리브 해 연안 지역 유권자들이 허리케인으로 인해 대규모로 투표소에 가지 못하였기에 찬성표가 반대표보다 덜 나왔다는 것이다. 이와 유사한 많은 환경적 원인들이 결과를 바꿀 수 있었다.

5) 2016년 7월 7일 콜롬비아 미래 재단 장학생 대상 후안 마누엘 산토스 대통령 연설문.

6) Ibid.

7) 평화 협정 비준 반대표는 전체 투표자 수의 50.21%였고 찬성표는 49.78%였다.

그러나 이 모든 논쟁들은 평화 협정 비준 반대 진영의 유세 총 책임자인 루이스 카를로스 벨레스(Luis Carlos Vélez)의 논쟁적이며 솔직한 진술 밑으로 묻혀 버렸다. 그는 일간지 『라 레푸블리카』와의 인터뷰에서 반대 진영의 전략은 실제적으로는 정부의 논리와 주장에 맞서는 것인 만큼 부정적 감정에 집중하는 것이었다고 밝혔다.

> 우리는 소셜네트워크 서비스의 강력한 전염성을 발견하였다. 예를 들어 내가 안티오키아(Antioquia) 주의 아파르타도(Apartadó)를 방문했을 때 한 주의원이 내게 왜 국가가 재정적으로 어려운 상황에서 게릴라 반군들에게 돈을 주어야 하느냐는 메시지와 함께 산토스 대통령과 반군 지도자인 티모첸코가 함께 찍은 사진을 나에게 건네주었다. 나는 이것을 나의 페이스북에 올렸고 그 주 토요일에는 십삼만 명이, 그리고 곧 최대 육백만 명이 이 사진을 공유하였다. 파나마와 브라질 출신의 선거 전략가들은 우리에게 이번 국민 투표의 전략은 국민들의 분노에 초점을 맞추기 위해 평화 협정에 대한 설명은 포기하는 것이라고 말해 주었다.[8)]

본 논문의 목적은 콜롬비아의 평화 협정 비준을 위한 국민투표 유세 기간 동안 인터넷을 통해 발표, 유포된 비준 반대 진영의 주요 논거들에 대한 분석을 제시하는 것이다. 텍스트 통계학적 분석 방법에 기반 한 본 연구는 반대 진영의 담론에 사용된 언어의 특징을 알아보고, 반대 진영을 이끈 주요 지도자들에 의해 표현된 내용들을 상세히 연구하고, 그리고 국민투표에서의 내적, 외적 이념 전쟁을 이해하기 위한 새로운 방법을 찾기 위해, 통계적으로 분석된 상당한 양의 텍스트들을 수집하였다. 본 연구를 위해 수집한 자료에는 공식 성명서, 인터뷰 그

8) Juliana Ramírez, "El 'No' ha sido la campaña más barata y más efectiva de la historia" en *La República*, 5/10/2016.

리고 콜롬비아 정부와 반군 간의 정전 협정이 비준된 6월 24일과 국민투표가 열린 10월 2일 사이에 나온 연설문 등이 포함되어 있다. 이들 자료들에 대한 분석은 평화 협정 비준 반대 진영의 메시지들이 논증과 조작을 혼합해 놓은 것임을 보여준다. 이것은 사실 선거 유세에서 새로운 일은 아니지만 소셜네트워크 서비스 세계에서 어떤 특별한 역동성을 획득한다.

초기 논의: 배신

후안 마누엘 산토스 대통령에 반대하는 주장들 중 가장 강력한 지지를 얻었으며 국민투표 전, 유세 기간 동안, 그리고 선거 운동 이후 전 대통령이자 현역 상원 의원인 알바로 우리베(Álvaro Uribe)가 단순한 방식으로 이용한 논거는 산토스 대통령이 국민을 "속이고 있다"는 주장이었다. 베네수엘라와의 외교 관계가 복원되고 평화 협상이 공식적으로 시작된 이후 우리베 전 대통령은 자신이 재임하던 당시의 정부 정책들과는 모든 면에서 반대되는 정책들을 산토스 대통령이 추진하고 있다고 주장하였다. 유세 기간 동안 여러 차례에 걸친 연설에서 우리베 전 대통령의 메시지는 일관적이다. 즉 산토스 대통령이 민주적인 안보 정책을 폐기하면서 자신과 콜롬비아 국민을 속였다는 것이다. 우리베 전 대통령이 토론회에서 한 말들에는 다양한 시각과 어느 정도는 조작된 논거가 뒤섞여 있었다.

2016년 7월 유럽 순방 기간 동안 우리베 전 대통령은 자신의 이데올로기와 가장 가까운 노선을 걷고 있는 언론들과 대화를 하였다. 이 대화에서 우리베는 다음 선거에서 우리베주의가 정권을 잡게 된다면 "우리의 강령은 산토스 대통령이 고안해 시도하는 정책에 반대하는 것이 될 것입니다. 왜냐하면 그는 카스트로-차베스주의자들인 콜롬비아 무장 혁명군에게 국가를 내어주고 있기 때문입니다"라고 확언하였다.[9] 그리고나서 그는 산토스 대통령이 추진하던 콜롬비아 무장혁명군과의 평화 협정에 대해 언급하면서 산토스 행정부는 콜롬비아 국민과 국제 사회를 속이고 있다고 주장하였다: “산토스 정권 하에서는 콜롬비아 국민을 위한 안보 정책은 존재하지 않습니다. 이 정권은 모든 것을 테러리즘에 양보해 버렸고 콜롬비아의 사회, 경제 분야에 엄청난 피해를 끼치고 있습니다. 이 정권은 국제 사회의 여론과 언론을 조작하고 있습니다.”[10] 국내에서도 우리베는 다음과 같이 주장하였다.

> 현 정권은 민주적인 안보, 투자에 대한 확신 그리고 사회 통합 정책들을 유지하고 강화하겠다고 국민들에게 약속을 하였습니다. 현 정권은 분명 이 정책들을 향상시킬 수 있었습니다. 하지만 포기하였습니다. 현 정권은 지금 우리를 협박하고 있는데, 만약 평화 협정 비준 “반대” 진영이 국민 투표에서 승리한다면 이것은 협정에 대한 새로운 방향의 모색이라는 과제를 던져주는 것이 아니라 평화를 포기하는 것이 될 것이라고 우리에게 말하고 있습니다. 우리를 속였다가 협박하고, 협박했다가 속이고 있습니다. 따라서 우리는 현 정권이 추진하고 있는 평화 협정에 반대해야 하며 헌법이 표명하고 있듯이 평화에 찬성해야 하는 것입니다.[11]

이 연설에 대해 우리는 우선 과연 산토스 대통령이 이전 정권을 배신하였는가라는 질문을 던질 수 있다. 우리베 정권에서 국방부 장관을 역임하였던 산토스 대통령은 우리베주의라는 옷을 입은 채 대통령에 당선되었다. 2010년 대선 1차 선거 유세가 시작되고 나서 며칠 후에 산토스 후보는 우리베 대통령과 자신이

9) Alberto D. Prieto, “Álvaro Uribe: ‘Santos es indulgente con el terrorismo e indiferente con el pueblo colombiano’”, entrevista en *OkDiario*, 8/7/2016.

10) Ibid.

11) Noticiero CM&, 22/8/2016.

얼마나 깊이 연결되어 있는지를 숨기지 않았고 권좌에 오르기 위해 우리베 대통령의 지지자들에게 절대적으로 의지하였다. 우리는 두 번의 임기를 마치고 퇴임할 당시 우리베 대통령의 지지도가 72%에 달했다는 점을 기억할 필요가 있다. 따라서 산토스 후보는 선거 유세에서 다음과 같이 자신이 우리베 대통령의 후계자임을 재차 강조하였다.

> 콜롬비아의 운명은 저 후안 마누엘 산토스에 있지 않습니다. 콜롬비아의 운명은 모든 우리베주의자들에게, 우리베 대통령께서 임기 중 과업을 정말 훌륭하게 수행하셨다고 믿는 우리들에게 있습니다. 콜롬비아의 운명은 우리베 대통령께서 이루신 업적들이 과연 제대로 된 것인지 하나하나 증명하면서 뒤집어 버리려는 그런 위험을 원하지 않는 우리들에게 있는 것입니다. 지금 현 시점에서 중요한 것은 제가 대선 후보라는 사실이 아니라 바로 우리베 대통령의 유산인 것입니다.[12)]

비록 2010년 대선은 우리베주의의 유산으로 각인되었지만 산토스 후보 측에서 제시한 정치 프로그램을 살펴보면 다루고 있는 주요 주제들, 즉 교육, 특히 이중 언어 교육, 좌파를 포함한 모든 정치 세력을 포괄하기 위한 프로젝트로써의 국가 통일체(Unidad Nacional)의 창설, "민주적 안전 보장"으로부터 "민주적 번영"으로의 진전, 그리고 무엇보다도 우리베 정권 당시 단교하였던 베네수엘라와의 외교 관계 재개 등은 산토스주의적 시각에 기반하고 있음을 알 수 있다. 대선 승리 연설에서 산토스 대통령 당선자는 이와 같은 자신의 정치적 노선들을 다음과 같이 공표하였다.

12) M.F. González, *El poder de la palabra: Chávez, Uribe, Santos y las farc*, Semana Libros, Bogotá, 2016, p. 185에서 인용.

국민 여러분, 제 말을 잘 경청해 주시기 바랍니다. 저는 국내 및 국외에 정적들이 있다는 사실을 인정하지 않습니다. 우리의 적은 공통적이며 오직 우리가 콜롬비아라는 국가로 단결되어 행동할 때만 그들과 대적할 수 있고 그들을 물리칠 수 있습니다.[13)]

베네수엘라와의 외교 관계 재개와 갈등의 종식은 산토스 대통령이 권좌에 오른 순간부터 그의 '항해 일지'였다. 대통령 취임사에서 그는 다음과 같이 주장하였다.

저는 테러리즘에 대항해 싸우기 위해 우리 군인들, 해병 대원들 그리고 경찰을 파견하였습니다. 저는 그들의 미망인들과 자녀들을 위로하였습니다. 저는 그분들이 겪은 고통이 얼마나 힘든 것인지를 잘 알고 있습니다. 그래서 저는 이 점에 있어 분명한 자세를 취하고 싶습니다. 왜냐하면 저는 군인이기 이전에 외교관이었기 때문입니다.[14)]

우리는 프랑스 사회주의자인 조르주 클레망소의 핵심 주장을 상기할 필요가 있다. 그는 오직 비이성적이고 판단력이 부족한 인간들만이 결코 자신의 주장을 바꾸지 않는다고 주장하였다. 또한 우리는 정치 분야에 있어서 영국의 윈스턴 처칠 수상이나 프랑스의 프랑소와 미테랑 대통령과 같은 위대한 지도자들이 어떻게 자신의 원래 이데올로기를 버려야 했고 정치적 프로그램을 바꿔야만 했는지에 대해서도 상기할 필요가 있다. 처칠은 여러 차례에 걸쳐 정당을 바꿨다. 프랑스 좌파의 수장으로서 공화국 대통령에 오른 미테랑은 취임 2년 후 당시 심각했던

13) 같은책 p. 188에서 인용.

14) 같은 책 p. 190에서 인용.

경제 위기를 타개하기 위해 진보적 경제 정책을 버리고 긴축 정책을 실시하였다.

비록 산토스 대통령은 자기 고유의 정치적 프로그램을 가지고 권좌에 올랐지만 대부분의 여론은 그를 전임자인 우리베를 배신한 정치인의 이미지로 그리고 있다. 평화 및 사회 분야에서의 발전과 같은 산토스 대통령이 재임 기간 동안 이룬 업적들은 민주중도당(Centro Democrático)의 흑색선전에 의해 폄훼되고 있다.

정부의 불완전한 평화에 대한 주장

산토스 대통령은 콜롬비아 무장 혁명군과 체결한 평화 협정이 완벽한 것이 아니라고 하였음에도 불구하고 그의 반대자들은 대통령이 자신이 주도한 협정을 최고의 협정으로 여긴다고 확신하고 있다. 이 점에 대해 협정 체결에 참가했던 협상 대표들이나 산토스 대통령 공히 연설을 통해 완벽한 협정이란 존재하지 않는다고 주장하였다. 그러나 평화 협정을 위한 협상이 열렸던 쿠바의 아바나에서 협상 대표들은 가능한 최고의 협정을 체결하기 위한 노력을 경주하였다.

평화 협정 체결을 위한 정부의 협상 대표단 단장이었던 움베르토 데 라 카예(Umberto de la Calle)는 "평화 협정문에 서명을 하는 것은 텅 빈 공간으로 도약을 하는 것이 아닙니다. 확실한 사실은 우리가 비준한 평화 협정은 완벽한 협정은 아니라는 것입니다"라고 말하였다.[15] 그리고 다음과 같이 첨언하였다.

> 우리는 콜롬비아를 위해 최고의 평화 협정에 도달하기 위한 유일한 목적을 가지고 아바나에서 최선의 노력을 경주하고 있습니다. 이와 마찬가지로 지금까지 콜롬비아 무장혁명군 측과의 협상에서 도출한 결과에 대해 콜롬비아 국민들에게 편향

15) Juan Gabriel Vásquez, "Ingreso de FARC en política exigirá más a los partidos: De la Calle" en *El Tiempo*, 23/8/2016.

되지 않은 중립적 시각으로 알리기 위해 제가 교수법의 마라톤이라고 부르는 것을 시작하였습니다.[16)]

한편 산토스 대통령은 다양한 연설과 성명을 통해 협상이란 반드시 대조되는 시각의 상호 교환에 기반하고 있기 때문에 모든 평화의 과정은 불완전하다고 주장하였다. 그는 다음과 같은 연설을 통해 자신의 입장을 재차 밝혔다.

그러나 저는 평화는 가능하다고 생각합니다. 그리고 저는 항상 우리는 우리에게 평화를 허락하는 최고의 정의를 추구해야 한다고 말하였습니다. 따라서 저는 그 균형점에 우리가 실제 도달할 수 있을 것이라고 생각하는 바입니다.[17)]

평화 협정 비준 반대 진영의 논거는 우선 산토스 대통령이 국가를 콜롬비아 무장 혁명군에게 넘긴다라는 점과 그의 정책이 결과적으로 비제도화의 길로 빠지게 될 것이란 점이었다. 보수주의자인 안드레스 파스트라나(Andrés Pastrana) 전 대통령은 심지어 평화 협정은 쿠데타를 표상한다고까지 주장하였다. 우리베 전 대통령은 민주중도당의 한 성명을 통해 다음과 같이 주장하였다.

우리의 우려는 콜롬비아 무장혁명군이 자신들의 정치적 아젠다로 채택하고 있는 베네수엘라의 21세기 사회주의 아젠다가 불행하게도 아바나에서 체결된 평화 협정에 드러나고 있다는 사실입니다. 콜롬비아 무장혁명군은 마르크스-레닌주의로 시작하여 카스트로-차베스주의로 종결을 짓고 있다.[18)]

16) Declaración de De la Calle, 6/8/2016.
17) 후안 마누엘 산토스 대통령의 2016년 7월 4일 종교의 자유일 제정 법안 서명 연설.
18) 2016년 9월 2일자 민주중도당 언론 성명.

『트위터 상에서 국민 투표를 둘러싼 격렬한 전쟁(Intensa 'guerra' por el plebiscito en Twitter)』이란 연구는 소셜네트워크 서비스 내에서의 논쟁이 얼마나 이성적이라기보다는 감성적이었는지를 잘 보여주고 있다. 30일 간 트위터에 올라온 국민 투표에 관한 내용을 분석한 이 연구는 다음과 같은 사실을 보여주었다.

> 우리베 전 대통령이 국민 투표에서의 반대를 지지하는 트윗을 57개 올린 반면 산토스 대통령은 트위터에 우선순위를 두지 않은 것처럼 보인다. 그는 자신의 계정에 단지 6개의 트윗을 올렸을 뿐이다. 한편 콜롬비아 무장혁명군 총사령관 또한 트위터에 단 하나의 메시지도 올리지 않았다. 이것은 콜롬비아 무장 혁명군이 평화 협정 비준에 대한 국민 투표를 대비한 선거 운동 계획을 수립하지 않았음을 확인해 주고 있다.[19]

우리베 전 대통령이 올린 트윗 중에서 가장 인기 있는 것들은 정부와 평화 협정에 대해 부정적 정서를 불러일으키는 내용을 담고 있었다. 가장 많은 사람들이 팔로우한 트윗 중 하나인 2016년 9월 7일자 트윗은 다음과 같은 내용을 담고 있다. "우리가 반대를 하는 것은 평화 협정 비준을 찬성하는 사람들이 아니라 21세기 사회주의를 콜롬비아에 도입하기 위해 정부와 무장혁명군이 체결한 협정입니다." 그리고 이 트윗은 1796회 다시 트윗이 되었고 1576명이 "좋아요"를 눌렀다. 2016년 9월 18일 우리베 전 대통령은 산토스 대통령의 배신을 언급하는 트윗을 올렸다. "우리에게 항상 거짓말을 하는 산토스 대통령을 어떻게 신뢰할 수 있겠습니까? 콜롬비아를 지키기 위해 평화 협정 반대에 투표합시다!" 이 트윗은 1752회 다시 트윗 되었고 1190명이 "좋아요"를 눌렀다.

19) Fabio Posada. "Intensa 'guerra' por el plebiscito en Twitter" en *Colombia Check*, 29/9/2016.

사면 문제와 세금 인상 문제 역시 트위터에서 다루어졌다. 2016년 8월 23일 트위터에 올린 메시지에서 우리베 전 대통령은 "사면에 대한 최종 협정과 맞서기 위해 우리는 준비되어 있다. 또한 우리는 국민 투표 이후 정부가 세금을 인상하려 한다는 있다는 사실도 알고 있다"라고 밝혔다.

텍스트 통계 분석은 평화 협정 비준 반대 진영의 담론들이 두려움과 전쟁 그리고 공산주의에 집중되어 있음을 보여준다. 반대 진영을 이끈 지도자들이 가장 많이 사용한 단어들은 "전쟁", "테러리즘", "사면", "대량 학살", "마약", "흉악함", "폭력", "차베스주의", "베네수엘라", "인간성의 훼손"과 같은 것들이었다. 전쟁이라는 주제에 콜롬비아 무장 혁명군이 권력을 장악할 수 있을 것이라는 가능성과, 이에 따라 콜롬비아가 "새로운 베네수엘라"가 될 수 있다는 사실에 대한 두려움의 담론이 부가되었다.

그런데 두려움의 담론은 더욱 진실성이 결여된 주제들을 포함하고 있었다. 대표적인 예가 산토스 대통령이 우고 차베스 대통령과 같은 지도자를 모델로 삼고 있다는 것이다.

> 지난 정부에서 삼년 반 동안 장관을 역임하였던 현 산토스 대통령은 제가 집권했던 시기에 라틴아메리카에서 독재에 대항하는 가장 급진적인 목소리를 내는 인물로 등장하였습니다. 저의 좌절은 무엇이겠습니까? 그것은 바로 산토스 대통령이 오늘날 가장 강력한 독재의 친구로서 등장하고 있다는 사실입니다. 따라서 저는 독재가 붕괴되는 모습을 목도하면서도 독재의 길을 걸어가려는 콜롬비아가 경험할 위험에 대해 두려움을 느낍니다. [20]

20) Prensa CD, 13/7/2016.

여러 연설을 통하여 산토스 대통령은 베네수엘라와 에콰도르와의 외교 관계 재개를 위해 2010년 8월 10일 개최되었던 차베스 베네수엘라 대통령과의 산타 마리아 정상회담에서 어떠한 교류가 있었는지 밝힌 바 있다. 사적으로 친분이 있는 사람들과의 대화에서 산토스 대통령은 산타 마리아에서 자신이 차베스 대통령에게 한 말을 상기하였다.

> 차베스 대통령님. 대통령님과 저는 서로 사생결단을 내자고 말했고 우리는 적이었습니다. 대통령님께서는 제가 생각한 것, 믿는 것을 믿지 않고 저도 대통령님께서 생각한 것, 믿는 것을 믿지 않습니다. 저는 결단코 볼리바리안 혁명가가 되지는 않을 것입니다. 그리고 대통령님께서도 결단코 저와 같은 자유 민주주의자가 되지는 않을 것입니다. 하지만 우리는 우리 국민들을 위해, 베네수엘라 국민과 콜롬비아 국민들을 위해 공생할 수 있을 것입니다. 우리는 여러 분야에서 함께 일할 수 있을 것입니다. 그 중의 하나가 바로 평화의 정착입니다. 우리는 악수를 하였습니다. 그리고 이것은 콜롬비아와 베네수엘라 간의 관계를 180도 바꾸어 버렸습니다. 베네수엘라와의 관계 정상화 이후 동일한 일이 에콰도르와도 있었습니다.[21)]

산토스 대통령에게 있어 이 대화는 또 다른 좌파 정부들과의 관계를 향상시키는 문을 열어 주었다.

21) 2016년 9월 15일 후안 마누엘 산토스 대통령의 평화 구축에 대한 지인들과의 사적 대화.

두려움의 논거: 카스트로-차베스주의로부터 경제 모델의 변화까지

소셜네트워크 서비스에서 유포된 평화 협정 비준 반대 진영의 논거는 정의, 마약 혹은 콜롬비아 무장 혁명군의 정치 참여 등 협상 과정에서 합의 도출이 가장 어려운 주제들에 대해 가짜 뉴스를 섞어 놓았고 이것은 급속도로 확산되었다. 많은 가짜 뉴스들 중 대표적인 것이 콜롬비아 무장 혁명군 게릴라들이 조직 해체 후에는 매달 1,600,000 페소(약 56만원)를 정부로부터 받는다는 것이었다. 또한 현 연금 수급자들은 평화 비용을 위해 세금을 내야 할 것이라거나 협정문 안에 "성 이데올로기"가 포함되어 있다는 가짜 뉴스도 광범위하게 확산되었다.

하지만 우리가 이미 지적하였듯이, 텍스트 통계 분석에 따르면, "성 이데올로기" 개념은 297쪽에 이르는 평화 협정문에 나오지 않는다. 그렇다면 실제 협정문에서는 무엇에 대해 이야기를 하고 있는가? 총 111 차례에 걸쳐 협정문에 나온 "성"(Género)이란 단어는 상이한 의미를 가지고 있다. 넓은 시각에서 볼 때 이 단어는 경제, 정치 그리고 사회 발전에 있어서 여성의 참여뿐만 아니라 정부와 콜롬비아 무장 혁명군 간의 대립 기간 동안 피해를 본 모든 희생자들에 대한 보호의 의미를 가지고 있다. 평화 협정은 모든 종류의 차별 행위를 제거하고 여성을 정치적 주체로서 가치를 부여하고자 하였다.[22)]

평화 협정 비준 찬성 진영은 소셜네트워크 서비스에서 끊임없이 반복 출현하는 거짓 정보들을 부인해야만 했다. 이것들은 찬성표를 결정적으로 깎아 먹고 있었다. 콜롬비아 정부가 평화 협정의 내용을 설명하기 위한 교육 프로그램을 개발하였지만 평화 협정 반대가 국민 투표에서 승리한 결과는 찬성 진영의 선거

22) M.F. González, "¿Por qué se confunde ideología de género con equidad de género?" en *El Tiempo*, 11/11/2016.

운동이 그리 효과적이지 않았다는 사실을 보여주는 것 같았다. 한 인터뷰에서 협상에 참가했던 데 라 카예는 몇몇 주제들이 어떤 방식으로 협상 과정에서 나오게 되었는지를 설명하였다.

> 그런데 또한 우리는 가짜 뉴스에 대해 진지하게 고민하지 않았다. 카스트로-차베스주의에 대한 가짜 뉴스는 나에게는 농담처럼 보였다. 산토스 대통령과 나를 카스트로-차베스주의자라고 말하는 것은 너무 황당해서 진지하게 생각할 필요조차 느끼지 못했다. 이 단어는 사실 아무 의미도 없다. 하지만 바로 이런 연유로 인해 크게 국민에 회자되었다. 이후 나는 이 단어가 결코 사라지지 않고 끊임없이 유포되는 것을 보았다. 반복을 통해 문제를 발생시키는 것은 슬로건들이었다.[23]

앞에서 언급한 연구는 우리에게 트위터 상에서 콜롬비아 정부의 행동이 매우 소극적이었으며 소셜네트워크 서비스에서 벌어진 논쟁에 있어 효율적이지 못했음을 보여준다. 예를 들어 콜롬비아체크(ColombiaChek: https://colombiacheck.com)에서는 "대통령은 우리가 팔로우를 하면서 지켜본 30일 동안 6번 국민 투표에 관한 글을 트위터에 올렸다"[24]라고 언급되어 있다. 정부가 올린 메시지들은 감성보다는 이성에 호소하였다. 예를 들어 대통령이 올린 트윗 중 많이 유포된 한 트윗은 국민 투표에 대한 질문과 관계가 있었다. 2016년 8월 30일 산토스 대통령은 "국민 투표 실시를 위한 행정 문서에 서명을 하면서 우리는 평화에 보다 가까이 다가갔습니다. 국민 투표에서의 질문은 명확하고 단순합니다."라는 트윗을 올렸다. 그리고 여기에 "귀하께서는 갈등의 종식과 지속적이며 안정적인 평화의 구축을 위한 최종 협정을 지지하십니까?"라는 질문을 덧붙였다. 이 트윗은

23) En J.G. Vázquez, ob. cit.

24) F. Posada, ob. cit.

1,083번 리트윗 되었으며 1,517명이 "좋아요"를 눌렀다. 그러나 연구 조사에 따르면 이 메시지가 비록 상당히 많이 유포되었지만 여기에 대한 시민들의 메시지 교환은 국민 투표의 질문에 대한 근본적 분석이라기보다는 "모욕과 비웃음"의 축적이었다.

논거와 속임수...

흉악 범죄를 저지른 최고 책임자들의 수감, 마약 밀매를 통해 획득한 자금 및 무기의 양도와 같은 국민 투표를 둘러싼 최고의 이슈들은 평화 협정 비준 반대 진영이 지속적으로 이용한 논거가 되었다. 평화 협정에서 입안된 주제들은 정의와 평화 사이의 균형, 그리고 여러 가지 복잡한 세부 아젠다들 사이의 균형을 맞추는 데 있어 풀기 어려운 방정식이 되었다. 양측이 가지고 있는 아젠다에는 종합적인 농촌 개혁, 정치 참여, 무기의 양도 및 게릴라들의 사회 복귀, 마약, 희생자, 정의 등에 대한 주제들이 망라되어 있었다.

협상의 틀 안에서 "과도기적 정의"가 탄생했다. 이것은 흉악범죄에 대한 대안적 형벌을 허용하는 정의의 모델로, 로마 조약과 같은 국제 조약들을 따라서 설립되었다. 이러한 측면에서 산토스 대통령은 기업인들을 대상으로 다음과 같은 연설을 하였다. "콜롬비아 무장 혁명군 최고 지도자들에게 60년 형을 언도하지는 않을 것입니다. (...) 그러나 제재는 반드시 있을 것이며 심판을 받게 될 것입니다. 따라서 처벌은 필히 받게 될 것이고 이 모든 것들은 국제 사회로부터 용인될 것입니다."[25] 이 민감한 질문들과 관련하여 정부는 "불완전한 평화"에 대해 말하였다. 데 라 카예는 다음과 같이 주장하였다.

25) Palabras del presidente Juan Manuel Santos en el conversatorio "El sector privado de cara a la construcción de paz", 15/9/2016.

> 우리는 징역에 대한 논의가 현실성이 없다는 점에 양보하였다. 이는 책임을 인정하지 않고 과도기적 정의를 따르지 않는 사람들에게 면직으로 전환되었다. 그러나 이들 외에 다른 이들에게 있어서는 실질적인 제재였다. 그러나 콜롬비아 무장 혁명군도 마찬가지로 양보를 하였다. 이들의 초기 입장은 총체적이고 무조건적인 사면이었다. 하지만 결국 국제 범죄, 가장 심각한 수준의 범죄들은 사면될 수 없다는 사실을 수용하였다.[26]

콜롬비아 무장 혁명군 게릴라들에 대한 재판을 담당할 재판부는 재판에 있어 최소한의 국제적 기준을 따를 것이다. 게다가 정부는 이들 게릴라들에게 적용될 형벌은 복수를 위한 것이 아니라 "재건적이고 복원적"일 것이라고 설명하였다. 희생자들의 문제에 있어서는 게릴라들이 자신의 범죄 행위를 스스로 밝히고 진실을 통해 희생자들에게 배상할 수 있는 방법을 모색하였다.

콜롬비아 무장혁명군 인사들의 정치 참여는 가장 큰 논쟁을 야기하였다. 데 라 카예는 다음과 같은 말을 통해 이들의 정치 참여 문제는 여론의 거부를 일으킬 수 있다고 주장하였다. "협상 과정에서 가장 어려운 문제는 콜롬비아 무장혁명군의 정치 참여 문제다. 나는 우리 콜롬비아 인들이 이 문제에 대해 숙고를 해야 한다고 생각한다. 왜냐하면 이것은 단지 쿠바에서의 협상 테이블에서만 다룰 문제가 아니기 때문이다. 평화 협정의 근원적이고 최종적인 목적은 무력 사용을 종식시키고 정치 참여의 문을 여는 것이다."

평화 협정 비준 반대 진영의 논거들은 매우 다양하였다. 전직 검사인 알레한드로 오르도녜스(Alejandro Ordóñez)는 이 협정은 "콜롬비아의 중산층을 붕괴시키기 위해 집권층과 범죄자들이라는 두 엘리트 계급에 의해 만들어졌다"고 주

26) J.G. Vázquez: ob. cit.

장하였다. 그리고 "현 정권은 무장혁명군이 요구한 모든 조건 사항들을 수용하였다. 그들에게 불처벌권, 지도자들을 정부에 인도하지 않을 특권, 재산에 대한 보호, 헌법이 규정하는 권리들, 그리고 그들이 소유한 토지가 있는 지역에 대한 통치권까지 약속하였다."[27)]

콜롬비아 무장혁명군에 대한 불처벌권에 관해 민주중도당의 이반 두케(Ivan Duque) 상원의원은 테러를 자행한 이유로 정치 참여가 배제된 스페인의 바스크 무장 독립단체인 ETA(Euskadi Ta Askatasuna) 소속 요원들의 경우와 비교하였다. 한편 우리베 전 대통령은 스페인을 순방 중에 다음과 같이 확언하였다.

> 저는 모든 스페인 군 관계자분들께 다음 문제에 대해 숙고해 보시길 요청 드리고자 합니다. 이곳 스페인에서는 결코 ETA에 대한 불처벌권을 용납하지 않을 것입니다. 그런데 왜 우리는, 콜롬비아에서는 콜롬비아 무장혁명군에 대한 불처벌권을 수용해야 합니까?"[28)]

무장혁명군이 가지고 있는 자금에 대해서 우리베 전 대통령은 "정부에 무기를 양도하고 무장해제를 한 집단은 이 돈을 가지고 다시 무기를 살 것이며 또한 국민 투표에 승리하기 위해 표를 살 것입니다"라고 주장하였다.

협정을 옹호하던 콜롬비아 정부는 '평화를 위한 사법재판소'에서 게릴라들이 모든 진실을 이야기하고 자신들의 재정적 원천이 무엇이었는가를 밝히게 될 것이라고 알리기만 하였다. 평화 협정 서명 이후 검찰 총장은 무장혁명군 게릴라

27) Goyo G. Maestro, "Alejandro Ordóñez: 'No hay que cantar victoria, las FARC aún pueden volver a atentar'" en *La Razón*, 23/6/2016.

28) "Uribe: Los referentes de Podemos son tiranos destructivos, protejan la democracia en España. Entrevista a Álvaro Uribe" en *OkDiario*, 8/7/2016.

들에게 자신들이 보유하고 있는 재산 및 자금에 대한 모든 정보를 당국에 넘기도록 하였다. 만약 그렇게 하지 않을 경우 일반법에 의해 수사를 받게 될 것이며 평화 협정에서 보장하는 모든 권한을 박탈하겠다고 공표하였다. 무장혁명군 게릴라들의 정착 문제의 어려움, '평화를 위한 사법재판소'가 당면한 커다란 도전들, 무장혁명군 측의 무기 반납을 성공적으로 이끌어 낸 점 혹은 무장혁명군 측이 신속하게 불법 자금을 정부에 양도한 사실 등은 산토스 대통령이 추구하는 평화가 매우 복잡함을 보여준다.

하지만 논거의 내용은 차치하고 분명한 사실은 소셜네트워크 서비스에서 평화 협정 반대 진영이 보여준 논리의 단순성이 정부 관료들의 복잡한 설명보다는 일반 대중에게 보다 쉽게 받아들여졌다. 이러한 틀에서 "국가를 콜롬비아 무장혁명군에게 넘긴다" "21세기 사회주의의 위험성" 그리고 "성 이데올로기" 등과 같은 평화 협정 반대 진영의 논거들은 찬성 진영의 노력보다 훨씬 큰 영향력을 발휘하였다. 왜냐하면 찬성 진영의 노력은 단순한 논리보다는 복잡한 논리로 구성되었기 때문이었다. 평화 자체에 대한 주제는 산토스 대통령과 우리베주의 간의 논쟁처럼 보다 긴급한 정치적 문제들과 뒤섞여 버렸고, 평화 협정 비준 찬성 진영과 반대 진영 모두 광범위하게 이용했던 소셜네트워크 서비스는 그 양면성을 보여주었다.

정동희 옮김

중도우파와 아르헨티나의 문화변동

가브리엘 보마로

사회학박사, 헤네랄 사르미엔토 국립대학교 인간발달연구소 교수

원제와 출처: Gabriel Vommaro, "La centroderecha y el ≪cambio cultural≫ argentino", *Nueva Sociedad*, No. 270, julio–agosto de 2017, pp.4–13.

핵심어: 문화변동, 중도우파, 마우리시오 마크리, 공화주의제안당(PRO), 아르헨티나

2015년 아르헨티나 대통령 선거에서 '바꾸자(캄비에모스: Cambiemos)' 연합의 승리는 그때까지 라틴아메리카에서 소위 "좌파의 회귀"(꽤 특수한 역학이 계속된 칠레를 제외하고) 이후 선거를 통해 중도좌파에서 중도우파 정부로의 유일한 권력 이동을 의미한다. 라틴아메리카의 여러 국가들의 상황이 변하는 가운데, 즉 진보적 정부들이 다수의 지지를 잃고 있는 상황에서, 아르헨티나 사례는 우리로 하여금 막바지에 이른 한 시대(21세기의 첫 15년간)와 그 시대의 유산에 대한 문제들을 더욱 긴 호흡에서 생각하게끔 한다. 한편으로, 분열된 선거를 통해 등장한 시장친화적 정부가 활동하는 모습을 볼 수 있게 되었다. 그 정부는 민주

사회의 요구와 저항에 맞서면서 동시에 공공정책을 새로운 방향으로 이끌어야 한다는 과제를 안고 있다. 결국 일정한 사회경제적 계획을 완수하겠다는 의지와 그 계획의 정치적 실현가능성 간의 긴장을 직면해야 한다. 그런 긴장은 진보주의적 시대의 정부들이 이미 경험한 것이다. 다른 한편으로, 현재의 변화는 예전 시대의 유산이 어떤 것들인지, 현재 상황이 어느 정도인지, 그리고 이미 준비된 문화적 합의와 재분배에 대한 합의는 어느 정도인지 평가하는 데 도움이 된다. 또한 훨씬 수월하게 제거하거나 방향을 전환할 유산은 어떤 것들인지 판단하는 데에도 도움이 된다.

그 문제들에 대해 고찰하는 것 외에 본 논고에서는 라틴아메리카의 주요 우파 국가들과 구별되는 아르헨티나 사례의 특수성을 다루고자 한다. 그리고 아르헨티나 사례는 이 나라가 어느 정도나 라틴아메리카 지역에서 선거를 통해 제도화하고 경쟁력 있는 우익 진영의 일원이 될 수 있는지도 보여줄 것이다. 이는 '바꾸자' 연합에서 주도권을 가진 세력인 공화주의제안당(Propuesta Republicana: PRO)이[1] 전국적 차원의 정당을 설립하고 그 결과 아르헨티나의 보수 성향을 대표하는 경쟁력 있는 공간을 견고히 할 가능성을 가리킨다. 마크리 정부가 출범한 지 일 년 반이 지난 지금, 우리는 이 세 가지 문제를 부분적으로라도 점검할 시점에 있으며, 이 세 가지 문제가 이 글의 목적이다.

1) 급진당(Unión Cívica Radical: UCR)과 국가연대당(Frente por un País Solidario: Frepaso)을 포함한 연합 정부에서 1999년에 일어났던 것과는 달리, '바꾸자' 정부에서는 특히 내각구성 시 연합의 논리보다 같은 편이 통제하는 것이 우위를 차지한다고 할 수 있다. 장관과 공사(公使) 대다수가 공화주의제안당 및 당의 조직 출신이기 때문이다. 장관직이 23개인 이 내각에 급진당 출신 장관은 3명에 불과하지만 그마저도 당의 내부 규정이 아닌 대통령의 선호에 의해 선출되었다.

점진주의(gradualismo) 방법[2)]

우리가 이미 다른 곳에서 언급했듯이,[3)] 공화주의제안당은 경영의 현대화라는 사회문화적·경제적 계획의 일환으로 탄생했다. 공화주의제안당은 자원의 재분배라는 국가의 중심역할을 간과한 경제활동에 대한 지나친 규제를 비판했고, 특히 몇몇 사회적 권리의 보호를 언급하였다. 공화주의제안당은 이 점을 취약 분파에 대한 보살핌과 연관시킨다. 특히 키르츠네르주의 시대의 마지막 몇 년간, 공화주의제안당은 스스로를 명백한 야권세력이라고 밝혔고 공화-자유주의 정치라는 민주주의 개념 수호, 정부의 부패 고발, 경영의 현대화을 당 정치 강령의 중심요소로 통합하였다.

동시에, 공화주의제안당은 처음부터 스스로를, 정당의 정치적 계획을 수행하고자 국정운영방식에 대한 합의를 구축하려는, 유연하고 실용적인 전략을 지닌 탈 이데올로기적 정당이라고 여겼다. 이 당은 아르헨티나 사회 및 경제로부터의 저항에 대해 명확하게 진단함으로써 대다수의 경제개방정책, 시장규제의 유연화 정책, 보편적 복지(퇴직연금, 의료서비스 등과 같은)에 대한 공공투자 삭감정책을 지지한다. 그 결과, 공화주의제안당 지도자들이 도달하고자 하는 경제 유형은 소위 정통 경제학자들이 상상하는 것과 유사하다 할지라도, 공화주의제안당의 실용주의적 노선과 진정한 여당의 역할을 하고 싶다는 포부는 지도자들로 하여금 전통적인 쇼크 요법보다 점진주의를 택하게 하였다. 그래서 이 선택이 정통 경제

2) 점진주의(gradualismo)는 19세기 생물학에서 진화방식을 논할 때 사용된 용어인데 경제학자 마샬은 이를 경제학에 적용해 경제적 변화는, 미시적인 것이 변화하면서 천천히 이루어진다는 주장을 할 때 사용하였다(역주).

3) G. Vommaro, Sergio Morresi y Alejandro Bellotti: *Mundo PRO. Anatomía de un partido fabricado para ganar*, Planeta, Buenos Aires, 2015.

학자들에게 훌륭한 모듈로 키르츠네르주의를" 실행한다고 비판받는 것이다.[4)]

이런 실용적 성향은, 정당을 통제하고 공공정책의 전반적인 방향을 결정하는 분파들이 공유한다. 대기업 출신 최고경영자(CEO)들이 정부에 편입하는 것은 쇼크 요법 쪽으로 기울지 않고 실용적인 노선과 일치하는 행위다. 이 말인즉슨, 전문가들이 일을 진척시키고 있다는 것이다. 한 인터뷰 대상자였던 공무원의 말대로, 대기업 출신 최고경영자들이 전문가로서 갖는 권위는 일의 내용이 전문가의 업무범위 내에 있지 않더라도 일이 진행되도록 만드는 것과 연관된다. 이와 반대로, 그 권위는 CEO 대다수도, 정통경제학자도 없는 "작은 테이블"에 계속해서 정치적 수칙을 제공한다. 내각 지도부는 공공정책의 진척을 관리하고 새 정부에서 정치커뮤니케이션을 기획하는 핵심인데, 이 지도부는 업무를 분담함으로써 실용적인 정책관리와 고도의 경영이데올로기를 결합시키는 역할을 한다. 실제로, 정치적 내각의 수장 마크리 옆에는 대기업 출신으로 "각 부처 간 조정(coordinación interministerial)"[5)]과 "공공정책 조정(coordinación de políticas públicas)"을 담당하는 두 명의 CEO 출신 장관이 있다. 정권 초반에 정부로 편입

4) 이는 정통경제학자-대중적 인지도가 있는-호세 루이스 에스페르트(José Luis Espert)가 2016년 매스컴에서 행한 여러 개의 인터뷰에서 사용한 표현이다. 그 음성 가운데 하나를 다음 사이트에서 청취할 수 있다.
https://radiomitre.cienradios.com/jose-luis-espert-cambiemos-es-como-el-kirchnerismo-con-buenos-modales/
당의 초창기에, 공화주의제안당 내에서 정치적 용어를 빌면 가장 강경한 노선 중 하나는 특히 1980년대 중도우파 성향의 주요정당이었던 중도민주연합(Unión del Centro Democrático: Ucedé)과 메넴주의적 페론주의의 후신(後身)인데 이 노선은 정책에 따른 안에 대해 매우 단정적인 결정을 내리려고 시도했지만 실패했다. G. Vommaro y S. Morresi (eds.): *«Hagamos equipo». PRO y la construcción de la nueva derecha en* Argentina, Ediciones ungs, Buenos Aires, 2015.

5) 부처 간 조정부(Secretaría de Coordinación Interministerial) 홈페이지에 명시되어 있듯이 이 부서의 기능은 "빈곤 제로, 아르헨티나 국민의 단결, 마약대량거래 퇴치라는 목표를 달성하기 위해 장관들과 내각 수장 간의 관계(las relaciones entre los ministros y el jefe de Gabinete para alcanzar los objetivos de pobreza cero, unidad de los argentinos y lucha contra el narcotráfico)"를 용이하게 하는 것이다. 위 세 가지 목표는 2015년 12월 마크리가 대통령 취임식 연설에서 제시한 공약이다.

되는 최대의 특혜를 받은 경제학자들은, 점진주의에 대해 의견이 일치하지 않아서인지, 자신의 결정에 일말의 자율성을 원해서였는지, 2016년 말 그 특혜를 포기했다. 그 후 정책의 향방에 대한 결정은 몇 사람에게 집중되어 있다.

더욱이 새로운 집권 여당이 상원이나 하원, 그리고 24개 지방정부에서도 과반수를 차지하지 못하고 있는 상황은 정부로 하여금 다른 정치세력과 교섭 및 협의를 구축할 수밖에 없게 한다. 정치적-제도적 자원이 부족하다는 점도 일종의 점진주의에 우호적이다. '바꾸자'는 키르츠네르주의에서 가장 먼 페론주의 계파에서 특히 협조적인 그룹을 만났다.

경제의 새로운 질서를 향해: 정상화를 추구하는 정부

경제와 관련해 '바꾸자' 정부는 자신이 사회와 경제의 정상화를 추구하는 합리적 세력임을 자처한다. 현 정부는 이전 정치 주기의 "포퓰리즘적 변칙" 이후 아르헨티나에 "세계에서 일이 진행되는 방식"을 천천히 적용해야 한다고 생각한다. 그런 선상에서, 정부가 취한 처음 두 가지 조치는 경제적인 조치였다. 하나는 곡물수출관세 인하를 통해 농산물수출 부문의 요구에 부응하는 것이었고, 다른 하나는 외환시장 규제를 목적으로 하는 수출입 부문의 요구에 응하는 것이었다. 이 조치들로 인해 국고수입은 감소했고, 동시에 금융시장이 성장할 여건이 조성되었다. 처음에 진단했을 때, 지난 크리스티나 페르난데스 정부의 성장 동력이었던 소비의 역할과 공공투자를 대체할 민간투자를 유도하기 위해 사회·경제적 정상화로 충분할 것 같았다. 그러나 이전 정부의 구조적 문제와 연관되어 민간투자가 목표치에 도달하지 못했다는 명백한 사실 앞에서, 발전에 대한 진단은 부분적으로 수정되었다.

그래서 정상화는 하나의 행사라기보다는 하나의 과정이 되었다. 아르헨티나 사회가 그런 신흥국가에 도달하기 위해 건너야 할 "다리"에 대한 은유는 차고 넘친다. 특히 공식 및 비공식 노동자로 조직된 단체와 기업가 단체에서도 그런 비유들이 많다. 이런 의미에서 '바꾸자' 정부는 아르헨티나에서 가장 잘 알려진 정치적 전통에 자신의 뿌리를 침전시킨다. '바꾸자' 정부는 민주주의 과도기 때처럼 아르헨티나를 한 정치체제에서 다른 체제로 전환시켰고, 그러기 위해 정치·문화적 의미에서 "문화변동"이 필요했다. 이렇게 한 유형의 사회에서 다른 유형의 사회로의 이행은 아르헨티나 국민을 내적 발전에서 외부로의 개방으로, 소비사회에서 투자사회로 이끄는 "문화변동"이 필수적이다. 이는 60년대와 70년대에 아르헨티나에서 시행된 경제 재건설 프로젝트와 일치하는 점이 적지 않다. 물론 지금은 이런 경제 재건설 프로젝트가 민주적인 방법으로 이루어진다. 2016년 중반부터 정부는 더욱 스스로가 글로벌 경제를 향한 느린 이행을 통솔하고 있다고 여기고 있으며, 아르헨티나가 경제협력개발기구(OECD)에 가입함으로써 원하는 선에서 프로젝트를 완결할 수 있으리라 믿고 있다. OECD 가입은 아르헨티나가 정상[6] 궤도에서 다시 벗어나지 않도록 하는 필요조건을 갖춤으로써 정돈된 국가가 된다는 것을 의미할 것이다. 그러므로 정상화는 불가역적인 변화를 향해 가야 한다. 이런 점에서 아르헨티나 정부들은 재건의 수사 면에서 서로 닮았다. 즉, 모든 정부가 불가역적이 되기를 바란다.

동시에, 새 정부는 어떤 부문에서는 덜 점진적이었다. 그 중 통화 부문에 대해 새 정부는 주요 경제이론과 글로벌 경제 동인(動因)들의 요구에 의거해 중앙

6) 멕시코에 있는 경제협력개발기구(OCDE) 홈페이지에 의하면, 이 기구는《유사한 생각을 하는 국가들을 하나의 단체로 모은다. 본질적으로 시장경제와 다원적 민주주의를 향하는 한 국가의 약속에 좌우되는 기구의 회원이 되는 것이다(reúne a un grupo de países con ideas similares. Esencialmente, el ser miembro de la organización depende del compromiso de un país hacia la economía de mercado y la democracia pluralista)》. 〈www.oecd.org/centrodemexico/laocde/masinformacionsobre laocde.htm〉를 참조할 것.

은행 회장직을 가장 정통적인 분파들에게 주었다. 이들은 거의 유일한 목표인 인플레이션과의 싸움을 단행했는데, 화폐 발행을 막고 이자율을 높임으로써 목표를 이루고자 했다. 이는 한편으로 적어도 비금융 분야에서나 중장기적으로 생산적인 민간투자를 막는다. 다른 한편으로는 정부로 하여금 채무를 잡음으로써 공공지출 자금을 댈 방안을 찾게끔 한다. 사실상 채무 증가 속도는 2016년 한 해 동안 가속화하였다. 이 경향은 2014년에 시작되었는데 지금은 '바꾸자' 정부가 사회분쟁의 증가를 피할 수 있게 해주는 지름길 역할을 한다. 그러는 사이에 정부는 미래의 경제정책을 위한 새로운 여건을 만든다. 이 글의 목적이 경제정책을 분석하는 것은 아니지만, 이러한 분석은 전반적인 경제의 방향이 정부의 상황과 그리고 이를 통솔하는 정치세력 중심부에 있는 권력과 어떻게 연결되는지 이해할 수 있게 해준다. 그 동안에 키르츠네르주의의 유산은 어떻게 되었을까?

경제 저 넘어… '바꾸자'는 무엇을 바꾸었는가?

2015년 12월 9일 크리스티나 키르츠네르(Cristina Kirchner) 전직 대통령이 5월 광장에서 이별을 고하면서 "권력을 얻은 민중"에 대한 이미지도 사라졌다. 마찬가지로, 키르츠네르 정부 시절에 제정된 권리 확대 정책들로 인해 영속될 것 같았던 국가적, 민중적 유산을 '바꾸자' 정부는 집권 초기 몇 달 동안에 모든 것을 동원해 쓸어버린다는 인상을 주었다. 사실 2차 투표에서 팽팽한 접전 끝에 간발의 차로 승리했음에도 불구하고[7] 새로운 정부는 앞서 다룬 아르헨티나의 정상화를 실행하겠다는 계획을 세웠다. 그 정상화의 주요 특징은 상당 부분 키르츠

7) 2015년 10월 25일에 있었던 1차 투표에서 '승리를 위한 전선(Frente para la Victoria)'의 다니엘 시올리(Daniel Scioli)는 37.08%의 표를, '바꾸자(Cambiemos)'의 마우리시오 마크리(Mauricio Macri)는 34.15%를 득표했다. 2015년 11월 22일에 실시된 2차 투표에서는 마크리가 51.34%로 우위를 점했고, 시올리는 48.66%의 표를 얻음으로써 2위에 머물렀다.

네르주의가 2003년부터 건설하려고 투쟁한, 그리고 2008년부터 더욱 명료한 윤곽을 나타낸 사회 유형과 반대된다.

"문화변동"이라는 용어에 담긴 이런 단절을 정의하는 것은, 추구되는 변화의 범위에 대해 설명함과 동시에 그 도달점을 부정확하게 만든다. 정상화를 추구하는 정부가 어떤 식으로든 아르헨티나의 문화, 즉 아르헨티나 사람들이 일을 진척시키는 방식, 특히 경제활동을 하고 국가와 연결된 활동을 하는 아르헨티나인이 일하는 방식을 바꾸려고 하기 때문이다.[8] 이 변화는 국가 중심적이고 전투적인 기풍이 또 다른 진취적이고도 자유재량과 관련된 기풍으로 변하는 것으로 보일 수 있다. 정상화를 점진적으로 진행하는 것은, 지나치게 야심찬 목표에 대한 공공의 강박관념을 막는다는 것을 의미한다. "문화변동"은 계속 그렇게 막연하다. 그렇지만 경제, 재정, 노동, 정치, 문화의 개혁을 모두 같은 틀에 우겨넣을 가능성도 있다. 결국 대통령 선거 운동 기간 동안 키르츠네르주의가 만들어낸 합법적으로 공유되는 집단적 재산(무엇보다도 국유사업인 보편적 아동수당(Asignación Universal por Hijo))[9]의 상당부분을 수용해야 했음에도 불구하고 새로운 정부의 어조는 명백히 재건설적이다. 그러나 문화적인 관점에서 지금까지 무엇을 바꾸었는가?

첫째, '바꾸자'는 성공적으로 대중사회조직들에게 결정적인 영향을 미친 적이 없는 것 같다. '바꾸자'는 이전 정치 주기에서 더욱 공고해진 비공식 조직들의 힘

8) 이는 마르틴 로드리게스(Martín Rodríguez)가 2017년 5월에 발행된《르몽드 디플로마티크 남미 최남단지역 판(*Le Monde diplomatique edición Cono Sur*)》215호에 수록된「일부 분위기(Parte del aire)」에서 시사하는 점과 비슷하다.

9) 2009년 크리스티나 페르난데스 집권기에 긴급필요 대통령령(Decreto Necesidad Urgente)에 의해 만들어진 사회보장프로그램이다. 18세 미만 자녀 또는 장애를 가진 자녀 한 명당 가정에 월 수당을 지급한다. 이름과는 달리 '보편적' 프로그램은 아니고 현재는 정기적인 수입이 없는 가정에만 수당이 지급된다(역주).

을 정책적 유산으로 받아들여야 했다. 소위 "서민 경제"를 위한 지속적인 정부의 진흥과 공공 투자는 이런 사실을 대변한다. 하지만 거리의 질서를 위해 아주 엄정한 정책을 도입하기도 어려워졌다. 공공 재산을 통한 복지를 요구하는 대중의 시위가 도로를 점거하는 것을 막거나 최소화하려는 정책이 그 예이다.

둘째, 지금까지 공식부문 조직들, 즉 노동조합들의 요구사항을 조정하는 것 또한 간단치 않았다. 단체행동이라는 방법적인 면에서 전통적으로 매우 강한 교섭자이지만 온건한 요구사항과 이데올로기적 유연함을 가진 거대 노동조합들은 구조조정이 공식부문 노동자들에게 미칠 영향을 최소화하였다. 거대 노동조합들은 "분절된 신(新)조합주의" 논리를 따랐는데, 키르츠네르주의 시대[10)]에 이미 시행된 "분절된 신(新)조합주의"는 공식부문 노동자들을 직접 대변하는 분파들의 요구사항을 우선시하고 미등록노동자, 비공식부문 노동자들에게는 극히 작은 관심을 보인다. 그럼에도 불구하고, 거대 노동조합들은 가난한 비공식부문 노동자들의 대표들을 일부 서민계급의 대변인으로 여기며 그들을 다양한 교섭 테이블과 국가상황 및 행동방식에 대한 평가 테이블에 합류시켰다.[11)] 전대미문의 공식·비공식 노동자들의 단결은 시대적 혁신이었다. 그러나 이들의 단결은 국가적, 민중적 유산의 일부로 인식될 수 있다. 비록 정치적 대안이 불분명할지라도 공식 부문 노동자와 비공식 부문 노동자 어느 쪽도 "문화변동"을 향한 복지에의 참여를 단념할 용의는 없는 것 같다.

10) 이 문제에 대해서는 다음 글을 참고할 것. Sebastián Etchemendy y Ruth Berins Collier: 《Golpeados pero de pie. Resurgimiento sindical y neocorporativismo segmentado en Argentina (2003–2007)》 en *Postdata* N° 13, 6/2008.

11) 예를 들어 다음 글을 참고할 수 있다. 《La CGT y los movimientos sociales acordaron unir sus reclamos contra el Gobierno》 en *La Nación*, 7/9/2016.

인권에 대한 정책들, 특히 마지막 군부독재시절 국가테러리즘의 책임자들에 대한 판결 관련 합의도 지속성을 띠는 것 같다. 실종자 3만 명 같은 인권운동의 상징적인 숫자들을 놓고 이의를 제기하는 친(親)정부 공무원과 지식인의 시도들이 받아들여지지 않았다. 대법원은 새 정부가 임명한 법관 두 명의 지지를 동원하여 인권침해 범죄를 자행해 유죄선고를 받은 주범자들의 형량에 혜택을 제공했다. 대법원의 판결은 엄청난 항의를 불러일으켰고, 국회는 그런 적용을 금하는 법안을 의결할 수밖에 없었다. 인권침해 범죄에 "2×1"[12] 적용을 허용치 않는 법안은 이 프로젝트를 시작한 '바꾸자' 진영을 포함해 국회 거의 모든 진영의 지지를 얻었다. 얼마 후, 부에노스아이레스 주에서 키르츠네르의 '승리를 위한 전선(FPV)'은 '바꾸자' 진영이 집권하고 있는 지방에서 "민간-군부 독재"라는 표현을 사용하게끔 하는 법안을 승인시키는 데 성공했다. 이는 크리스티나 페르난데스 데 키르츠네르(Cristina Fernández de Kirchner) 정권 후반 몇 년 동안에 공식적인 기억을 바로잡은 것과 일치한다. 인권에 대한 정책은 현재까지는 문화변동의 일부가 될 수 없었고, 차이는 다소 있으나 민주주의 초기와 맥을 같이하고 있다. 당파의 이익에 사로잡힌 정책으로 보는 시선에 반해, 인권에 대한 정책은 키르츠네르주의와 반대되는 입장인지 여부를 초월해 아르헨티나 사회를 가로지르는 합의다.[13]

반면, 이전 정치적 주기의 문화정책, 그 중에서도 매스컴과 연관된 문화정책은 지속성이 덜했다. 사실 '바꾸자' 정부가 출범한 지 얼마 안 되어, 키르츠네르주의 시절에 승인된 시청각커뮤니케이션 서비스법(일명 미디어법)과 원거리통신법에 의해 창설된 규제기관 두 곳이 각령에 의해 해산되었다. 두 기관이

12) 복역기간을 2배로 계산해 보호감호처분에 처하자는 내용의 법(역주).

13) 이 지점에서 대법원 판결에 반대해 집결한 열기에 대해 파블로 세만(Pablo Semán)이 작성한 논설을 참조하였다. 《Derechos humanos, contingencia y sobregiro》 en *Panamá* Revista, 11/5/2017.

란 바로 시청각커뮤니케이션 서비스 연방당국(Autoridad Federal de Servicios de Comunicación Audiovisual: AFSCA)과 정보통신과학기술 연방당국(Autoridad Federal de Tecnologías de la Información y las Comunicaciones: AFTIC)이다. 시청각커뮤니케이션 서비스 연방당국은 라디오와 텔레비전 프로그램 인가, 시청각매체시장 규제를 담당했다. 이 기관은 2010년 국회에서 의결한 미디어법을 적용하는 기관이며, 학계와 시민사회가 참여해 벌인 기나긴 토론의 결과물이었다. 이 기관의 주요 목표 중 하나는 미디어의 소유권을 분산시켜서 시청각 영역을 민간, 정부, 시민사회에 균형 있게 분배하는 것이었다. 키르츠네르주의 정부와 멀티미디어 그룹 클라린(Clarín)이 논쟁을 벌이는 상황에서 부분적으로 실현된 목표는 그 목표의 원래 정신과는 거의 상관이 없었다. 입법절차의 권한에 대한 대통령령의 탄압은 이전 정책의 부족한 점을 해결하는 것과 거리가 멀었다. 그 대신 국가통신기관(Ente Nacional de Comunicaciones)이라는 새로운 규제기관이 설립되었다. 이 기관은 국회의 소수파를 대변하지 않았으며, 이 영역에서 행정부가 중요한 통제력을 갖는다는 것을 보여주었다. 민주화의 깃발은 즉시 버려졌고, 대신 매스컴의 집중에 대한 해결책으로 주요 관심사가 과학기술의 현대화, 시장경쟁의 확대로 변하기 시작했다.[14] 결국 이 "문화변동"이 정상화의 길을 계속한 것은 통신 부문이다. 여기서 정상화란 대외경쟁에 대해 규정에 의거해 개방하고, 독점적 집중 반대 조례를 상당부분 제거하는 것을 의미했다.

아르헨티나에 전국적인 우파정당이 생길 것인가?

'바꾸자' 정부가 정치적으로 취약한 것은 '바꾸자' 연합의 주요세력이 전국에 불

14) Ver Martín Becerra: 《Restauración: cambios en las políticas de comunicación》 en *Épocas* N°2, 2016.

균형적으로 정착하고 있기 때문이다. 부에노스아이레스 시에서 창립한 공화주의제안당은 처음부터 다양한 시기를 염두에 둔 전략을 수립했는데, 이 전략은 한 지방 정부가 자신의 지역에서 시작하여 다른 지역들에서도 존재감을 구축하는 것이다. 공화주의제안당은 "변화를 위한 약속"(Compromiso para el Cambio)에서 공화주의제안당으로 넘어가면서[15] 과거 재창조당(Recrear)[16]이 정착시켜놓은 것을 활용하면서 마침내 전국적인 정당이 되었다. 그 지지기반의 상당부분은 자유주의 정당, 부에노스아이레스 주의 보수적 정당, 급진주의 우익정당의 오랜 지도자들과 연결되어 있다. 현재 공화주의제안당은 '바꾸자'의 흔적을 희석시키길 원하는 것 같지만, '바꾸자'와 함께 급진주의를 전국적으로 확산시켰을 뿐만 아니라 중도우파와 직접적으로 동일시되지 않는 도시 중산층을 포섭하는 데 성공했다.

부에노스아이레스 시에서 그랬던 것처럼, 키르츠네르주의에 반대한다는 공통점은 결집력을 불러일으켰고, 지금까지도 선거에 있어서 많은 이득을 주는 듯하다. 그러나 '바꾸자'의 이름하에서 공화주의제안당 지도자들은 국가의 통치와 전국적인 당의 지속적 구축을 동시에 할 수는 없다는 걸 받아들이는 듯하다. 지금은 선거가 끝나면서 완료된 정치 주기, 즉 키르츠네르 주기에 대해 위로부터 일관적으로 거부하고 있다. 그러나 정치적 자원도 없이 어떻게 이전 정치 주기의 유산을 없애버릴 수 있는가?

한편, 원래 페론주의자이지만 일시적으로 동맹을 맺은 주지사들과의 교섭은, 전국적인 공공정책 지국 및 프로그램 운영과 관련된 주(州) 차원의 주요 직위 몇에 대한 통제를 양도한다는 것을 의미했다. 이는 지지 성향이 어떻건 간에 적어

15) 2005년에 창당된 아르헨티나 정당인데 2008년에 공화주의제안당으로 이름을 바꾸었다(역주).

16) 2002년에 창당된 우익 성향 또는 자유주의적 성향의 정당으로 원래 당 이름은 성장을 위한 재창조(Recrear para el Crecimiento)다(역주).

도 단기간 동안 정치적 자원을 각 지역의 통치 하에 유지시킨다는 의미다.[17] 다른 한편으로, 중앙을 넘어선 전국적 존재감이 빈약한 '바꾸자' 연합 내부의 지배 정당인 공화주의제안당과, 결정권 장악 면에서는 소수파지만 전국적 존재감은 큰 가장 전통적인 정당인 급진당 간의 갈등은 '바꾸자' 정부의 모순을 보여준다. 즉, "문화변동"의 매개체로 자리 잡으려면 동맹이 필요하지만 종종 이 점은 '바꾸자' 정부를 자율적인 정치세력으로 성장하지 못하게 만든다는 점이다. 공화주의제안당이 정부가 제공하는 재원을 가지고 2007년부터 부에노스아이레스 시에서 그랬듯이, 전국적 규모의 정당으로 더욱 공고해질 수 있을지는 요원해 보인다. 엄격히 말해, 마르셀로 레이라스(Marcelo Leiras)가 주장하듯이[18] 아르헨티나에는 전국적인 정당이 없다. 모든 정당은 연방의 복합성과 맞서야 하고, 지방 정부 엘리트들과의 연합으로서 더욱 잘 구성되었다. 선거에서의 승리와 인기 많은 인물들에 힘입어 공화주의제안당은 급진주의의 상당 부분을 흡수하는 쪽으로 가는 것 같다. 백 년의 역사를 지닌 그 정당의 탄력성은 상당 부분 지역 수준에,서 정부가 갖는 탄력성 때문인데 이 점은 간과하지 말아야 할 정보다. 21세기 도시 중산층 및 지방 중상위계층의 당으로 전향하자는 논쟁은 그렇게 계속 열려 있다. 여기에서 점진주의, 그리고 유산의 무게 또한 변화의 속도를 결정한다.

조혜진 옮김

17) 여러 부(部)(노동부, 사회발전부)와 공적 지국들(사회보장 국가기구(Administración Nacional de la Seguridad Social: ANSES), 종합의료프로그램(Programa de Atención Médica Integral: PAMI)은 모든 주(州)에 관공서가 있다. 전통적으로, 통치세력은 각 관구에 상기 기관들을 지정하였다. 이 경우, '바꾸자' 정부는 연합의 일원인 정치세력들 간에 직위를 분배해야 했을 뿐만 아니라 다른 정당이 지배하는 주에서는 약간의 현상(*statu quo*) 유지를 받아들여야 했다.

18) M. Leiras: *Todos los caballos del rey. La integración de los partidos políticos y el gobierno democrático de la Argentina*, Prometeo, Buenos Aires, 2007.

레닌 모레노: 알리안사 파이스(Alianza País)에 있어 하나의 변곡점?

마누엘라 셀리 모스코소

공공정책 분석가, 전 에콰도르 프리드리히 에베르트 재단 코디네이터

원제와 출처: Manuela Celi Moscoso, "Lenín Moreno: ¿un punto de inflexión para Alianza País?", *Nueva sociedad*, No 269, mayo–junio de 2017, pp.4–16.

핵심어: 세력관계, 경제 위기, 선거, 레닌 모레노, 에콰도르

알리안사 파이스(Alianza País, AP)는 선거에서 다시 승리를 거두었고, 대통령직과 의회 다수세력을 확보했다. 치열했던 결선 투표에서 승리한 후, 2007년부터 2013년까지 라파엘 코레아 정부의 부통령이던 레닌 모레노(Lenín Moreno)가 5월 중순 대통령에 취임했다. 같은 시기 의회도 마찬가지로 4년의 임기를 시작했다. 이렇게 해서 집권 여당은 14년 연속 정권을 쥐게 되었다. 그럼에도 불구하고 이른바 "시민혁명" 10년 동안 벌어졌던 경제, 정치, 사회적 상황은 차기 정부에 중요한 과제들을 남겼다. 에콰도르는 불안정성이 증가하였는데, 이는 무엇보다도

정치 영역에서 세력들 간의 새로운 역학관계의 산물이다. 또한 2014년 말부터 이 지역을 휩쓸고 있는 위기 국면에서 에콰도르가 당면한 사회, 경제적 환경의 결과다.

선거 결과의 불투명성

AP는 라틴아메리카 "진보 물결"의 흐름 속에서 에콰도르 정치에 등장했다. 이 과정에서 AP는 에콰도르의 전통적인 정치엘리트 세력과 그들이 구축한 지배구조에 도전했을 뿐만 아니라, 시민세력이 지금까지 보여주었던 선거 양상을 변화시켰다.[1] 예를 들어, 시민운동 세력이 정치인 및 정치와 맺고 있던 관계에 변화가 나타났다. 라파엘 코레아가 높은 대중성을 얻게 되었고, 이는 선거, 의회 다수 획득, 그리고 다양한 정치 과정 속에서 잘 드러났다. 물론, 2017년 2월과 4월 사이에 치러진 총선에서는 AP의 조직과 득표력이 점차 약화되고 있다는 사실이 분명해졌다. 이런 경향은 2014년 지방선거에서 이미 가시화하였다. 코레아의 재선이 법률적으로 불가능한 반면, 야당 세력이 강화되는 과정에서 여당은 내부적인 균열이 나타났다. 이런 상황에서 모레노는 1차 선거에서 당선에 필요한 득표수를 얻지 못했다. 1차 투표에서 경합한 7명 후보들은 극단적인 반(反) AP 담론을 자신들의 정치적 정체성으로 가지고 있었다.[2] 결선 투표 과정에서 모레노와 경쟁한 후보는 기예르모 라소(Guillermo Lasso)였다. Creando Oportunidades(CREO)의 후보인 그는 금융업과 관련된 기업인으로, 자유주의-

1) 과거 에콰도르 국민들은 투표에서 분산되고, 불안정하고, 비조직적인 성향을 특징적으로 보여주었는데, 이는 주로 에콰도르 정당제도가 취약했기 때문이었다.

2) 후보들과 선거 과정에 관한 더 많은 정보는 다음의 자료를 참고하시오. M. Celi Moscoso: 《Elecciones presidenciales 2017: un déjà vu de la tradicional política ecuatoriana》, Análisis, fes, enero de 2017, disponible en 〈http:// library.fes.de/pdf-files/bueros/quito/13180. pdf〉.

보수주의 담론을 내세운 에콰도르 우파의 "혁신 세력"을 대표했다.

1차 투표와 마찬가지로, 결선 투표는 라소가 제기한 부정선거 의혹과 고발로 인한 사회적 갈등의 장이었다.[3] 투표 결과 모레노가 2% 포인트를 약간 넘는 차이로 승리했고, 24개 주 중 13개 주에서 승리를 거두었다.[4] 계층화된 투표 결과는 여당이 우위를 점한 지역이 자원 빈약 지역이나 농촌지역 혹은 키토와 과야킬과 같이 도시화 과정에 있는 대도시 지역이라는 것에서 드러났다. 여당의 주요 거점 지역은 해안 지대로, 코레아 시기의 투표 경향을 확인해 주었다. 한편, 라소는 모레노보다 더 많은 선거구에서 승리했지만, 지지 거점이 된 아마존 지역처럼 인구수가 상대적으로 작은 지역들이었다. 원주민 인구가 많은 산악 지역에서도 좋은 결과를 거두었다.

여당은 통치력의 약화에도 불구하고 10여 년 동안 "포획한" 유권자들을 지지 세력으로 공고히 했다. 반면, 라소는 자신의 선거 공약을 지지했던 유권권자 외에, 주로 정치적 정체성이나 충성도가 없는 유권자, AP에 대해 심판하는 유권자, 그리고 소위 버려진 유권자들의 지지를 받았다. 의회에서는 AP세력이 다수를 확보했다. CREO가 2위를 차지했고, 마찬가지로 전통적인 보수 성향의 사회기민당(Partido Social Cristiano)이 뒤를 이었다. 선거 이후에 의회에 진출한 정파들의 수가 의미 있게 변하지는 않았다. 그러나 의회는 더욱 분열되었고, 그 안에서 연대는 쉽게 예측하기가 어려웠으며 그 지속성은 더더욱 예측이 어려웠다. AP를 제외하고 어떤 정치 세력도 독자적으로 입법 활동을 진행할 수 없는 상황

3) 고발은 투표의 부분적인 재검표 과정 이후에 기각되었다. 야당 세력들은 여타의 다른 공식적인 조치를 취할 수는 없었지만, 비난을 이어갔다. 그럼에도 불구하고, 재검표 과정이 끝나기 전에 국제기구들과 대표자들이 이미 모레노의 승리를 인정했다는 점은 주목할 만하다. 마찬가지로 Organización de Estados Americanos (oea), Unión de Naciones Suramericanas (Unasur) y Asociación Mundial de Organismos Electorales 같은 선거감시를 맡은 국제 조직들 또한 선거 결과를 인정했다.

4) 2013년 선거에서 코레아가 1차 투표에서 23개 전체 주에서 승리를 거두었고, 라소에 비해 33% 포인트를 앞섰다는 것을 고려하면, AP 세력의 약화는 두드러진다.

에서, 분열은 정당의 수에 의해서가 아니라, 정당 상호 간의 복합적인 관계 그리고 협상 혹은 합의를 도출해 낼 능력에 의한 것이었다. 우파가 분열되어 있는 한편, 파차쿠틱(Pachakutik)이나 민주좌파(Izquierda Democrática: ID) 같은 기타 정당들이 6% 남짓을 차지하였다.

결국, 새로운 대통령과 의회가 집권 기간 동안 어떤 결과물을 낼 것인가는 AP의 상대적인 약화, 코레아의 지도력 쇠퇴, 그리고 선거 부정으로 고발당한 정부의 정당성과 제도적 영향 등에 달려있다. 또한 경제 문제가 사회적 불만의 심화, 대안적 정치 세력의 출현, 그리고 야권의 입지 강화를 일으키는 상황에서, 이념적인 스펙트럼이 다양한 몇몇 정치 세력이 다시 활발하게 활동하기 시작했다는 점도 영향을 끼칠 것으로 보인다. 주요 상황들과 이것들이 정치, 사회, 경제 영역에서 어떤 결과를 가져올 것인가를 간략하게 검토함으로써, 다음 4년 동안 에콰도르가 어떤 변화를 경험할지 대략적인 모습을 그려보고자 한다.

모순적인 정치 상황

최근 10년 동안, AP와 그를 지지하거나 협력하여 연합조직을 구성했던 다른 정치·사회적 행위자들과의 관계는 붕괴되어 왔다. 특히, AP가 주창한 시민혁명(Revolución Ciudana) 속에서 역사적으로 축적된 요구들에 대한 소통의 통로와 해결 방법을 찾았던 진보 세력과의 관계 역시 균열되었다. AP가 처음부터 진보 세력들과의 폭넓은 연대를 추진했던 것을 고려하면 이것은 중요한 반향을 가져 왔다.

이런 유대 관계들을 넘어, AP는 자신의 자유로운 의사결정 능력을 중시하면서 독자성을 강화했다. 시간이 지나면서 당과 정부는 정계 및 사회계와의 협상과 대화를 점차 소홀하게 생각했다. 결국 정부 정책 방향의 모순과 비일관성에 대한 비판뿐만 아니라 배타적이고 권위적인 정치 태도로 인해 많은 연대 조직들이 떨어져 나갔다.

이어지는 선거에서 AP에게는 시민사회와의 공개적인 갈등뿐만 아니라 코레아의 부재 역시 중요했다. 이런 여건 속에서, 선거에 대비한 AP의 전략은 모레노를 코레아가 보여준 갈등적이고 권위적인 스타일과는 달리, 대화와 합의가 가능한 스타일의 후보로 선전하는 것이었다. 따라서 모레노뿐만 아니라 AP가 당면한 커다란 과제는 이런 담론과 일치하는 정치적 태도를 유지하는 것이었다.

이런 측면에서 모레노는 선거 부정 관련 수사가 종결되기도 전에[5] 당선자 신분으로 외교사절단과 회동했다. 관계를 회복하고 요구사항을 듣고 협력 메커니즘을 만들기 위해 기업가들뿐만 아니라 원주민 조직 일부와도 회동했다. 그럼에도 불구하고, 코레아 정부와 지속적인 갈등 관계를 유지해왔던 원주민 조직, 환경 단체, 인권 단체들은[6] 대화를 받아들이는 데 있어 조건부 혹은 부정적인 입장을 표했다. 새 정부의 실용적인 의제가 자신들의 원칙, 목표, 명분과 맞지 않고 모순된다는 이유였다.

특히 선거 이후, 국내외적으로 강력한 비판을 받던 현행 대통령령으로부터 '시민참여제도조직법(Código Orgánico del Sistema de Participación Ciudadana)'을 만들려는 여당의 시도는 시민사회 조직의 이해와 충돌을 빚었다. 이는 대통령령

5) 전국선거위원회는 3,865개의 고발 건을 검토한 이후에 4월 18일 AP 후보의 승리를 확인했다.

6) 이것은 CONAIE와 파차쿠틱의 경우였다. 이들은 광산업에 대한 저항이나 시위의 불법화에 대한 저항과 같은 협상불가능한 주제들에 관해 경고했다. 야수니(Yasuní) 국립공원 보호론자들인 야수니도스(Yasunidos)와도 마찬가지였다. 이들은 선거운동 동안 모레노가 보여주었던 대화의지 부족과 정부의 자원개발 의지를 고려하여, 대화에 대해 부정적이었다. 한편, 지역인권재단(Fundación Regional de Asesoría en Derechos Humanos, iNredh)은 정부와의 대화에서 정부 계획에 들어있지 않는 구체적인 의제를 논의해야 할 것이라고 요구했다. 결국, 매우 보수적인 정부로 인해 보다 갈등적인 부문들 중 하나였던, 여성들의 인권 조직들의 침묵은 시사적이었다. 이것은 대화를 재개하기 위해 여당의 많은 노력과 약속이 요구되는 대화 통로였다.

16호에 관한 것이었는데, 임의적인 해산 절차와 해산 이유뿐만 아니라 구성에 있어도 과도한 요구사항을 들이댐으로써 사회 조직들을 규제했다. 시민사회에 대한 국가의 이러한 통제 메커니즘을 도입은[7] 국민들의 결사의 자유를 위협하는 것이었다.

한편, 코레아가 부재한 정치 상황 역시 조직으로서 AP가 해결해야 할 문제들을 야기했다. 코레아 일인중심주의는 다른 인물들의 성장을 허용하지 않았기 때문에, 코레아의 부재는 당내에서 지도력을 둘러싼 논란을 불러일으켰다. AP를 구성하고 있는 다양한 세력들을 포괄하는 단일 인물의 부재 그리고 제도화를 위한 자율적이고 유기적인 구조의 부재는 중대한 도전이 아닐 수 없었다. 정치세력들 간의 새로운 관계를 설정하기 위한 장이 열린 셈이다.[8] 새로운 지도자는 AP의 통합성을 유지할 능력을 갖춰야 하고, 행정부와 입법부 사이, 그리고 당과 행정부와 입법부 같은 정부의 다른 부문들 사이에 가교를 만들어야 할 것이다.

부정 선거를 주장하는 시위들로 혼란한 상황에서 여당은 일부 세력이 주장하는 터무니없는 의혹을 감당해야 했다. 이러한 어려운 상황을 극복하기 위해서는 공약을 넘어 실제 행동으로 이어지는 사회적 신뢰 구축을 위한 체계적이고 일관성 있는 노력이 요구되었다. 자율적인 행동은 자신들이 전면에 내세운 변화라는 공약과 정당한 유산의 장점들을 결합하는 것으로, 코레아와의 차이를 잘 드러낸다. 새 대통령과 당은 정치적 정체성, 동질감, 유사성을 재구축하기 위해 새로운 상징적 도구를 가지고 노력하는 것이 필요했다.

7) 《Decreto 16 (739) pasaría a ser ley》 en Dayuma Ecuador, 9/4/2017, disponible en 〈http://dayumaecuador.blogspot.com/2017/04/decreto16-739-pasaria-ser-ley.html?spref=fb〉.

8) 당내 갈등은 선거에 출마할 정부통령 후보 선출부터 가시화되었다. 모레노는 보다 진보적인 세력들을 대표하는 것처럼 보였고, 반면 현직 부통령인 호르헤 글라스(Jorge Glas)는 금융엘리트와 가까운 보수세력과 밀접한 관계로, 정부의 현행 채굴정책, 대규모 인프라 정책, 그리고 정유 산업 육성정책을 지지했다. 모레노는 선거 초기에 자신의 부통령후보는 확신뿐만 아니라 강제적인 상황에 의해 결정되었다고 인정했다.

최근의 선거 과정에서 대안적인 담론들이 출현했는데, 이 대안적인 담론들은 국가의 역할과 기능을 문제 삼았고 일정한 사회적 반향이 있었다. 지난 10년 동안 권리의 수호자이자 공공재원 운영의 책임자로서 국가의 적극적인 역할이 인정되고 이와 관련된 정치적 합의들이 도출되었다. 그러나 정부 내의 부패로 인해 국가의 규제적 기능이 갖는 정치적 정당성 또한 훼손되었다. 이로 인해 야당은 국가 기능을 축소해야 할 필요성을 주장하게 된다.

137명으로 구성된 국회에서 AP 세력은 과반수를 얻었음에도 불구하고, 2013년 선거에서 얻었던 100석에 비하면 26석을 잃었다. CREO와 Movimiento Sociedad Unidad Sociedad Unida Más Acción(SUMA)[9] 연대 세력이 두 번째 정치 세력이다. 이들은 기존 의석보다 18석을 추가했다. 그 다음으로 PSC인데, 9석의 의석을 추가했다. 이런 상황이 자유로운 대결의 장을 만들지는 않을 것이다. 먼저 여당 연대세력은 복수의 지도자들을 가지게 될 것이며, 이에 따라 행정부와의 관계도 아마 이전 시기의 무조건적인 종속과는 다른 양상을 보일 것이다. 야당은 집권 여당세력 중 가장 우호적인 세력과 결합해도 AP의 과반수를 저지할 수 없을 것이다.

고려해야 할 두 번째 요소는 정당 제도의 재구성과 우파 정당들이 가질 영향력과 관련이 있다. 비록 서로 다른 이익과 집단들을 대표하는 CREO와 PSC라는 두 정당으로 분열되어 있었지만, 우파 세력은 공공 영역에서 점차 자신들의 존재감을 획득해 가면서 정치적 영향력을 강화했다. 기독민주당과 여당 사이에 있던 선거 전후의 지속적인 대립, 그리고 공개적으로 선언되지는 않았지만 몇몇 합의의 증거들은 정치계의 유대관계와 정치 지도에 대한 새로운 시각의 필요성을 제기한다.

9) 2012년 만들어진 우파 자유주의 운동이다. 이들의 주된 지도자는, 2013년 대선에 출마해 4위를 기록했던 현직 키토 주지사인 마우리시오 로다스(Mauricio Rodas)이다.

이와 비슷한 일이 연대 정책에 종종 유연한 태도를 취해왔던 파차쿠틱과의 관계에서도 벌어진다. 파차쿠틱은 1차 투표에서는 ID 사회민주계의 약세 후보가 주도한 연대에 참여했지만, 결선투표에서는 라소와 모레노 사이에서 지지가 분산되었다. 최근에는 초기의 연대에서 떨어져 나와, 일부 분파들은 AP와 밀접한 관계를 유지하며 세력이 약한 ID와의 연대 가능성을 닫았다. 미래에 파차쿠틱이 어떤 모습을 보일지는 예측하기 어렵다. 이것은 앞으로의 전개 상황과 간헐적인 합의에 달려있기 때문이다. 전통적인 포퓰리즘 정당이라고 할 수 있는 애국당(Partido Sociedad Patriótica)과 에콰도르의 힘(Fuerza Ecuador, 구 Partido Roldosista Ecuatoriasno) 또한 의회에 진출해 있다. 이 두 세력은 전성기에는 일정한 역할을 했지만, 최근에는 약 2%의 지지율로 정치적 조커 역할을 하지 못하고 있다.

결국, 새 정부는 시민사회와의 관계뿐만 아니라 정치세력들 간의 관계에 있어서도 복합적인 도전에 직면하고 있다. 이런 도전을 헤쳐 나가기 위해서는 전면적인 내부 재구조화가 필요하다. 이는 유기적 구성, 내부의 민주적 메커니즘, 갈등의 해결 통로, 광범위한 층위의 토론 문화 등을 요구한다. 특정 개인에 의존한 정치체제가 민주주의 전반에 부정적 영향을 끼쳤을 뿐만 아니라 이를 더 이상 유지할 유력한 정치인도 없기 때문에, 이런 정치체제를 극복하는 것이 에콰도르 정치의 시급한 과제가 되었다.

의회는 스스로의 정당성을 구축하기 위해 법률안뿐만 아니라 다양한 주제들에 관해 여러 부문들과 토론하고 여론과 소통하는 공간을 확대하면서 시민사회와의 관계를 개선해야 한다. 라티노바로메트로(Latinobarómetro) 2016 보고서에 따르면, 의회를 신뢰하지 않는다는 국민의 비율이 64%에 달하는데, 이는 2013년 동일 조사의 49%와는 상당한 차이를 보여준다.

사회·경제적인 긴장

AP가 추진한 정책들의 한계와 비일관성을 넘어서, 사회 정책을 우선시하는 AP는 에콰도르 내에서 차별성을 보여주었다. AP의 담론과 실제적인 정책은 국민들의 권리를 존중하고 강조하고 있다. 국가가 직접적인 책임을 가지고 구조적 변화를 추구한다는 점에서 볼 때, 핵심적인 목표는 빈곤의 축소와 보다 평등한 사회 건설이었다.[10)]

2007년 정부 취임부터 사회적 지출에 대한 투자는 의미 있는 수준으로 증가했다. 2016년에 사회적 지출에 배정된 예산은 9년 전에 비해 거의 4배나 늘었다. 국내총생산(GDP) 대비, 4.5%에서 9.4%로 증가하여 투자 액수가 두 배로 증가했다. 주로 교육, 건강, 복지, 도시 및 주거 개발 등 네 가지 우선 투자 분야에 배분되었다.[11)]

AP가 선거에서 승리한 이유 중 하나는, 앞서 언급한 권리들을 보장하기 위해 펼친 정책들의 정당성 때문이라고 할 수 있다. 2007년과 2013년 라티노바로메트로의 자료에 의하면, 응답자의 79%가 코레아 정부의 정책에 동의를 표하고 있다. 마찬가지로 2005년에 단지 11%만이 에콰도르가 발전하고 있다고 생각했다면, 이 수치는 AP집권 10년 동안 증가하여 2013년에는 77%에 달했다. 그럼에도 불구하고 이 수치들은 2016년에 각각 40%, 31%로 상당히 떨어졌다. 이것은

10) AP의 계획을 알 수 있는 실제적인 자료들이 다양하게 존재한다. 국가개발계획(Planes Nacionales de Desarrollo) 이외에, 가장 의미 있는 자료들 중 하나는 빈곤 해소를 위한 전략에 초점을 맞추고 있다. Secretaría Nacional de Planificación y Desarrollo y Secretaría Técnica para la Erradicación de la Pobreza: Estrategia Nacional para la Igualdad y la Erradicación de la Pobreza, Quito, 2014, disponible en 〈www.planificacion.gob.ec/wp-content/up loads/downloads/2015/05/Estrategia-Nacionalpara-la-Igualdad-y-Erradicaci%C3%B3n-de-laPobreza-Libro.pdf〉.

11) Ministerio Coordinador de Desarrollo Social: Informe de desarrollo social 2007-2017, Quito, 2017, disponible en 〈www.desarrollo social.gob.ec/wp-content/uploads/2017/03/ libro_social-2007-2017.pdf〉.

정부에 대한 사회적 인식의 변화를 잘 보여준다.

시민혁명(Revolución Ciudadana)은 보건의료, 교육, 사회 보장의 확대 그리고 인프라 증강 및 개선과 같은 주된 성취 중에서 빈곤의 감소를 특히 강조한다. 즉, 소득 대비(2006년과 2016년 사이 14.7% 포인트), 소비 대비(2006년과 2014년 사이 13.5%) 혹은 미충족기초욕구(Unsatisfied Basic Needs) 대비(2008년에서 2016년 사이 13.5% 포인트), 상당한 감소를 보여 준다.[12] 동시에 2006년에서 2016년 사이 지니계수는 0.540에서 0.466으로 감소하였다. 정부에 따르면, 이런 성취에는 국가의 원유 수익에 참여하는 개혁조치와 함께, 재분배 메커니즘과 같은 조세 개혁이 핵심적이었다.

이러한 모든 문제들은 선거전의 주제였다. 모레노는 정치 영역에서는 코레아와의 차별을 두고자 했지만 사회분야에서는 지속성을 강조하면서 지금까지 이룩한 것들을 유지, 확대, 개선하겠다고 약속했다. 결국, AP의 제안은 사회적 투자를 유지하겠다는 것이었다. AP의 "전 생애(Toda una vida)" 계획에는 유년, 청년, 주거, 직업 그리고 경제적 보조 영역의 주요한 정책들이 모두 포함되어 있다.[13] 동시에 사회적 인프라에 대한 투자를 유지할 것을 공약하고 있다.

본질적인 정책 토론보다는 서로 간의 폄하가 두드러졌던 선거 과정 속에서, 모레노의 야심찬 계획들은 재정적 수단들을 결여하고 있었다. 유지 가능한 사회 정책을 공고히 할 필요성과 1차 산물 수출에 의존하는 달러화한 경제 여건

12) 공식 자료에 따르면, 교육 분야에서 초등교육은 보편화되었고, 중등교육 이수율은 20% 포인트 증가했다. 사회 안전 분야에서도 경제활동인구수가 2006년 26.1%에서 2016년 42.1%로 증가했다. 더욱이 거주환경, 주택, 위생환경의 분야에서 양적 부족이 2009년 21.2%에서 2016년 12.3%로 감소했다. 반면 건강서비스 접근율은 2006년 49.1%에서 2016년 61.9%로 증가했다. 더 많은 수치는 다음을 참고하시오. Ministerio Coordinador de Desarrollo Social: ob. cit.

13) 비디오 "이것이 전 생애를 위한 당신의 계획이다"는 다음에서 볼 수 있다. 〈www.alianzapais.com.ec/tag/ plan-para-toda-una-vida/〉.

사이에서 맞닥뜨릴 딜레마를 고려할 때, 중요한 문제가 아닐 수 없다. 이렇게 해서 현 정부의 유산이자 차기 정부에게 있어 주요한 도전인 유동성 문제가 제기되었다.

투자 유지, 40개 기술대학 신설, 제3연령기 대상 지원 재원의 두 배 확충, 연금과 농촌 사회보장 확충, 사회보장에 가사노동 포함, 325,000가구 주택 건설, 청년 창업에 2만 건의 신용대출 제공 등 인적개발보조금(Bono de Desarollo Humano)의 세 배 확충과 같은 선거에서 반복된 공약들은 구체적인 재원 조달 계획이 없었다. 2016년에 국내총생산의 6.3%에 해당하는 60억 달러 이상의 재정적자를 기록했고[14], 2017년 2월까지 국내총생산의 39.6%에 달하는 대내외 부채를 지고 있다는 점을 고려할 때[15] 더욱 중요한 문제가 아닐 수 없다.

새 정부는 개선의 여지가 거의 없는 부정적인 경제 상황에서 자신의 정책을 펼쳐나가야 한다.[16] 10년 동안의 원자재 붐이 만들어낸 경제적 동력이 쇠한 현재, 당면 과제는 작은 재원으로 통치해야 한다는 것뿐만 아니라 투자를 유지해야 한다는 것이다. 또한 궁극적으로 정책의 정당성을 확보해야 한다. 사회적 유동성, 서비스에 대한 접근, 소비 증가, 중산층 증가 등을 일상생활에서 느꼈던

14) Subsecretaría de Financiamiento Público: 《Deuda pública del sector público del Ecuador》, 28/2/2017, disponible en 〈www.finanzas.gob. ec/wp-content/uploads/downloads/2017/03/ deuda-sector-p%c3%9ablico-del-ecuador _ febrero2017.pdf〉.

15) 여기에 원유 선판매 혹은 재무무가 발행한 채권 구입 같은 중앙은행에 대해 지고 있는 부채 등 공공부채에 대한 공식 추계에 잡히지 않은 것들이 추가된다. 2014년 9월부터 2016년 12월 사이에 국고에 대한 중앙은행의 대변잔고는 42억 4천 4백만 달러로 증가했고, 올해 초 두 달 동안에만 9억 8천4백만 달러가 늘었다. 이와 관련해서는 다음을 참고하시오. Augusto de la Torre y José Hidalgo Pallares: 《La trampa que asfixia a la economía ecuatoriana》, Corporación de Estudios para el Desarrollo, Quito, 3/2017.

16) 에콰도르 경제 상황은 정부의 경제 정책의 결과뿐만 아니라, 세 가지 주요 요인들과 관련이 있다는 것을 부각할 필요가 있다. 2000년 이후로 국가 화폐가 된 달러의 가치 상승 과정, 세계적인 원자재 가격의 하락, 그리고 1년 전 해안지대를 강타한 7.8도의 강진의 결과가 그것들이다.

경제 호황기를 거치면서 국민의 사회적 기대는 증가하였다. 그러나 이런 기대가 더 이상 충족되지 않으면 국민의 불만이 비판 세력 형성이나 반대 시위로 나타나게 된다.

에콰도르 경제 상황을 둘러싼 선거 논쟁은 두 가지 입장의 대립이었다. 야당은 위기의 심각성을 강조했다. 약속했던 생산 방식 변화의 실패, 공격적인 부채 정책, 그리고 재정을 위협하는 예산의 '낭비' 등에 대해 정부가 책임을 져야 한다는 것이다. 이와는 반대로 정부는 속도 감속이라는 완곡어법을 사용했다. 이렇게 보면, 세금과 공공지출의 재조정이라는 이차 방정식에서 균형을 찾아야 했던 모레노 정부의 현 상황에 대한 실제적인 진단은 정확했다. 현재까지 시행된 주된 전략인 신용 제공은 아마도 사라져야 할 것이다. 왜냐하면 여러 수치들이 헌법에 정해진 제한(국내총생산의 40%)에 가까이 도달했기 때문이다.

세금 문제는 선거전에서 가장 논란이 많은 주제 중 하나였다. 모레노가 선거에서 승리했지만, 상당수의 국민은 14개 과세를 없애겠다고 수없이 반복한 라소의 공약에 지지를 표했다. 세금 문제는 모레노가 유지하기로 약속한 여당의 최대 재분배 정책의 핵심이다. 비록 중산층과 생산 부문의 부담을 줄이기 위한 자문위원회를 구성하겠다고 약속했지만 말이다.

이런 여건 하에서, 사회 복지의 성취들을 보존하면서 공공 지출을 수정해야 한다는 것는 하나의 시대적 요구다. 유용성이 없거나 중복적인 지출을 제거할 뿐만 아니라, 기존의 인프라 정책을 재검토하고 정부의 홍보비용을 축소하는 것이 필요하다.

이런 요소들에 대한 신중한 검토는 매우 유용할 것이다. 특히 진보적인 성격의 과세에 대해 중간계층과 상류층이 가지고 있는 부정적인 여론을 완화하기 위해서 그러하다. 이들 중간계층과 상류층은 세금이 과도하며 정당하지 않다는 반(反)세금 담론을 지지하였다. 중요한 점은 조세가 부패나 정부의 크기과 같은 주제들과 대립되는 것으로 왜곡되게 인식된다는 사실에 있다.

선거 과정에서 논쟁의 중심이자 정치·사회적 점검의 대상이 된 다른 중요한 주제는 실업이다. 경제가 활력을 상실한 상황에서 2015년과 2016년 사이 실업률은 4.3%에서 5.2%로 증가했다. 고용 또한 7% 포인트 감소하였다. 반면 불완전 고용은 14.8%에서 19.4%로 늘어났다.[17] 이 문제에 대해 모레노는 명확한 입장이 없었고, 그의 선거 공약은 창업 지원이라는 애매한 우산 아래 무엇보다 청년들에 맞춰져 있었다.

그러나 공공정책 부문에서 창업지원은 정부 정책의 핵심이 될 수 없다. 개인에게 일자리에 대한 책임을 지우는 이런 방식의 접근은 위험성을 가지고 있기 때문이다. 따라서 새 정부는 이 계획을 세밀하게 평가해야 할 것이다. 신용 대출이 가져올 수 있는 위험성뿐만 아니라, 노동의 불안정화 같은 문제들도 고려해야 할 것이다. 복합적인 관점으로 정책을 평가하고 효과를 예측하는 것이 중요하다.

모레노 정부의 노동정책은 노동 환경을 손질하고 확대하는 것을 목표로 하고 있다. 권리 보호라는 관점에서 볼 때 에콰도르 국민 대다수는 안전망 밖에 위치해 있다. 따라서 노동 정책은 권리 보장이라는 진보적인 담론을 주장하는 AP에게는 불가피한 것이다.

마지막으로, 향후 몇 년 동안 AP정부가 당면할 다른 중요한 주제는 생산 환경의 변화일 것이다. 이것은 이미 상당한 수준으로 진작되었으며, 1차 산업 위주의 수출 기반 경제에서 부가 가치를 생산할 능력을 지닌 경제로 변모시켜 줄 것이다. 이런 목표는 장기적으로 이룰 수 있는 목표다. 그럼에도 불구하고, 여당이 직면해 있는 긴급한 사안들이 있다. 빈곤 축소와 자연에 대한 권리를 대립시키는 논쟁의 경우가 그렇다. 이는 모레노가 감당해야 하지만 의미 있는 변화를

17) Instituto Nacional de Estadísticas y Censo의 자료.

이끌어내기 힘든 골치 아픈 과거의 유산이다.

환경 관련 문제는 부채보다 AP가 추구하는 당초 입장과 더욱 배치된다. 따라서 피해를 입은 공동체뿐만 아니라 환경보호 기구들과 정부 사이의 지속적인 갈등의 진원이 되었다. 이 문제로 인해 여당은 강력한 비판을 받게 되었는데, 주된 비판 내용은 다음과 같다: 환경을 실용적인 관점에서 접근하는 개발 모델, 중국이나 캐나다 같은 국가들에 광물과 원유 채굴권을 양도하는 정책, 채굴지역의 확대 정책, 그리고 반(反) 채굴정책 시위의 범죄화와 과격한 진압. 환경 관련 문제에서 피해를 보는 주체들의 입장에서 모레노의 정책은 지나치게 미지근한 것이었다. 정부의 계획은 관련 기준에 대한 통제와 규정을 강화하고, 아직 비율이 정해지지 않았지만 피해자들에게 관련 수익의 일부를 돌려주겠다는 내용이었다. 또한 채굴이 아닌 여타 대안적인 경제 형태의 모색과 같은 매우 논쟁적인 주제들에 대해 국민 투표 실시를 하겠다는 내용을 포함했다. 하지만 여기에 공동의 의제를 논의할 수 있는 공간은 마련되지 않았다. 이에 대한 불만은 산악 지역뿐만 아니라 이 주제와 관련해 활발한 갈등이 있었던 아마존 지역에서 라소가 승리를 거두면서 이미 잘 드러났다. 이 지역들에서 지지를 회복하는 것은 거의 도달하기 어려운 과제로 보인다.

무역과 산업 부문 역시 광범위한 협상 끝에 올해 초 시행에 들어간 EU와 에콰도르 간 무역협정이 가져올 생산 환경 변화와 관련하여 시급한 대화를 요구했다. 이 협정은 농산업 부문에서 일자리를 늘릴 것이라고 약속했지만, 다양한 위험성 역시 가지고 있다. 특히 유럽산 제품과 경쟁해야 하는 몇몇 자국 제품의 경쟁력과 관련해서 그렇다. 모레노 정부가 어떻게 국산품에 대한 보호 장치를 마련하거나 새로운 산업의 성장이 외국 제품에 의해 위협받지 않도록 인센티브를 마련할지는 지켜봐야 한다. 콜롬비아와 페루 같은 인접국에서 시위를 유발했던 이런 종류의 협상이 가져오는 영향과 관련하여 정부가 예방적인 계획을 가지고 있을 것으로 기대된다.

또한 모레노는 주변 국가들에 에너지를 공급하는 에너지 망의 강화, 세계에서 가장 경쟁력 있는 청정에너지 공급 체계의 마련 등과 같은 야심찬 정책들을 내세우며 여당의 거대 프로젝트 중 하나인 에너지 공급 체계의 지속성을 강조했다. 정부는 높은 수익을 기대하며 이 부문에 대규모 재원을 투자하고 있다. 하지만 필요한 인프라를 설치하는 과정에서 사회와 환경에 끼친 영향은 상당히 컸고, 따라서 수익을 중기적으로 투명하게 되돌려줄 필요가 있다.

현 상황과 변화 양상을 바탕으로 전망했을 때, 앞서 드러난 대부분의 과제와 문제들은 정도의 차이는 있지만 AP, 의회 연합세력 그리고 정부 내에서 벌어지는 정치적 결합에 달려 있다고 말할 수 있다. 물론 이 문제들이 향후 몇 년 동안 에콰도르가 겪게 될 모든 복합적인 상황을 더욱 힘들게 할 것이다. AP를 구성하고 있는 세력들의 재구성 즉, 정치 세력들의 새로운 상호관계는 선거가 남긴 모호함들을 구체화하는 쪽으로 귀결될 것이다.

실제적인 대화의 재개는 광범위한 합의를 만드는 것과 마찬가지로 중요한 요인이 될 것이다. 그러나 지난 10년 동안 공적 영역에서 소외를 느낀 부문들의 실질적인 참여 없이는 불충분할 것이다. 게다가 사회적 기대는 이런 변화에만 맞춰져 있는 것이 아니다. 아직 해결되지 않은 다양한 사회적 요구들을 수렴했던 AP의 당초 정책으로 되돌아가자는 기대도 있다.

대화가 민주적 제도를 강화하는 과정을 수반하는 것이 바람직할 것이다. 이 민주적 제도 내에서 국가의 기능들은 자율적인 방식으로 견제와 균형을 통해 구성되고 작동해야 한다. 이러한 과정은 또한 부패의 단절을 목표로 해야 할 것이다.

새 정부는 공적 재원의 사용 목적을 투명하게 해야 할 것이다. 이렇게 해야만 여론 속에서 자신들이 필요로 하는 정당성과 자율성, 그리고 국가의 존재

의미를 회복할 수 있을 것이다. 모레노 정부에 대한 견해는 코레아 정부가 보여주었던 관성적인 퇴보와, 선거의 단순화를 넘어 사회적 기반을 재구축하고 정치적 구조 조정을 이끌어낼 것이라는 기대 사이에서 요동하고 있다.

이성훈 옮김

위기에 처한 차베스주의, 분쟁에 빠진 차베스주의

알레한드로 벨라스코

역사학자, 뉴욕대학교 교수, 《라틴아메리카에 대한 북아메리카 회의(NACLA: North American Congress on Latin America) 아메리카들에 대한 보고서》 편집장

원제와 출처: Alejandro Velasco, "Chavismo en crisis, chavismo en disputa", *Nueva Sociedad*, No. 271, septiembre-octubre de 2017, pp.4-12.

핵심어: 주민자치공동체, 위기, 좌파, 21세기 사회주의, 베네수엘라

베네수엘라 제헌국회 의원선거에 대한 일부 결과가 알려진 지 몇 분 만인 2017년 7월 30일 밤, 카라카스에 있는 국가선거위원회(Consejo Nacional Electoral: CNE) 본부의 지근거리에서 당국의 발표에 반대하는 격렬한 시위가 발발하였다. 처음 보았을 때에는 그리 놀랄 만하지 않았다. 그러나 하루가 경과하는 동안 베네수엘라의 수도와 여타 도시들에서 국가안전보장군은 시위자들과 폭력적으로 대치하며 충돌했고, 그날 밤이 끝날 무렵에는 10명의 사망자가 나오고 말았다. 격렬한 대치 도중 10명의 사망자가 발생함으로써 약 4개월간 끊임없이 벌어진 니콜라스 마두로(Nicolás Maduro) 정부에 반대하는 시위 중 가장 유혈이 낭자한

날이 되고 말았다. 하지만 국가선거위원회의 공식발표에 반대한 그날 밤의 시위는 완전히 예외적인 것이었다.

시위는 반(反)차베스주의와 완전히 동일시되는 지역인 카라카스 동쪽에서 발생한 것이 아니라 인구가 빽빽한 빈민가 지역인 카라카스 서쪽에서 벌어졌다. 이 지역 주민들은 수도 카라카스에서 수년간 정부를 지지하는 중심축이었다. 더욱이 이 시위가 벌어진 곳은 인구가 조밀한 '1월 23일' 지구, 즉 지난 50년간 슈퍼블록[1] 단지였으며 미라플로레스(Miraflores)에 있는 대통령궁 주변의 땅을 차지한 바로 그 '1월 23일' 지구였다.

1989년 2월 하순, 신자유주의적 경제구조조정에 반대하는 민중의 봉기를, 군대가 탱크와 소총을 동원하여 제지한 곳도 이 '1월 23일' 지구였다. 이 일로 인해 전국에서 수백 명의 사망자가 발생했고, 1월 23일 지구에는 총알구멍들에 여전히 그때의 상흔이 남아 있다. 이곳은 1992년 2월 4일 새벽에 우고 차베스(Hugo Chávez)가 카를로스 안드레스 페레스(Carlos Andrés Pérez) 정부에 반대하여, 실패로 돌아간 쿠데타를 일으킨 장소이기도 하다. 10년 후인 2002년 4월 또 다른 쿠데타가 한창일 때, 매스컴이 포위당하고 격렬한 탄압이 자행되자, 수천 명의 사람들이 미라플로레스 대통령궁을 포위하고 그렇게 해서 차베스를 권좌로 복귀시키고자 나서기 시작한 곳도 이곳 1월 23일 지구였다. 차베스주의의 첫 사회적 '미션', 즉 예전에는 빈곤으로 내몰리던 수백만 명의 삶의 질을 향상시킬 될 부(富)의 재분배 프로그램이 시작된 곳도 여기였다. 빈번한 선거에서 차베스가 항상 추종자들에게 둘러싸인 채 자신의 투표권을 행사하던 곳도 여기였다. 선거 결과를 보면 1월 23일 지구는 카라카스 내에서 차베스주의 지지층이 가장 두터운 3개 지역에 연이어 들곤 했다. 외국인 지지자, 외신기자, 외국인 학자들이 차

1) 교통이 차단된 주택·상업 지구를 일컫는다(역주).

베스 정부의 가장 충실한 지지기반을 이해하고자 향한 곳도, 그들이 그토록 '혁명의 거점'이라는 명성을 찬양한 곳도 바로 이곳이었다. 그리고 2013년 차베스가 사망한 후 그의 유해가 안치된 곳도 1월 23일 지구의 정 중앙에 있는 구(舊) 군사박물관 본청이었다.

이 모든 내력을 감안했을 때, 7월 30일 시위는 가히 충격적이었다. 그리나 단지 그 이유만으로 충격적인 건 아니었다. '콜렉티보(colectivo)'[2]라 불리는 민간인 무장단체들의 일원들에 의해 불만이 전면에 드러난 것이다. 콜렉티보는 도시 서민을 기반으로 하며 최근 몇 년간 차베스주의를 여러 차례 구현하는 장본인 역할을 해왔다. 어떤 이들에 따르면, 콜렉티보는 제 거주지의 이익을 위해 활동하는 공동체조직들이다. 다른 이들은 콜렉티보를 정부에 의해 관리되고 운영되는 준군사조직들이라 말한다. 또 다른 이들이 보기에 콜렉티보는 행진 도중 반대파 시위참가자뿐만 아니라 이웃들을 매질하고도 처벌받지 않고, 위기에도 불구하고 서민들의 동네에서 계속 터져 나오는 민중의 불만을 공포와 폭력을 동원해 억제하는 무정부주의 집단들이다.

그런데 지금, 제헌의회가 선출된 7월 30일, 여당의 당혹스러운 압도적 승리에 대해 바로 이 콜렉티보들이 부정행위라고 비난하고 나선 것이다. 베네수엘라에서 가장 오래되고 투쟁 경험이 많은 콜렉티보 중 하나인 '라 피에드리타(La Piedrita)'의 지도자 발렌틴 산타나(Valentín Santana)는 지역단체 연합, 비(非)여당 인사, 여당 후보자들로부터 그의 구역에서 제헌의회에 입후보하라는 요청을 받았다. 산타나의 공약은 차베스와 그가 이룩한 혁명 및 혁명의 유산에 대해 절대적으로 충성하고, 주민자치공동체에 총력을 기울이고, 중재기관들을 해산하며, 관료주의와 맞서 군대 없는 전쟁을 벌이고, 부패한 자와 배신자에게 최고형을

2) 베네수엘라 정부를 지지하는 공동체조직의 한 유형으로 베네수엘라에는 20~100개의 콜렉티보가 있다(역주).

집행하겠다는 내용을 담았다. 선거일이 끝나갈 때 국가선거위원회는 베네수엘라 사회주의연합당(Partido Socialista Unido de Venezuela: PSUV) 후보로만 구성된 명부를 승자로 공표했고, 그렇게 산타나와 다른 무소속 후보들을 배제하며, 모든 의석을 여당에 내주었다. 산타나와 무소속 후보들은 5만 표라는 상당량의 지지를 받았다. 그날 밤 시위는 국가선거위원회의 선거부정과 베네수엘라 사회주의연합당에 대한 국가선거위원회의 편파적인 태도를 비난하면서, 돈트(D'Hondt) 방식[3]을 적용함으로써 의회에 지역의 목소리, 비판적 목소리, 독립적인 목소리, 가장 중요하게는 "혁명을 지지한다고 입증된(fehacientemente revolucionarias)" 목소리들을 포함하지 않을 경우 제헌의회를 부인하고, 심지어 의회 시설을 파괴하겠다고 위협했다.

이와 같은 시위들로서의 차베스주의, 그리고 차베스주의가 안고 있는 긴장과 내적 모순에 대해 그간 거의 보이지 않았고, 심지어 생각지도 못했던 역학에 대해 추측할 수 있게 되었다. 실제로 이런 유형의 시위들은 이중의 배제를 겪는다. 첫째, 공식적인 배제, 즉 국가기구의 통제와 정부 엘리트 수중에서 권력이 만들어내는 배제, 따라서 차베스주의를 구성하는 것의 의미가 만들어내는 배제다. 둘째, 국제사회 좌파로부터의 개념적인 배제다. 차베스주의는 절정기에 수직적이고 동질적인 운동이라는 특권적인 이미지를 부여받은 후 볼리바르 혁명의 가장 심원한 곳에 있는 무수한 양상과 회색지대들을 묵과했다. 그런 회색지대는 요즘 같은 위기의 순간에 나타나 빛난다. 그러나 베네수엘라에 대한 논쟁에서 그런 회색지대의 영향력과 중요성을 파악케 할 만한 준거는 없다. 회색지대는 또 다시 뒷전이 된 것이다. 베네수엘라가 라틴아메리카 좌파의 구분선이 되면서 모든 양상들이 녹아들고, 라틴아메리카 좌파는 저마다 "혁명과 함께 할지, 제국과 함께

3) 벨기에 법학자 빅토르 돈트(Victor D'Hondt)가 고안한, 비례대표제 선거에서 당선자를 결정하는 한 방식. 정당별 득표수를 순서대로 나누어 그 몫이 큰 정당별로 의석을 배분하는 방식이다(역주).

할지" 솔직한 정치적 결의를 있는 그대로, 단번에 드러내게 된다.

어떤 이들에게는 강도 높은 사회적·정치적 위기, 날마다 심각하게 악화되는 상황을 보는 것으로 마두로 정부의 진보적 주장에 대한 신뢰를 잃기에 충분하다. 마두로 정부의 경제적 무능, 외국자본에의 우선순위, 점점 확산되는 탄압, 민중의 지지가 점점 감소하는데도 정권을 영속하려는 술책들은 좌파가 희구하는 사회정의, 민주주의적 정의의 근본 원칙에서 벗어난다. 이런 관점에서 보면, 차베스주의야말로 역사의 쓰레기장으로 버려져야 할 대상이다. 마두로가 소외된 이들을 대표하는 것이 아니라 권위적으로 차베스 정치프로젝트의 종말을 표상하는 한은 말이다. 차베스주의는 칭송받을 만한 사회적 목표, 민중의 광범위한 지지를 지니고 있다. 그러나 전에 없이 고공 행진하던 유가(油價)가 폭락하면서 이전에 달성한 것이 모두 수포가 되고 말았다. 그렇게 해서 차베스주의에 대한 끝없는 비난은 윤리적 또는 이데올로기적 주장을 초월해 생존문제와 직결된다. 생존문제는 베네수엘라의 대재앙 앞에서 라틴아메리카의 실질적 좌파가 대안적 미래를 보존하기 위해 꼭 필요한 문제다.

심각한 상황이라는 점을 부정하지 않은 채 정반대의 결론을 내는 사람들도 있다. 혁명의 타협은 분명히 결점이 있는 정부에, 그렇지만 야당 앞에서 사회적 투쟁이라는 최선의 선택을 표상하는 정부에 지지를 표명하면서 위기의 순간에 정확히 측정된다. 야권은 실질적 관심이 사회복지와 거리가 멀고 신자유주의 정책을 통한 부의 축적만을 추구하는 당 안팎의 분파들에게서 지지를 받는다. 그들은 엘리트주의와 그 특유의 비민주적 풍조에 끊임없이 타격을 가한다. 지금 현 시점에조차 마두로 정부가 이 지역의 다른 정부들을 훨씬 상회하는 지지수준을 유지한다는 것은, 증명되지는 않지만 반대파가 주장하는 대안에 대해 민중이 깊은 회의를 느낀다는 점을 시사한다. 설령 위기가 악화하면서 그 회의감이 조금씩 절망으로 바뀌게 될지라도 말이다. 더욱이 정부를 지지하는 단체에게 라틴아메리카의 현재 지정학적 상황, 즉 정당성이 의심스러운 신자유주의로 인한 상처가 아물지 않은 정부들의 지위가 올라가는 작금의 지정학적 상황은, 좌파에서 나머지 사람들과의 연대를 요구한다. 그 반대는 현재 미국의 군사개입이라는 공공연한 협박을 포함해, 현재 정부에 의해 발생한 것보다 훨씬 더 나쁜 결과를 초래할 라틴아메리카 안팎의 "영원한 우파"에게 활동영역을 양보하는 것이다. 미국의 군사개입은 최근 라틴아메리카 역사 중 가장 암울한 시기를 떠올리게 할 것이다.

이토록 상반되는 입장임에도 불구하고 공통점이 있다. 더 이상 주저하지 말자는 것이다. 베네수엘라 사태는 정부에 대한 비난 혹은 정부와의 연대를 요구한다. 여러 색조가 존재하던 시기는 완전히 끝났다. 그렇지만 먼 옛날부터 있었고 오늘날 현저히 두드러지는 이런 색깔들은 7월 30일에 1월 23일 지구에서 발생한 것과 같은 다수의 시위로써 드러난다. 정부를 공개적으로 거부하지만 전통적 야당으로 넘어가지는 않는 이런 회색지대들을 이해하는 것이, 추종자들이 보기에도 이미 완전히 좀먹고 본질을 잃은 정부를 뛰어넘어 진보정치의 과도기를 숙고하는데 핵심이다. 이런 시위들의 중심에는 정치적·사회적 프로젝트로서의 차베스주의의 형성과 발달로 거슬러 올라가는 정부와 지지기반 간에 혹독한 갈등이 있다. 그렇지만 정부와 지지기반과의 싸움은 차베스라는 강력한 인물과 그 주변에서 조직된 거대 국가기관에 의해 보이지 않게 되었고, 양극화라는 현재 국면에서는 아예 실행 불가능해졌다.

사실상, 7월 30일 시위에서 가장 두드러진 점은, 그 시위의 특이함이 아니라 바로 그 일상성이다. 1월 23일 지구는 혁명의 거점 역할을 했지만, 화제가 될 만한 활동들과 종종 정부에 대한 거부를 표현하는 폭력의 장소가 되곤 했다. '콜렉티보(colectivo)'라는 용어가 생기기 훨씬 전인 2003년에는 무장한 민간단체들이 지금은 없는 시(市) 경찰과 대치했다. 당시는 차베스가 이 기관의 해산을 거부할 때였다. 시 경찰청은 수십 년간 그 지구 주민들에게 범죄, 부패, 폭력과 억압의 온상으로 여겨졌다. 야당 출신의 카라카스 시장이 역임할 때에는 2011년 해산될 때까지 수차례 야당의 돌격부대로 여겨지기도 했다. 2004년 말에는, 여러 단체들이 차베스의 뜻과 반하여 1월 23일 지구에서 시 경찰을 몰아냈다. 2007년에는 반정부 텔레비전 방송사인 라디오 카라카스 텔레비전(Radio Caracas Televisión: RCTV)이 폐쇄되면서 학생시위가 격렬하고 폭력적으로 일어났는데 이때 1월 23일 지구의 콜렉티보들이 시위 참가자들과의 난폭한 가두 대립에서 중추역할을 했다. 그뿐만 아니라 이들은 야당과 같은 입장을 취하는 또 다른 방송국 본부를 포위했다. 이들이 무기를 포기하지 않자버리도록 결국 차베스가 직접 1월 23일 지구의 무정부주의 단체들을 질책하고 그 단체들을 해산시키라고 명하기에 이르렀다. 이로써 핵심 위험인물 중 한 명인 발렌틴 산타나가 거의 1년간 지하로 들어가게 되었다. 콜렉티보들은 종속관계가 아니라 서로 인정하는 긴장관계 하에서 오래 존속했다. 이런 관계는 때때로 마찰과 대립을 일으키며 차베스의 대통령 임기 내내 계속되었다.

1월 23일 지구의 주민 일부가 혁명을 지지하는 자기들의 정체성과 독자성을 정부 앞에서 폭력적인 방법으로 행사하는 동안, 다른 주민 일부는 투표를 통해 평화적인 방법으로 당국의 수직주의에 대한 불만을 드러냈다. 2005년 시장 선거와 교구 위원회 선거를 포함한 지방선거를 앞두고 1월 23일 지구의 민간 조직들은 차베스주의 후보들이 행정부와의 연줄로 밀어붙이는 것을 거부했다. 그들은 베네수엘라 역사상 최초로 교구 규모의 예비선거를 자율적인 방식으로 실행하겠다고 결정했다. 일단 투표가 끝나자, 수년 후 어느 7월 30일 제헌의회에서 벌어지게 될 것과 유사한 방식으로, 여러 단체가 무소속 후보들에 가해진 족쇄와 국가선거위원회의 여당에 대한 편파적인 태도에 반대해 국가선거위원회 입구에서 항의했다. 몇 달 후 차베스주의 시장이 임명되자, 이 단체들이 1월 23일 지구와 아무 연관도 없는 사람이 시민의 수장으로 임명되는 걸 거부했고 1월 23일 지구 출신의 유명한 사회적 투사를 그 자리에 앉혔다. 이런 예는 훨씬 더 많지만 2015년 12월만큼 충격적인 사례는 아마 없을 것이다. 당시 베네수엘라에서 가장 투쟁 경험이 많은 콜렉티보들의 근거지인 "혁명의 지구" 주민들이 의회선거에서 대부분 야당에게 투표한 것이다. 때는 마침 마두로주의를 거부하며 지방에서 한창 대량기권이 벌어지던 참이었다.

외부에서 본 베네수엘라 위기의 분석에서는 마냥 정부에 가깝다고 여겨진 민중 지지기반의 불만의 맥락을 파악하기란 쉽지 않다. 이런 표출은 소위 "비판적 차베스주의"를 넘어서는 것이다. 비판적 차베스주의는 대부분 좌파 지식인 및 전문가들, 그리고 민중이 표출한 불만을 이해하려는 노력을 거의 하지 않는 반대파로 형성된다. 반면 표출된 불만은 차베스주의와 그 지지기반의 동질적 비전의 사각지대를 보여주는데, 이는 민중들과 다양하고 이질적인 반대파 간에 공동의 대의가 없는 이유를 설명해준다. 확실한 것은 지지와 거부에 대한 표현을 동시에 기습적으로 표출하지 말아야 한다는 것이다. 1월 23일 같은 지구에서는 "비판적 차베스주의"가 새로운 것이 아니라 예전부터 흔히 있어 왔고, 그 결과는 위기와 비판의 시기에는 공동체 쪽으로 물러나고, 풍족함과 합의의 시기에는 정부 쪽으로 다가가는 동력으로 작용해왔다.

이런 동력은 무한하지도 않고 정부에 대한 절대적 백지수표를 의미하지도 않지만, 베네수엘라가 수십 년을 통틀어 최악의 위기를 겪는 때에 현저히 유연했다. 위기의 원천들과 맞서 싸우기는 베네수엘라 드라마에 대해 더욱 다채로운, 그래서 비판적 영향력이 더욱 큰 시각을 가능케 한다. 이러한 시각은 가장 정치적 태도가 명확한 지지기반에게 차베스주의가 실용적·이데올로기적인 이유로 항상 국가 및 행정부 견해와 합치/불일치를 의미한다는 것을 이해하는 데에서 출발한다. 실용적 측면을 상상하기는 어렵지 않다. 1월 23일 지구의 경우 지리적·정치적으로 정부와 가깝다는 바로 그 이유 때문에 그곳 주민들은 차베스주의의 최선과 최악의 모습을 가장 지척에서 지켜본 증인이요 주역들이다. 전에는 배제되던 분파들을 아우르는 가장 참여적인 정치시스템을 의미하는 차베스주의의 상징물인 정부의 많은 시도들이 카라카스의 1월 23일 지구에서 기대뿐만 아니라 구체적 개선, 나아가 참여기회의 확대를 불러일으켰다. 그러나 바로 그 이유 때문에 차베스주의의 결점들, 특히 비능률과 부패가 늘 눈에 띄게 드러났고, 비전과 실행 간의 간극이 생겼다. 이 간극은 시간이 지나면서 점차 더 커졌다.

그럼에도 불구하고, 1999년 헌법[4]의 참여적이고 중심적 이상이 사회적 통제, 비판, 또는 공간에 대한 통제를 위한 도구의 역할을 하면서 그 간극들은 다루기 수월했다. 중요한 것은 실행 여부를 넘어 예전에는 배제되었던 분파들의 개선 및 참여에 대한 기대를 만족시키려는 국가, 특히 행정부의 의지와 비전이었다. 그걸 달성하고자 시시각각 압력을 행사해야 했지만 말이다. 그러나 바로 여기가 지지기반 내부의 의견 불일치, 모순, 그리고 갈등의 가장 큰 근원이 대두되는 지점일 것이다. 부패와 무능함이 점차 증대되는 동안 그 결과를 경험하기에 최적의 위치에 있는 사람들에게 그것은 실행의 문제라기보다는 정치적 타협의 문제로 여겨졌다. 이는 관료주의뿐만 아니라, 국가기구의 결점들을 무시하고 실질적, 구조적, 혁명적 변화들을 위한 투쟁을 뒷전으로 한 자신의 이웃 및 동료들과도 관련되었다. 이렇게 해서 석유소득수급주의(rentismo)로 특징지어지는 사회의 현실과 1999년 헌법 간에 충돌이 차츰 발생하게 되었다. 석유소득수급주의로 규정되는 사회에서는 참여 자격이 계층에 의해 결정되었고 서민보다는 권력을 가진 분파에게 더 우호적이었다.

4) 1999년 우고 차베스 집권기에 개정한 헌법. 1999년 헌법이 가장 역점을 둔 것은 국민의 권리 확대에 관한 것이라고 할 수 있다. 대통령 소환제를 포함한 수많은 권리를 민중에게 부여하는 이 헌법을 통해 베네수엘라의 국가정체성은 대의민주주의국가에서 참여민주주의를 실행하는 제5공화국으로 변한다(역주).

더욱이 1월 23일 지구 같은 구역의 사회조직 경험이 있는 단체들 사이에서 – 이런 단체들은 자기들이, 첫째, 푼토피호 협약(Pacto del Punto Fijo, 1958년)[5]에서 비롯된 사회민주주의와, 둘째, 갑작스럽고 폭력적인 신자유주의적 국면으로부터 배제당하면서 혁명의 사회정의에 대해 자각하였고 차베스보다 경험을 훨씬 우선시하였다 – 다음과 같은 어려운 질문들이 제기되었다. 베네수엘라를 변모시키는 데 참여와 주인의식에 호소하는 것으로 충분한가? 차베스주의의 주요 세력은 이를 위한 준비가 되었는가? 차베스 본인이 여러 번 분명히 말했듯이 혁명이 우리의 목적이라면 1999년 헌법에 규정된 다원성과 관용의 원칙이 국제적 정당성과 지방의 경제력을 갖춘 야당 앞에서 장벽으로 작용하는가? 2005년 "21세기 사회주의"라는 틀 안에서 차베스가 이런 의문을 또렷이 제기하기 시작했을 때 이미 차베스주의 중심부에서는 여러 모순들이 커지는 중이었다. 그 모순인즉슨 한편으로, 반(反)개인주의적 가치와 반(反)소비주의 가치에 호소하는 사회주의적 경향이 다원적 주장들을 저버리고 "심층적 변화"의 사람들을 배제하며 1999년 헌법을 제한적 문서로 보이게 했고, 다른 한편으로는, 거래의 성격을 갖는 차베스주의가 표를 유지하려면 더욱더 재분배에 역점을 두는 정책이 필요하다는 것이다. 재분배 정책은 석유소득수급자의 소비자보호운동을 조장하고, 사회 및 정치 분야에서 혁명에 관한 충격도 완화했다.

5) 공산당을 제외한 베네수엘라의 3개 정당, 즉 민주행동당(Acción Democrática: AD), 기독사회당(Comité de Organización Política Electoral Independiente: COPEI), 민주공화연합당(Unión Republicana Democrática: URD) 대표들이 민주주의 수호를 위해 1958년 체결한 협약으로 향후 40년간 베네수엘라 정치에 지대한 영향을 미쳤다. '푼토 피호'라는 명칭은 1958년 당시 기독사회당의 수장 라파엘 칼데라(Rafael Caldera)가 살던 집의 이름에서 유래했다. 협약의 주요 내용은 선거결과를 존중할 것과, 승자는 정부 요직을 독점하지 않고 패자에게도 일정 지분을 할애한다는 것이다. 이 협약은 선거를 통해 정기적으로 정권교체를 가능하게 함으로써 베네수엘라 민주주의를 공고화하는데 기여하기도 했으나 정치적 과점을 가능케 해 정치지도와 관료들의 부패를 초래했다는 비판을 받는다. 우고 차베스는 푼토피호 협정을 종식시키고 볼리바르 혁명을 주창하였다(역주).

차베스주의의 의의 그 자체에 대한 이러한 긴장들이 2007년 헌법을 개정하려는 시도를 수포로 만들었을 것이다. 2007년은 차베스가 대통령 임기 중 선거에서 가장 크게 패배한 때다. 그러나 차베스는 모순의 양면 중 선택을 하는 대신 오히려 그 마찰을 증대시켰다. 이미 석유소득의 직간접적인 배분을 통해 유가 폭등이 소비자보호운동을 깊이 파고든 상황이었다. 동시에 사회주의적 스타일의 실험들이 생산 분야(국유화)와 국가조직(주민자치공동체)에서 전개되었다. 그 결과, 유사한 2개의 차베스주의가 교차했다. 첫째, 1999년 헌법에 뿌리를 둔 차베스주의로, 이는 자원을 재분배함으로써 민중이 주역이 되도록 장려하고 이를 통해 선거에서 계속 자신의 정당성을 인정받고자 하였다. 둘째, 준비 단계에 있지만 더욱더 사회주의적 스타일의 미래를 겨냥하는 차베스주의다. 이 차베스주의는 반대 경향을 배제하겠다는 생각을 갖고 있으며, 정부의 운용 방식뿐만 아니라 형태와 구조까지 바꾸겠다는 목표를 가지고 있다. 더욱이, 유가 폭등이 이런 두 경향의 차베스주의를 동시에 유지시키고 심화시키는 반면, 두 경향 간의 분할선이 차츰 뚜렷해졌다. 그러므로 마두로가 제헌의회를 소집한 것은 원칙적으로 차베스주의 내부에 있는, 오래 전부터 존재해왔고 지금도 증가 일로 중이며 조만간 수위를 넘게 될 모순 때문이다. 원칙적으로 마두로는 이미 수년 전 1999년 헌법을 혁명 프로그램을 수행하는 도구가 아니라 폭력의 가리개로 보게 된 분파들에게 호소한다. 사실상 마두로의 제헌의회 소집이 가장 큰 의욕을 불러일으킨 곳이 바로 이 분파들, 즉 주민자치공동체, 콜렉티보, 주민자치위원회였다.

그러나 분명 이것은 불리한 상황에서 뿐만 아니라 역효과를 만드는 상황에서 발생한다. 이 상황은, 위기로 인해 두 경향의 차베스주의, 특히 정부에 선거의 정당성을 제공하던 전자의 차베스주의를 유지하기 힘들어짐과 동시에, 한 경향이 다른 경향에 대해 승리를 거둔 결과로 일어난 것이 아니라 채무불이행 때문에 일어난 것이다. 정부와 가장 가까운 지지기반에게 무능함과 부패가 실행의 문제가 아니라 구조적인 문제로 여겨지는 순간에, 현 상황은 차베스주의의 중추 엘리트와 혁명 프로젝트 간의 타협 때문에 일어난 것이 아니라 정권에서 살아남아야 한다는 필요성 때문에 발생한 것이다. 그리고 근본적인 변화에 대한 제안들을 유효하게 할 가능성 앞에서, 지지기반인 좌파 분파들은 행정부와 국회(대다수 야당 지지자와 쇠퇴하고 있는 대규모 반정부 세력으로 구성된)가 세력 다툼을 벌이는 와중에 마두로가 제헌의회를 소집한 것에 동의하였다.

그렇지만 지지기반의 입장에서 보면, 국가선거위원회가 선거를 조작한 것, 그리고 국가에 신랄한 비판을 유지해온 반대파의 목소리가 배제된 것은 명백한 사실이었다. 그러는 사이 베네수엘라의 다른 지역에서처럼 1월 23일 지구에서 위기는 더욱더 심해지고 있다. 그러나 이는 제헌의 정확한 영향 때문만이 아니라 제헌 과정이 차베스주의의 엘리트들이 혁명에 대해 타협하지 않는다는 점을 드러냈기 때문이다. 차베스주의 분파들은 정부와 야당 앞에서 오랜 저항을 지속하고 있다. 자신들의 주장이 대내적, 대외적으로 알려짐으로써 베네수엘라 좌파의 새로운 대안이 등장하는 데 이바지하리라는 기대를 갖고 말이다.

조혜진 옮김

제2부 경제

비주류 경제학의 주기적 회기 _로베르토 람파

아르헨티나 성장 동력으로 부상하는 민관협력방식의 인프라 투자 _김권식

세금 없이는 형평성도 없다(비록 진보주의가 이 사실을 가끔씩 망각한다 할지라도) _클라우디오 로사노

비주류 경제학의 주기적 회기

로베르토 람파

아르헨티나 국립 과학기술 연구위원회 연구원

원제와 출처: Roberto Lampa, "El sinuoso regreso de la economía heterodoxa", *Nueva Sociedad*, No. 268, marzo–abril de 2017, pp.87–99.

핵심어: 경제학, 비주류(이단), 비판적 사고, 진보주의, 라틴아메리카

최근에 아르헨티나와 브라질에서 발생한 정치적 격변은, 지난해 우루과이에서 광역전선(Frente Amplista) 연립 정부가 시행한 재정 정책의 변화와 마찬가지로, 남미에서 장기적으로 시현됐던 진보 성향의 종식과 신자유주의적 경제로 복귀를 사실상 뜻한다. 다만, 이러한 정치–경제적 새로운 결합과 관련하여 그동안 잘 고려되지 않은 측면이 한 가지 있는데, 이는 새롭게 등장한 보수 정권이 경제 담론의 전환을 이뤄내기까지 격렬한 논쟁이 있었다는 점이다. 예를 들어, 아르헨티나의 마르코스 페냐 브라운(Marcos Peña Braun) 수석장관은 "비판적 사고는 지적인 것을 의미한다. 그러나 아르헨티나에서 비판적 사고는 오히려 아르헨티나

경제에 큰 해를 끼쳤다"고 언급한 바 있다.[1]

이는 남미 대륙의 모든 보수 세력이 공감하는 부분이며, 이 지역의 헤게모니로 자리잡았던 비판적, 즉, 이단적 정치경제학적 논쟁이 더 이상 불필요함을 의미한다. 이는 지난 10년 동안 포퓰리스트 정부가 정치 및 경제 사상의 영역에서 급진적인 변화를 부추기는 데 성공했음을 간접적으로 암시하기도 한다.

그러나 필자의 경제학적 시각으로 볼 때, 두 경우 모두 실제 일어난 상황을 과대평가하고 있다고 사료된다. 최근 일련의 사건들을 신중히 살펴보면, 좌파 성향의 정권과 비주류 경제학의 관계는 복합적이며, 남미 국가들의 경제 당국이 비판적 사고로 회귀하는 일은 순탄하지 않으며 장애요인으로 가득 차 있었다는 것을 알 수 있다.

브라질

가장 상징적인 사례는 의심의 여지없이 브라질이다. 일반적으로 신흥 국가에서 주류 경제학 성향의 정책의 수준은 무엇보다 국가경제의 개발 정도에 달려 있다고 간주된다. 이는 특정 국가의 개방도가 높을수록 자국이 독립적으로 사용가능한 정책 도구와 정책의 목표 범위가 점차 축소되기 때문이다. 보다 정확하게 말하자면, 자본주의에 있어 신자유주의는 국가 간 경쟁의 확대, 더 나아가서는 임금구조 개편, 각종 규제, 복지 국가의 확장에 대한 반대급부로 경제의 최대 효용성에 대한 끊임없는 추구라는 특징이 있다.

이러한 경향은 학계에서 오랫동안 일명 '바닥을 향한 경주' 가설에 의해 설명

1) 2016년 12월 8일 방영된 신호에 대한 두 가지 견해라는 프로그램에서 마르코 페냐 브라운 수석장관과의 인터뷰 중 Entrevista a Marcos Peña Braun en el programa *A dos voces* en la señal *tn*, 8/12/2016, disponible en〈www.youtube.com/watch?v=zpdfohtx2la〉.

되어 왔다. 이 이론에 따르면, 신흥국들이 경쟁우위를 지니면서 대규모 투자처로서 매력을 가지고 있을 경우, 금융과 상업의 개방으로 엄청난 혜택을 얻을 수 있다. 그러한 개방으로 인해 정부의 경제정책과 목표는 《외적 조건》에 의해 영향을 받는다. 즉, 특정 국가가 자체적으로 결정할 수 있고 또한 결정해야 하는 모든 사안들이 불가피하게 타 국가 또는 경쟁자들의 결정에 의해 영향 받게 된다. 따라서 해당 국가의 경제정책은 세계적인 수준을 갖추게 되지만, 임금, 환경규제, 자본에 대한 통제 감소에 따른 불평등, 금융 변동성, 환경오염 증가를 야기하는 것으로 여러 실증 연구[2)]를 통해 드러났다.

피에르 살라마(Pierre Salama)가 2011년 논문에서 지적한 바와 같이, 룰라의 1, 2기 정권 모두 《주류경제학적》흔적은 존재했었다. 1기 정부에서는 주류경제학적 접근이 분명히 우세했다. 반면, 2기 정부에서는 비록 다양한 주류경제학적 정책(예를 들면, 물가상승률 목표, 높은 이자율, 최소의 공공투자, 높지 않은 수준의 재정수입)이 유지되긴 했지만, 모종의 《비주류경제학적》개입이 굳건해지는 경향이 드러났다. 유사한 경향이 지우마 호세프 정부에서도 지속된 것으로 볼 수 있는데, 가령, 《친룰라》파인 기도 만떼가(Guido Mantega) 장관과 진정한 주류경제학자로 분류되는 레비(Joaquim Levy)가 재무부를 이끌었다. 레비는 브라질 역사상 최초로 연례적인 최소임금 상승을 막은 인물이다. 비주류 경제학자가 재무부를 이끌었던 시기는 호세프 탄핵 이전 혼돈의 5개월이 유일한데, 이때 바르보사(Nelson Barbosa)가 재무부 장관을 역임했다. 바르보사는 비주류·비판적 경제학 분야의 최고 권위를 지닌 뉴욕 뉴스쿨(New School for Social Research) 출신 학자이며, 동시대 구조주의 경제학자 중 가장 영향력 있는 인물 중의 한 명인 테일러(Lance Taylor)의 제자이기도 하다. 5개월은 이전의 기조에 대한 근본적인 변화를

2) 일례로 2008년 OECD 보고서 "Growing Unequal? Income Distribution and Poverty in OECD Countries"를 참고하라.

시도하기에 충분한 기간은 아니었다.

이러한 전제하에 가장 흥미로운 점은 룰라 및 호세프 정부와 비주류 경제사상 간의 접점이 존재한다는 것인데, 그것은 산업정책의 부활이다. 1980년대 이래 남미대륙에서 일어난 신자유주의적 개혁 중의 하나는 산업정책을 위한 수단을 완전히 제거하는 것이었다. 브라질은 피게이레두(João Baptista de Oliveira Figueiredo) 대통령 재임 중이던 1983년, 국가 경제위기에 따른 IMF 요구조건의 이행을 위해 산업정책을 위한 수단을 버려야 했다. 반면, 노동당(PT)이 집권한 시기에는 브라질 은행인 BNDES가 다시 중추적 역할을 수행하게 되는데, 2005년 GDP의 2.2%에 불과한 신용 규모가 호세프 집권 당시 4%로 확대되었다. 달리 말하면, 브라질에서의 비주류 경제사상은 전통적 개발주의 또는 케인즈주의도 아닌 신-슘페터주의의 경제진화론으로 볼 수 있다.

신-슘페터주의적 경제진화론은 20세기 초반에 혁신을 강조하는 경제발전 이론을 확립한 슘페터(Joseph Alois Schumpeter)의 선구적인 업적에서 그 기원을 찾을 수 있다. 슘페터는 은행의 역할은 사업의 지원 여부를 결정하는 데 있다고 강조하였다. 경제발전은 시장의 자율적인 시스템이 동작하여 즉흥적으로 도출되는 우연의 산물이 아니라 사실상 계획된 과정으로 즉, 경제발전을 위한 전략 산업이 사전에 규명되고, 신용정책을 통해 해당 산업에 지원이 집중됨으로써 가능하다. 여기서 혁신적이지 않거나 경쟁력이 없는 기업들은 시장에서 퇴출된다.

이러한 시각은 이탈리아 경제학자 라비니(Paolo Sylos Labini)에 의해 재발견되었는데, 그는 슘페터의 독창적인 생각을 중소기업(SMEs)에까지 확장시킨 장본인이다. 최근에는 이탈리아계 미국인 경제학자인 마리아나 마주카토(Mariana Mazzucato)의 저서 〈창업주 정부: 정부 대 민간 부문의 신화(2013)〉 덕분에 신-슘페터주의가 재조명되었다. 저서에서 마주카토는 슘페터가 고려하지 않은 문제 즉, 정부의 개입에 대한 불신 때문에 만족스러운 해답을 제시하기를 거부했던 문제를 지적하기는 했지만, 혁신에 관한 핵심사항을 잘 담아내고 있다: 혁신은 불확실하고 오랜 시간에 걸친 축적의 과정으로 민간에게 특히 초기 단계에서는 경제적으로 매력적이지 않은 대안이므로, 정부가 혁신의 동력을 제공해야 한다. 이를 위해 정부는 국가 예산을 과감하게 투자하여 전문기관을 통한 기초연구를 시행해야 한다. 이러한 관점에서 과학 및 기술에 대한 투자를 브라질 산업정책의 핵심 요소로 볼 수 있다. 브라질 과학기술혁신부처 산하 기관을 통한 R&D(연구개발)는 괄목할 만한 성과를 도출했다. 라틴아메리카의 유일무이한 입자가속기(Sirius)의 구축이 좋은 예이다.

비주류 경제사상은 비록 브라질 행정부 내 고위직에서 크게 주목받지 못했지만, 학계에서는 크게 활약했다고 볼 수 있다. 최근 한 연구[3)]에 따르면 브라질 대학의 경제학 교수의 42%가 비주류학파에 속해있는 것으로 나타났다. 이는 아래에서 설명하겠지만, 남미지역의 타 국가들과 비교해본다면 의미 있는 결과다.

우루과이

언뜻 보기에 브라질에 대한 설명이 우루과이에도 적용 될 수 있을 것 같지만, 과거와 현재를 모두 살펴봐도 좌파성향의 정부와 비주류 경제사상의 연관성을 찾기는 매우 어렵다. 오히려 대부분의 경우, 우루과이 재무부 장관과 중앙은행 관리들은 주류경제학파로 분류된다.

우루과이 현 재무부 장관인 다닐요 아스토리(Danilo Astori의 그간 발언들을 살펴보면, 아스토리 장관은 재정확대에 대해 강한 회의감을 표명해왔으며, 대내외

3) 브라질 상파울로 시청인 São Bernardo do Campo에서 열렸던 제21차 정책경제학 전국회의(2016.5.31.~6.3.)에서 Rafael Galvão de Almeida와 Ian Coelho de Souza Almeida가 공동발표한 논문인 《Issues in Teaching of Economics and Pluralism in Brazil》

거시균형을 강조해왔다는 것을 알 수 있다. 이로 인해 아스토리 장관은 우루과이 여당인 광역전선연립(Frente Amplio)정부와 종종 대립했다. 그럼에도 첫 임기(2005-2008) 동안 아스토리 장관은 조세개혁을 단행하는데 성공했다(2006년 12월 법 18083이 제정됨). 조세구조가 여전히 매우 역진적인 브라질과 아르헨티나에 비교할 때 우루과이의 조세개혁은 큰 성과로 평가된다.

선진국들과 유사한 조세수입 구성을 달성한다는 목표 하에 우루과이는 조세개혁을 통해 소비에 대한 왜곡된 과세를 폐지했다. 시장 전반의 분배 사슬에 영향(낙수효과)을 미치는 부가가치세(VAT)를 인하하고 도매세를 폐지했다. 누진세율 도입과 함께 소득에 대한 과세를 재도입했으며, 금융소득에 대한 세금도 부과했다.

이러한 조세개혁의 결과 우루과이의 소득 불평등 지수가 크게 감소되었는데, 2006년 0.46이었던 지니계수는 2016년 0.382로 떨어졌다. 이로써 우루과이는 남미지역에서 가장 소득 불평등 지수가 낮은 국가가 되었는데, 이는 유럽 국가들과도 비견할만한 수준이다. 뿐만 아니라 지난 10년간 최상위층(소득 상위 10%)과 최빈층(소득 하위 10%)의 소득 차이는 19배에서 12배로 감소하였다. 진보성향의 정권 하에서 우루과이는 이례적인 역설을 드러내고 있는 것이다. 즉, 비주류 경제사상에 대한 회의적인 태도가 케인즈주의적 대담한 개혁을 동반한 것이다. 특히 소득에 대한 과세는 케인즈가 주창한 고용과 이자, 화폐에 대한 일반이론에 기초한 것으로 볼 수 있다.

아울러 이와 같은 우루과이에서의 특수한 현상은 지속가능발전을 위한《우루과이의 길》의 대중화에 기여한 호세 페페 무히카(JoséPepe Mujica) 우루과이 전 대통령의 담화에서도 드러난다. 주요 국제회의(특히 2012년 지속가능발전 정상회의인 리우+20)에서 무히카 대통령의 연설은 최근 비주류경제학이 제시하는 패러다임의 내용을 포함하고 있다. 즉, 자원의 희소성을 고려한 경제성장에 대한 이념을 드러냈는데, 각종 환경 위기를 초래한 선진국의 발전방식을 따르지 않겠다는 것을 의미한다.

이는 프랑스 경제학자 세르주 라투슈(Serge Latouche)가 주장한 이론인 '행복의 감소 이론'과 연관성이 있다. 라투슈는 서구화된 삶의 방식이 종국에는 지구의 파멸로 이어질 것이라고 주장하면서, 소규모 지역사회에 기반을 둔 생산과 소비를 통해 작은 경제 전략을 제안한 바 있다.

무히카 대통령은 인간의 삶의 질을 측정하는 GDP와 같은 전통적인 지표에 대해 비판적이었는데, 이는 센(Amartya Sen), 스티글리츠(Joseph Stiglitz), 피투시(Jean Paul Fitoussi)가 공동으로 2009년에 발표한 논문[4]의 내용과 연관된다. 저자들은 동 논문에서 경제적 성과와 사회적 발전을 측정하는 지표로서 GDP의 한계에 대해 지적하면서 경제성장으로 인한 웰빙(소득, 실현가능성, 환경적 건전성 측면에서)은 물론 미래지향적 지속가능성을 동시에 측정 가능한 GDP에 보완적인 지표 개발의 필요성을 주장하였다.

무히카 대통령의 경제발전이 개인의 행복을 희생하면서 추구될 수 없다는 주장은 행복경제학 분야의 연구들과도 관련성이 있다. 행복경제학자들은 행복을 결정하는 공통의 패턴이 있다고 가정하고, (다소 주관적인) 설문조사와 객관적인 통계에 근거하여 행복을 측정해야한다고 주장한다. 이에 따라 행복을 결정하는 1인당 소득의 중요성을 인정하지만, 행복과 소득의 관계는 선형관계가 아니며, 1인당 소득이 일정 수준에 도달하는 것이 중요한 것은 아님을 강조한다. 행복경제학자들은 정부의 경제성장에 관한 전통적인 시각을 변화시키고, 자원의 재분배 등을 통한 보다 지속가능한 성장전략을 채택하도록 노력한다.

요컨대 브라질과 우루과이 두 국가 모두에서 현대적인 비주류 경제학적 논쟁과

4) 역자주: Stiglitz, J.E., Sen, A., Fitoussi, J.P., 2010. 《Mismeasuring Our Lives: Why GDP Doesn't Add Up》 The New Press, New York

접점이 되는 부분을 찾을 수 있었으나, 새로운 시대가 열렸다고 판단하기는 어렵다. 비주류 경제학의 영향이 상대적으로 더욱 컸던 아르헨티나에 대해서도 유사한 결론을 내릴 수 있다.

아르헨티나

지난 12년간 네스토르 키르치네르(Néstor Kirchner)정부에서 비주류 경제사상의 영향은 지속적으로 증가했음을 확인할 수 있다. 키르치네르 대통령의 재임 초기에는 비주류 경제학에 대한 절충적인 시각을 지닌 경제학자 로베르토 라바그나(Roberto Lavagna)가 재무부를 이끌었다. 2003년 IMF 개입과 그에 따른 채무 재조정 상황은 주류 경제학의 전형적인 가설만으로는 설명하기는 어려운 것이 사실이었다.

비주류 경제사상은 노동시장에 상대적으로 큰 영향을 미쳤다. 2005년 기준, 아르헨티나는 일자리 보장 정책을[5] 실행하는 몇 안 되는 국가들 중의 하나였다. 무주택자와 실업자를 대상으로 200만 개의 사회적 일자리가 제공되었으며, 네 시간의 지역사회 및 사회봉사에 대해 최소임금이 지급되었다.

일자리 보장에 대한 아이디어는 미국 제도주의학파이자 케인즈학파 비주류 경제학자인 하이만 민스키(Hyman P. Minsky)에 의해 제시되었다. 일자리 보장에 대한 기본적인 개념은 다음과 같다. 경기침체와 높은 실업률이 장기화될 경우, 실업은 구조적인 현상으로 고착되며, 이는 곧 노동시장에서 영원히 낙오되는 것을 의미한다. 이후 경제성장이 진행되고 일자리가 창출되더라도 시장에서 낙오된 유휴 인력들이 인구에 차지하는 비중은 여전히 상당할 것이다. 민스키는

5) 미국에서는 1960년대에 Lyndon Johnson 대통령이 '빈곤과의 전쟁' 프로그램 일환으로 일자리 보장 정책을 실시한 바 있음.

이러한 상황을 방지하기 위해 정부에 의한 일자리 창출을 제안했다. 이 때 임금은 최소임금 수준을 넘지 않아야 한다. 경제가 다시 살아나면, 민간부문의 일자리 수요가 증가할 것이며, 이에 따라 제시하는 임금 수준 역시 증가할 텐데, 최소임금을 받던 노동인력들은 자연스럽게 민간부문으로 이동한다는 것이다.

전술한 연구 경향은 최근 레비(Levy) 경제연구소 소속의 경제학자인 랜달 레이(Randall Wray)와 파블리나 쳐네바(Pavilina Tcherneva) 등에 의해 심화되고 있으며 이들은 2003년과 2005년 사이 아르헨티나 정부의 정책 수립에 기여한 인물들이다. 그럼에도 불구하고 2010년 까지 아르헨티나 경제정책이 《비주류》 성향을 드러낸다고 주장하는 것은 지나친 해석일 수 있다. 무엇보다 통화정책과 아르헨티나 중앙은행(BCRA)의 고위 관료의 성향을 보면 더욱 그렇다. 2003–2010년 사이 중앙은행 총재는 알폰소 프라트–가이(Alfonso Prat–Gay)(이후 마크리 정부 재무부 장관), 마르틴 레드라도(Martín Redrado)와 같은 전형적인 주류경제학자들이 역임했다. 아르헨티나 중앙은행(BCRA)은 독립적인 기관으로서 물가안정이 주요 목표라는 점도 주목할 필요가 있다.

이러한 분위기는 2010년 비주류 경제학자인 메르세데스 마르코 델 폰트(Mercedes Marcódel Pont)가 아르헨티나 중앙은행(BCRA)의 총재로 지명되었을 때 비로소 전환되기에 이르렀다. 중앙은행의 정관이 수정되었으며, 전형적인 후기 케인즈주의적 입장이 드러났다. 개정 정관의 3조에 따라 중앙은행은 더 이상 독립적이지 않게 되었으며, 운영 목표 역시 다음과 같이 변경되었다: “중앙은행의 목표는 국가가 수립한 정책 범위 안에서 통화 안정성, 재정 안정성, 사회적 평등을 고려한 고용 창출 및 경제개발을 촉진하는 것이다.”

마르코 델 폰트(Marcódel Pont)는 내생적 통화 공급 이론(화폐발행이 인플레이션에 영향을 미친다는 화폐수량설을 부정하는 후기 케인즈주의 비주류 경제 이론)에 대한 지지를 종종 나타냈다. 1990년대 주류 경제학자들이 우세했던 중앙은행총회에 마크 라브아(Marc Lavoie), 안와 샤이크(Anwar Shaikh), 마크 세터필드(Mark Setterfield), 필립 미로우스키(Philip Mirowski) 등이 참석하면서 후기 케인즈주의, 마르크스주의, 구조주의 등의 비주류 경제사상이 유입되기 시작했다.

아르헨티나 경제정책 당국과 비주류 경제학자간의 연대는 키르치네르 대통령의 2기 임기 말까지 이어졌다. 2013년에는 케인즈주의 연구자이나 비주류 경제학자[6]인 악셀 키칠로프(Axel Kicillof)가 재무부 장관으로 지명되었다. 키칠로프 장관은 임기 초반부터 비주류 성향을 드러냈다. 대표적인 사례가 경제정책부의 이름을 경제정책·개발계획부로 다시 변경한 것인데, 과거 수십 년간 존재해왔던 《침묵의 공모》에 따라 부서 명칭에 "계획화"가 의도적으로 포함되어 있지 않았던 것이다. 아르헨티나는 2013-2015년 단기적으로나마 경제당국이 비주류 경제학파로 구성된 유일한 남미국가이다.

그러나 이러한 현상들이 학계에서 새로운 헤게모니의 시현을 야기했다고는 볼 수 없다. 아르헨티나의 주요 국립대학(라플라타(La Plata), 부에노스아이레스(Buenos Aires), 코르도바(Cordoba), 멘도사(Mendoza)) 중 어느 곳에서도 프로그램에 변화가 일어나지 않았고, 주류 경제학에 치중한 강의는 지속되었다. 비주류 경제학 강의는 부에노스아이레스 도시 지역의 몇몇 대학(산마르틴(San Martín), 킬메스(Quilmes), 헤네랄 사르미엔토(General Sarmiento), 모레노(Moreno))에서만 진행되었다.

위의 세 국가와 비교할 때 여타 남미지역 국가들의 경우 좌파 정권에 대한 비주류 경제성향의 영향력은 좀처럼 찾기 힘들다. 볼리비아, 베네수엘라, 에콰도르의 노력은 대체로 경제 재건을 위한 새로운 정치적 이상을 향해 있었고, 이는 대부분 국제기구들의 결정사항에 대한 반발의 성격을 지녔다. 신자유주의에 대한

6) Kicillof의 저서 《일반이론의 근간들(Fundamentos de la teoría general): 신격화된 케인즈의 이론적 결과물들(Las consecuencias teórticas de *lord Keynes*)》(2008)를 참고하라.

비판은 주로 정치적인 범주, 즉 《자주국가》수립을 위한 논리로서 활용되었고, 비주류 경제학적 논의는 주변부로 밀려났다. 따라서 볼리바르 연합 좌파들이 시몬 볼리바르(Simón Bolívar)부터 후아나 아수르두이(Juana Azurduy)에 이르는 자유화의 전쟁 주역들과 사상가들의 위상을 복구하는 데 주력한 것은 놀라운 일이 아니다.

게다가 베네수엘라의 공동체권력 사례와 같이 아래에서부터 사회 변혁 과정들을 구축하기 위한 도구로서 원주민의 소규모 지역사회 또는 연합과 같은 문화적 유산을 강조하였다. 이러한 경향은 알프레도 세라노 만시야(Alfredo Serrano Mancilla) 저서인 《우고 차베스의 경제관》에서 발견할 수 있다. 볼리비아 통치권자의 사상에 영향을 미친 인물들로는 철학자 이스트반 메자로스(István Mészáros), 인식론자 오스카 바르사브스키(Oscar Varsavski), 마르크스주의자 안토니오 그람치(Antonio Gramsci)와 시몬 볼리바르(Simón Bolívar), 시몬 로드리게스(Simón Rodríguez), 오마르 토리호스(Omar Torrijos), 후안 벨라스코 알바라도(Juan Velasco Alvarado), 후안 호세 토레스(Juan JoséTorres), 사상가 후안 도밍고 페론(Juan D. Perón) 등이며, 경제학자로는 유일하게 미국 제도주의 경제학자인 존 케네스 갤브레이스(John Kenneth Galbraith)가 포함된다는 것을 볼 수 있다.

그러나 이들 국가들이 겪은 경제적으로 곤란한 상황은 비주류 경제학적 접근방식을 활용하도록 인도했다. 특히, 볼리비아에서 열린 라틴아메리카 경제사상연합(APEL)의 두 번째 학회와 2016년 9월에 세라노 만시야(Serrano Mancilla)에 의해 구상된 《차베스주의 8대 경제기조》를 주목할 만하다. 비록 국제거시정책에 있어 큰 변화를 일으키지는 않았지만, APEL은 포용적이고 지속가능한 경제성장과 남미지역의 한계를 극복하기 위한 공공정책 수립에 기여한다는 목표를 내세웠다. 이런 의미에서 멀지 않아 볼리바르 연합 국가들과 비주류 경제학의 관계는 순전히 수단의(미국과 영국의 상황에 대처하는 대안으로서) 성격일지라도

보다 심화될 것으로 예상된다.

결론적으로 라틴아메리카 좌파 정권과 비주류 경제학파 간의 관계는 최근 10년 동안 순탄하지 않았다고 말할 수 있다. 남미지역의 경제 패러다임 변화를 위한 관심과 의지만으로는 지난 수십 년 동안 패권을 장악한 주류적 성향을 극복할 수 없었다. 한편, 민주적으로 선출된 정부들의 결정으로부터 이러한 현상에 대한 설명을 찾을 수 있는데, 대부분의 경우, 이들은 경제적 논쟁에 있어 전면적이지 않고 점진적인 여정을 택해왔다.

다른 한편으로는, 최근에 일어난 일련의 정치경제적 사태들을 신중히 고려해 볼 때, 리만브라더스의 파산은 직후 선진국 경기침체와 그 여파에도 불구하고 어쩌면 우리는 현 상황이 신자유주의의 위기보다는 신자유주의의 복원을 가리킬 수 있다고도 분석할 수 있다. 이러한 역설적 현상은 경제학계에서 광범위하게 논의되어왔다. 예를 들어, 콜린 크로치(Colin Crouch)는 저서 《The Strange Non-Death of Neo-Liberalization》에서 글로벌 금융위기 이후 오히려 산업자본과 금융자본의 집중화는 심화되고 있음을 지적한 바 있다.

크로치와 유사한 입장으로 미로우스키는 그의 저서 《Never Let a Crisis Get You Started》에서 금융위기의 주범인 신자유주의가 책임에서 무사히 빠져나갈 수 있었는지에 대해 설명한다. 그의 분석에 따르면, 신자유주의는 집단적이고 단편적인 사상의 산물로 이른바, 마트로시카 전략 덕분에 헤게모니를 장악하고 반대파를 마비시킬 수 있었다. 예컨대, 밀톤 프리드만(Milton Friedman)은 1929년 대공황의 원인을 연방준비은행(FRB)의 미개입으로 지적했으나, 동시에 뉴스위크(Newsweek)지에 기고한 칼럼에서는 반대로 대공황의 유일한 원인을 정부개입으로 주장한 바 있다. 이러한 시각에서 남미 지역 정부가 목도하고 있는 어려움들 역시 신자유주의와 주류 경제학 이론의 막강함을 반영하는 것일 수 있다.

정혜윤 옮김

아르헨티나 성장 동력으로 부상하는 민관협력방식의 인프라 투자[1)]

김권식

국제금융센터 연구위원

핵심어: 민관협력, 인프라 투자, 성장동력, 자본조달

1. 서론

아르헨티나 평균 성장률은 2016년 −2.3%, 2017년 +2.9%에서 2018년 +3.3%로 강화될 것으로 전망된다. 일부 투자은행들은 +4.0%까지 성장할 것으로 예상하기도 한다(〈그림1〉 참고). 2015년 출범한 마크리 행정부가 외환규제 철폐, 수출세 폐지 및 수입규제 완화 등 제도개선으로 인한 친시장적 정책과 친기업적 사업환경 구축 조치가 긍정적으로 작용한 결과이다. 공식환율과 암시장환율을 일원화하면서 환전 사전승인제도를 폐지하였고 광산물과 농수산물에 적용했던

1) 본고는 김권식 외 1명이 작성한 '아르헨티나, 민관협력을 통한 성장전략과 제약요인' 보고서를 근간으로 새로운 내용을 추가하면서 대폭 수정 및 재편집하여 작성하였음을 밝힌다.

5~35%의 수출세도 없애는 한편, 사전 수입신고제도를 폐지하면서 수입절차를 간편화한 통합 모니터링시스템을 도입하였다.

물가안정 등 거시경제 안정을 통한 신규 투자여건 조성도 한 몫을 하였다. 물가안정목표제도를 도입하면서 인플레이션율은 2016년 39.0%에서 2017년 25.3%로 하락하였고 금년에는 19.6%로 낮아질 것으로 예상한다. 물가의 하향 안정기대로 정책금리는 지난해 28.75%에서 금년 20.4%로 인하 소지가 상당하다. 이러한 완화적 통화정책 기대가 성장세를 뒷받침하고 있는 것이다.

제도개선과 거시경제 안정 이외에 고속성장 기대를 가능케 한 것은 인프라 투자다. 2010년 이후 성장률과 투자증가율의 상관계수가 0.97로 상당히 높다는 점이 이를 뒷받침해 준다(〈그림 1〉 참고). 특히 2017년 성장이 마이너스에서 플러스로 전환된 것은 투자증가율이 2016년 −5.0%에서 2017년 10.3%로 15.3%p 상승

〈그림 1〉 경제성장과 투자 관계

(a) 경제성장률

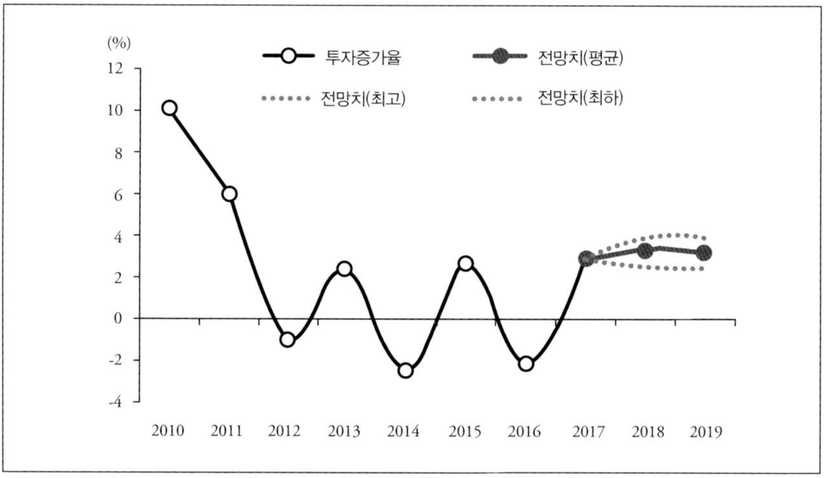

(b) 투자증가율

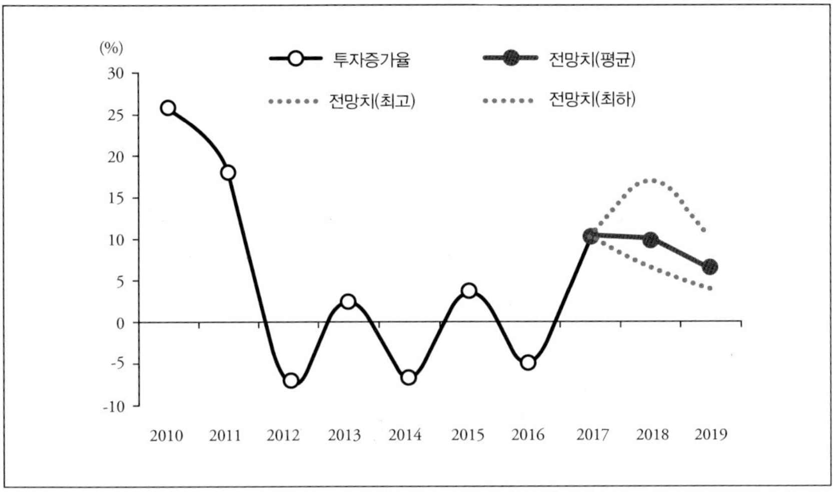

주: (a)는 국제투자은행 26개사, (b)는 10개사의 설문조사 결과의 평균치, 최고치, 최저치를 그린 것
자료: Bloomberg

한데 기인한다. 사정이 이렇다보니 투자 중심의 경제성장이 중요할 수밖에 없다.

문제는 GDP의 3%를 크게 넘는 만성적인 재정적자로 공공투자 재원 확보가 어렵다는 점이다. 이를 해결하기 위해 마크리 행정부는 민관협력(public private partnership, PPP)을 통해 민간투자 유치에 적극적이다. PPP 방식의 인프라 투자를 통해 고용을 촉진하는 한편 생산성 향상을 통한 중장기 성장동력 확충으로 선순환 구축에 힘을 쏟고 있다. 아르헨티나 사회개발연구원(IDESA)은 향후 2년간 민관협력사업을 통한 인프라 투자가 현재의 4배인 970억 달러에 이를 것으로 예상하고 있다.

민관협력 활성화를 위해 정부는 신PPP제도를 이미 도입하였고 이를 바탕으로 최근 50억 달러의 고속도로 사업 계획을 발표하는 등 교통, 에너지, 수송 분야의 인프라 투자를 국가 아젠다로 추진 중이다. 그 결과 2017년 9월에 도로, 철도, 에너지 등 52개, 210억 달러 규모의 민관협력 프로젝트가 2018년 정부예산에 포함되었다. 정부는 도로, 철도 등 교통 분야에 정부 75% 민간 25% 투자를, 전력 등 에너지 분야는 특히 민간주도 투자를 기대하고 있다. 시범사업으로 50억 달러 규모의 민관협력방식의 도로공사는 금년 1월에 이미 발주한 상태다.

이에 본고에서는 민관협력 중심의 인프라 투자 현황을 살펴보고 투자의 제약 요인으로 작용하는 여러 가지 문제들을 집어보면서 우리 기업입장에서의 진출 방안을 간략히 검토해 보고자 한다.

〈신 PPP제도의 주요 내용〉

① 계약자는 국제공개입찰 방식을 적용하여 선정
② 요금조정 메커니즘으로 사업자의 투자수익률을 보호
③ 전문가 및 제3국 중재 등 공정한 분쟁 해결 장치를 마련
④ 계약기간은 추가 연장 포함 35년을 초과할 수 없으며, 33% 이상의 국내산 컨텐츠 사용을 의무화
⑤ 계약대금은 별도의 신탁기금을 통해 美 달러화로 지급

2. 인프라 투자 현황

마크리 행정부는 재무부 산하에 PPP 전담기관을 설립하여 민관협력사업 등록, 계약, 사업평가 등을 통해 투명성을 제고하는 한편 에너지 및 자원 수송

관련 분야에 대한 인프라 투자를 효율적으로 추진하려고 노력하고 있다. 우선 아르헨티나 정부는 셰일가스 생산량 증대에 주안점을 두고 있다. 세계 2위 매장량을 보유하고 있음에도 불구(〈그림 2〉 참고)하고 보호주의 정책과 시추기술 부족으로 지연되었던 셰일자원 개발이 마크리 행정부의 친기업적 조치에 힘입어 본격화되고 있다. 로스모예스, 아구아디 반데라 등 여러 매장지 중에서 아르헨티나 셰일가스의 38.4%가 매장되어 있는 바카 무에르타 지역을 중심으로 개발 중이다([표-1] 참고). 국영석유회사인 YPF가 셰일가스 생산을 주도하고 있으며 미국의 Chevron사 등 세계 주요 에너지기업들이 진출해 있다. 동 지역의 일일 가스·석유 생산량은 2016년 5만 3천BOE(원유환산배럴)에서 2017년 7만7천BOE, 2018년 11만 3천BOE로 예상된다. 심지어 2031년에는 152만BOE 생산도 가능할 것으로 기대하고 있다.

이러한 긍정적 전망에는 마크리 행정부의 투자유치 노력에 크게 기인한다.

〈그림 2〉 셰일가스 매장량 국제비교

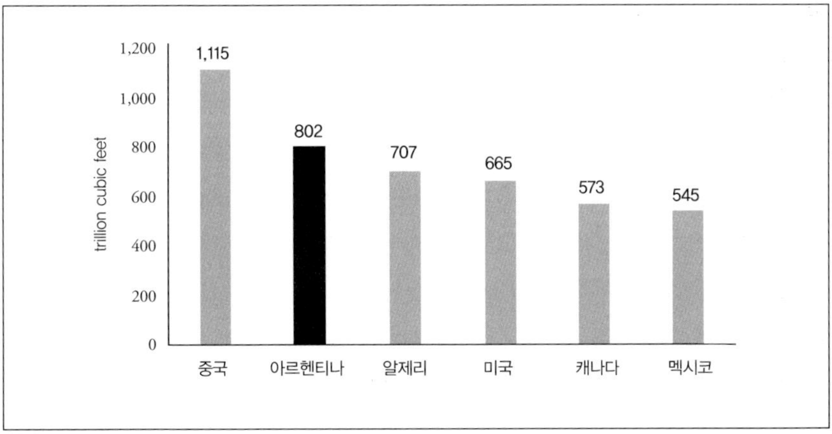

자료: Bloomberg

[표-1] 아르헨티나 셰일가스 매장량

세일지역	매장량
로스모예스	275
바카 무에르타	308
아구아다 반데라	51
D-129	35
L. 이노세라무스-마그니스 베르데스	130
폰타 그로사	3
합계	**802**

주: 단위는 trillion cubic feet
자료: EIA

생산성 향상을 위한 노사정 합의 도출 이외에 최근 정부는 천연가스 생산량 증대를 위해 개발 보조금 제도를 확대하고 있다. '시범'단계 사업에만 적용하였던 보조금 지급을 '개발'단계까지 확대 적용하는 한편 지급대상 지역도 넓혔다. '셰일가스 생산 증대를 위한 투자촉진 프로그램' 운용기간도 2018년에서 2020년으로 연장 조치를 취했다.

기존 바카 무에르타 지역의 셰일가스 개발에 국한하지 않고 해상유전 개발에도 적극 나서고 있다. 탐사 성공 시 2022년부터 천연가스 순수출국으로 전환될 가능성이 높다(〈그림 3〉 참고). 국영석유회사 YPE사는 지난해 초부터 노르웨이, 호주 등과 함께 해양지질 조사를 착수한 상태다.

다음으로는 칠레, 볼리비아 국경과 접해 있는 세계 최대 리튬 매장지역(세계 매장량의 70% 이상)의 이점을 살린 리튬 생산이다. 마크리 행정부는 전기자동차 전지의 주원료인 리튬 수요에 맞춰 생산을 확대할 계획이다. 리튬 함량이 다소 낮지만 불순물 함량이 적다는 점에서 아르헨티나 산 리튬이 글로벌 시장에서

〈그림 3〉 셰일·천연가스 생산 및 소비 전망

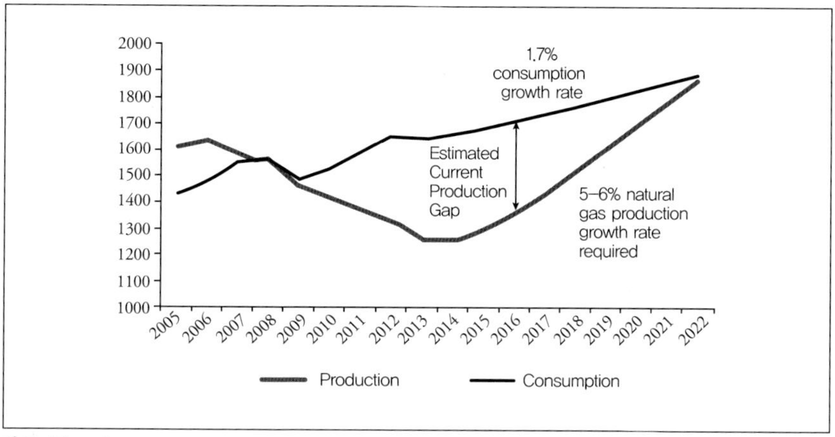

자료: Bloomberg

주목받고 있는 만큼 정부는 광산물 수출세 폐지 등 친기업적 환경 조성으로 외국인 투자 유치에 적극 나서고 있다. 그 결과 칠레, 미국, 캐나다, 프랑스 및 호주 기업 이외에 한국, 일본, 중국 기업 진출과 더불어 기존 생산설비 확장, 신규건설 사업 추진 등으로 개발투자 경쟁이 상당할 것으로 예상된다. 생산량도 2016년 2만 9,000톤에서 2020년 14만 5,500톤으로 증가하면서 향후 5년 내 전 세계 공급량의 40%를 제공할 것으로 기대된다.

마지막으로 세일가스, 리튬 등의 생산 증대에 따른 관련 수송인프라 확충, 유지보수 수요 증대에 따라 파이프라인 건설 등 관련 인프라 사업의 확대다. 기술혁신 등을 통해 가격경쟁력을 갖춘다하더라도 수송인프라 부족으로 생산량을 획기적으로 늘릴 수 없다. 바카 무에르타에 건설된 파이프라인의 일일 가스수송능력은 7천 5백만m^3에 불과해 현재 가스 생산량만 감당하는 수준이다. 지난 2017년 10월 8억달러 규모의 파이프라인 및 가스처리 공장 건설 계획을 발표하면서 공사가 진행 중이나 완공 후에도 가스수송능력은 1억 1천만m^3 수준으로 향후 늘어나는 생산량을 감당하기에는 턱없이 부족하다. 이에 수송 인프라 사업의 지속적인 확대는 불가피하다. 이외에도 마크리 행정부가 금년 중 추진 예정인 에너지 및 교통 분야의 인프라 사업은 아래 박스의 내용과 같다.

〈주요 인프라 투자〉

① [에너지]

- 3,000km에 해당하는 고압 송전선로를 전국적으로 건설, 공사기간은 33개월, 입찰은 금년 2분기 예상
- 가로등 등 공공조명시설을 LED등으로 교체하는 에너지 효율화 작업 추진 부에노스아이레스주의 9개 지구에서 시범설치 예정이며 입찰은 금년 3분기 예상

② [교통]

- 고속도로 2,800km, 국도 4,000km 이상 늘리는 건설공사를 향후 36개월~60개월간 추진
- 철도는 36개월간 685km의 선로를 구축하고 도시간 도로망 연결과 화물 및 여객 철도 물류망 개선 작업도 향후 24개월 ~36개월간 실시 예정

③ [수처리]

- 지하수로 건설, 오수처리 설비 및 관련 네트워크 공사, 관개 시스템 구축, 종합병원 신설 등도 제시

인프라 사업관련 실시간 정보는 https://www.minfinanzas.gob.ar/을 참고

3. 인프라 투자의 제약요인

마크리 행정부의 제도 개선과 거시경제 안정 노력으로 인프라 투자가 성장 동력의 한 축으로 자리 잡고 있으나, 투자자의 신뢰 부족이 민간투자 유치와 대규모 글로벌 자본조달의 최대 걸림돌로 작용하고 있다. 아르헨티나는 브라질, 멕시코에 이어 라틴아메리카 3번째의 경제대국이지만 에너지 및 수송 인프라가 매우 취약하고 재정 및 경상수지 적자 모두 GDP의 3%을 상회하여 민관협력 방식의 인프라 투자가 절실하다. 법령, 제도, 성숙도, 사업환경, 자금조달 등 5개 분야 총 23개 지표를 이용하여 미주개발은행과 EIU가 공동 개발한 2017년 민관협력사업 관련 인프라 환경평가에 따르면 아르헨티나는 19개 라틴아메리카 국가 중 17위로 최하위권이다(〈그림 4〉 참고). 인프라 분야 중에서도 특히 도로와 전력 사업에서의 투자 부진이 뚜렷한 것으로 드러났다.

인프라 투자 부족의 주된 원인은 재정수지와 경상수지 적자다. 재정수지

〈그림 4〉 라틴아메리카의 인프라 환경평가

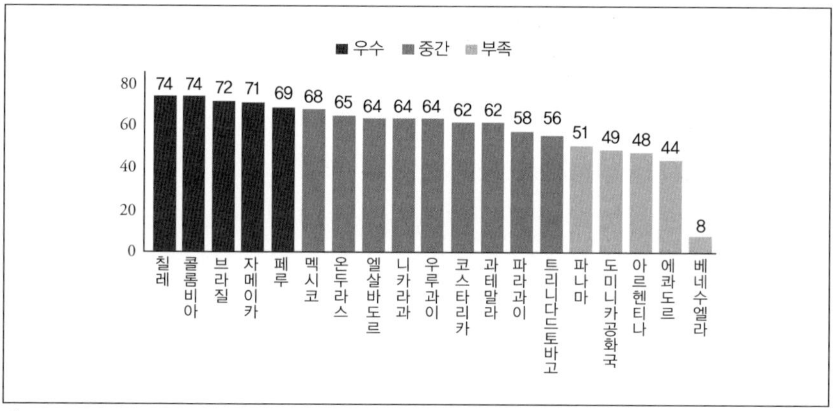

자료: Inter-American Development Bank, The Economist, Intelligence Unit

[표-2] 아르헨티나의 대외자금조달 능력 비교

	아르헨티나	브라질	칠레	콜롬비아	멕시코
재정수지/GDP(%)	-6.2	-7.8	-0.7	-1.9	-2.8
경상수지/GDP(%)	-4.0	-0.7	-1.5	-3.8	2.2
(경상수지-순FDI)/GDP(%)	-2.5	2.7	2.1	0.4	0.2
외환보유액 커버리지 비율	0.4	2.8	1.3	1.4	1.5
인플레이션율(%) (중앙은행의 물가안정목표)	22.7 (12.0~17.0)	3.1 (4.5±1.5)	2.1 (3.0±1.0)	4.2 (3.0±1.0)	6.2 (3.0±1.0)

자료: IIF, Bloomberg

적자는 2017년 GDP의 6.2%에서 2018년 5.5%, 2019년 5.1%로 위험수준 3%를 넘을 전망이고 경상수지 적자는 2017년 4.0%에서 2018년 4.2%, 2019년 4.5%로 예상된다. 재정 및 경상수지 적자와 더불어 대외자금조달 능력을 가늠하는 지표들도 라틴아메리카 여타국가에 비해 취약성이 상당하다(〈표-2〉 참고). 재정적자 수준은 브라질 다음으로 높아 4단계 위험신호 중 최고 수준인 적색경보가 울리고 있고 경상적자 수준은 라틴아메리카 국가 중에서 가장 높아 적색경보 상황이다. 2017년 말 외환보유액을 경상수지 적자액에 단기외채와 이자상환부분을 포함한 금액으로 나눈 외환보유액 커버리지 비율도 4단계 위험 중 최고 수준인 적색경보 단계다. 인플레이션율의 경우도 하향 안정되고 있으나 중앙은행의 물가안정목표를 크게 벗어나 4단계 적색경보 수준이다.

상황이 이렇다 보니 인프라 구축비용은 상당하게 드는데 투자액은 제한적일 수밖에 없다. Global Infrastructure Hub와 Oxford Economics에 따르면 향후 2040년까지 인프라 구축 비용이 8,100억 달러로 추정되는데 예상투자액은 4,520억 달러에 불과해 투자 여력이 크게 제한적이라 한다(〈그림 5〉 참고).

민관협력법안 도입 등을 통해 국제금융시장에 복귀하여 자금조달이 해외에서

〈그림 5〉 2040년까지 라틴아메리카 인프라 투자 전망

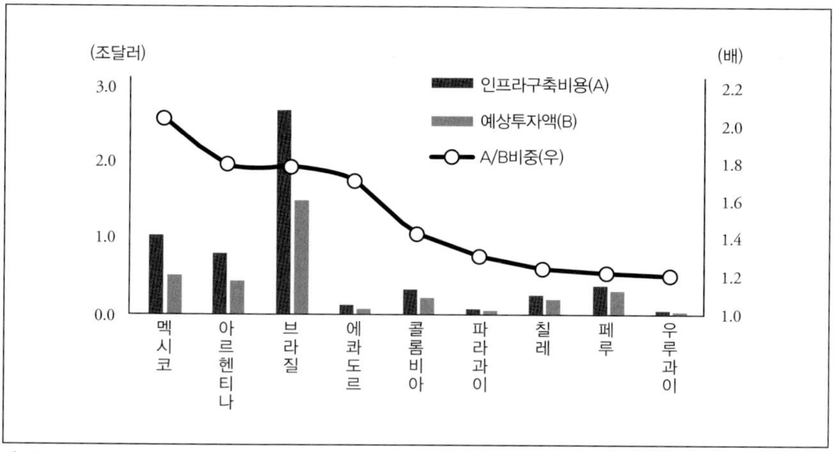

자료: Global Infrastructure Hub, Oxford Economics.
외교부 중남미 자원·인프라 Vol 71 내용 재편집 및 재인용

어느 정도 가능해졌으나 법·제도 제정과 이의 실행 및 집행에는 상당한 시차가 있고 2001년 디폴트, 2014년 선택적 디폴트 선언으로 부정적 인식이 여전하다. 반복되는 국가 채무불이행과 과거 급격한 정책변경 사례 등이 민간투자 유치에 부정적 요인으로 작용하고 있다. 마크리 행정부는 2016년 4월 165억달러 규모의 국채를 발행하면서 15년 만에 국제금융시장에 복귀한 이후 2017년 6월 투기등급 국가로는 최초로 100년 만기 달러표시 국채 발행(27억 5천 달러)에 성공하였다. 우리나라의 수출입은행도 제도변화 및 송금위험이 크게 낮아졌다며 아르헨티나의 투자환경위험이 개선되고 있다고 평가하고 있다. 다만 전반적인 국가위험도 및 투자여건을 고려한 종합평점은 58.8로 5단계 위험 수준 중 4단계인 주의영역에 있어 투자 시 경계감이 여전한 것으로 드러났다(〈표-3〉 참고).

[표-3] 아르헨티나의 투자환경위험 평가

<table>
<tr><th colspan="3">평가분야</th><th>2015년 6월</th><th>2017년 8월</th></tr>
<tr><td>투자동향(10%)</td><td colspan="2">외국인투자동향(10%)</td><td>72.0 (요주의)</td><td>62.0 (요주의)</td></tr>
<tr><td rowspan="3">국가위험도
(40%)</td><td colspan="2">국가신용등급(20%)</td><td>90.0 (요주의)</td><td>82.0 (요주의)</td></tr>
<tr><td colspan="2">단기유동성위험(10%)</td><td>70.0 (요주의)</td><td>70.0 (요주의)</td></tr>
<tr><td colspan="2">수용, 송금위험(10%)</td><td>60.0 (요주의)</td><td>40.0 (보통)</td></tr>
<tr><td rowspan="4">투자여건</td><td colspan="2">기업경영여건(10%)</td><td>62.0 (요주의)</td><td>62.0 (요주의)</td></tr>
<tr><td colspan="2">글로벌 경쟁력지수(10%)</td><td>68.3 (요주의)</td><td>68.3 (요주의)</td></tr>
<tr><td rowspan="2">시장동향,
제도변화</td><td>정성(25%)</td><td>70.0 (요주의)</td><td>42.0 (보통)</td></tr>
<tr><td>정량(25%)</td><td>80.0 (요주의)</td><td>50.0 (주의)</td></tr>
<tr><td colspan="3">종합평점(위험도=100)</td><td>72.7 (요주의)</td><td>58.8 (주의)</td></tr>
</table>

주: 위험수준은 총 5단계로 60점 이상이면 요주의, 50점 이상~60점 미만 주의,
40점 이상~50점 미만 보통, 30점 이상~40점 미만 양호, 30점 미만 매우 양호로 구분
자료: 한국수출입은행

제도 개선에도 불구하고 노동경직성, 조세부담률, 고물가 등 민간해외투자 유치의 구조적 장애요인도 상당하다. 노조의 사회적 영향력이 강해 노동개혁은 노사 간 분쟁 및 소송 해소보다 고용창출 및 투자유치에 주안점을 두고 추진하고 있다. 특히 해고 시 소송으로 이어지는 경우가 다반사인데다 노동자 승소가 많아 정리해고가 매우 어려운 편이다. 조세부담률의 경우 민간투자 활성화를 위해 법인세를 현행 35%에서 2019년~2020년 30%, 2021년 25%로 단계적으로 인하할 예정이지만 법인세는 현재 라틴아메리카 국가 중 쿠바 37%, 브라질 33%에 이어 세 번째로 높은 수준이다. WEF는 물가안정목표범위(〈표-2〉 참고)를 넘어서는 인플레이션율과 함께 고율의 세금이 기업경영여건의 최대 장애요인이라고 지적하기도 하였다. 제도개선 노력과 국제금융시장 복귀에도 불구하고 직접투자와 증권자금을 합한 외국인투자는 2017년 466억 9천만 달러에서 2018년 338억

〈그림 4〉 아르헨티나의 준소버린 채권 발행액

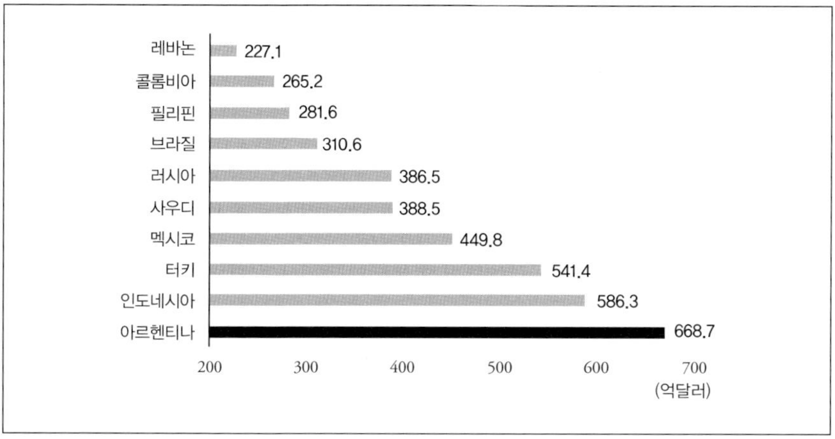

자료: Bloomberg

5천만 달러로 감소할 전망이다(IIF).

각종 제약요인으로 인프라 구축 재원을 충당하기 위해서는 국내외 자금조달 시장에 문을 계속해서 두드릴 수밖에 없다. 2015년 12월 이후 발행한 준소버린 채권 규모는 670억 달러로 신흥국 중에서 수위를 차지(〈그림 6〉 참고)하고 있으나 2018년 자금수요의 3분의 1정도에 불과하다. Bloomberg 조사에 따르면 금년 중 300억 달러 이상의 고금리 채권을 발행할 가능성이 크다. 2018년 상반기 글로벌 차입여건이 상대적으로 양호할 것으로 예상됨에 따라 채권발행은 상반기에 집중될 가능성이 높다.

4. 결론

아르헨티나의 민관협력 방식의 인프라는 외국인 투자 유치와 경제성장의 원동력으로 인식되는 만큼 정책적 노력을 지속할 것으로 판단된다. PPP 활성화를 위해서는 먼저 법 제도 개선과 정책의 지속성을 담보할 수 있도록 집행의 신뢰성을 글로벌 수준으로 높이는 노력이 긴요하다. 법·제도 개선에도 이의 실행 및 집행 시차가 커 투자 경계감이 상당한 만큼 글로벌 수준의 법과 제도 집행에 대한 신뢰성 확보가 반드시 필요하다.

둘째 폭넓은 민간자본의 참여를 통해 자금조달 방안을 다양화할 필요가 있다. 이를 위해 연기금과 같은 펀드의 규제를 변경하는 한편 지자체가 발행하는 Green Bond나 개발펀드(Development Impact Bond) 참여를 보장해야 한다.

셋째 해외투자 유치를 위해 인프라 사업에 대한 더 많은 정보를 투명하고 구체적으로 제공해야 한다. 연 초 정부의 인프라 투자 발표에도 공사입찰 일정이 구체적으로 밝히지 않은 곳이 상당수 있는데다 입찰일 자체를 공시하지 않은 사업도 있어 공시 및 계획의 투명성을 강화할 필요가 있다.

이러한 상황에서 우리 기업 입장에서는 현지기업과 글로벌 기업과의 파트너십 형성, 그리고 세계 또는 지역금융기관이 참여하는 사업을 통해 초기 현지진출 전략을 수립하고 사업 경험을 축적하는 것이 바람직해 보인다. 우리 기업은 아르헨티나 진출 경험이 미약해 기진출 해외기업과의 경쟁에서 네트워크와 현지정보에서 뒤져있는 만큼, 단독 진출보다 현지 사업 경험이 풍부한 스페인, 중국 등의 글로벌 기업과 초기 협력하여 경험을 축적하면서 주변국 진출의 교두보로 활용해야 한다. 세계은행, 미주개발은행, 남미개발은행 등 국제 또는 지역금융기관 프로젝트를 활용하여 안정적인 현지 진출 기반 마련도 중요하다. 이 경우 사업 지속성이 담보되어 정권교체 등의 리스크가 최소화될 수 있는 장점이 있다.

| 참고 문헌 |

수출입은행, 2017. 아르헨티나의 투자환경위험 평가 보고서

손혜현. 2017. 아르헨티나 중간선거 이후 마크리 정부의 개혁정책 가속화. EMERiCs 이슈분석 2017-418. 대외경제정책연구원.

외교부. 중남미 자원·인프라 Vol 71. http://energia.mofa.go.kr/CP/v71

황병현·김권식. 2018. 아르헨티나, 민관협력을 통한 성장전략과 제약요인. 국제금융센터.

BBVA. 2017. Infrastructure and Economic Growth from a meta-analysis Approach: Do all Roads lead to Rome? working paper

BBVA. 2018. Argentina Economic Outlook. Research Report

Bloomberg. 2018. EM New Issuance Monthly Monitor. Bloomberg Intelligence

IIF(Institute of International Finance). 2017. Heat Map of EM Vulnerabilities.

IIF. 2018. Annual EM Capital Flows Database

Inter-American Development Bank, The Economist and Intelligence Unit. 2017. Evaluating the Environment for Public-Private Partnerships in Latin America and the Caribbean.

세금 없이는 형평성도 없다
(비록 진보주의가 이 사실을 가끔씩 망각한다 할지라도)

클라우디오 로사노

경제학자, 사고(思考)와 공공정책 연구소 코디네이터, 인민연합당 대표

원제와 출처: Claudio Lozano, "Sin impuestos no hay igualdad (Aunque a veces el progresismo lo olvide", *Nueva Sociedad*, No. 272, noviembre–diciembre de 2017, pp. 68–76.

핵심어: 불평등, 진보주의, 조세개혁, 라틴아메리카

서론

라틴아메리카의 과세(課稅) 문제에 관한 이번 성찰은 아르헨티나에서부터, 특히 아르헨티나의 특수한 시기부터 시작한다. 사상 처음으로, 우파의 전통적 이데올로기를 대놓고 지지하는 정치세력이 선거 승리를 통해 통치를 하고 있다. 국가를 일종의 부담스러운 존재로 인식하고 사적(私的), 개인적 이니셔티브를 발전의 원동력으로 간주하는 마우리시오 마크리 정부는 과세 축소를 바탕으로 경제

문제들을 해결하고자 하고 있다. 마크리 정부의 입장에서, 개인 활동을 위축시키고 투자와 국가의 성장 및 발전을 약화시키는 것은 다름 아닌 세금 부담인 듯하다. 그러나 데이터는 그렇지 않음을 보여준다.

아르헨티나에서 조세 부담은 선진국과 비슷하거나 이보다 약간 낮은 수준인데, 항상 이러한 조세 부담을 어떻게 분배하느냐를 고민할 때 논쟁이 발생한다. 분명한 것은 여타 라틴아메리카 국가들과 마찬가지로 아르헨티나는 과세에 있어 불평등과 공정성 부족이 두드러진다. 마크리 정부는 세금(기본적으로 기업 활동에 부과되는 세금)을 없애려고 하고 있으며 사실상 그의 집권 첫 해에 천연자원(콩과 광물)과 관련된 수출활동에 대해 조세 부담을 없애려고 시도하였다. 심지어 개인 재산에 대한 세금을 축소하기도 하였다. 아르헨티나 신정부가 취한 이러한 방향에 대해 그 누구도 놀랄 필요는 없다. 그들의 이데올로기와 일치하고 또 그들이 대변하고 옹호하는 이해관계에 기반을 두고 있기 때문이다. 실제로, 아르헨티나 내각 구성원 10명 중 7명이 실제로 상공회의소 대표자 혹은 전(前) 기업 대표, 다국적 은행 및 기업의 책임자들이다. 특히 주목할 점은 최근 몇 년 사이 아르헨티나의 과세 체계에서 높은 수준의 과세 형평성을 추구하는 중요한 개혁이 없었다는 점이다. 사회정의와 포용을 기치로 내걸었던 키르츠네르식 정의주의는 아르헨티나의 과세 체계의 특징이라 할 수 있는 불공정 구조를 사실상 전혀 바꾸지 못했다. 2003년에서 2008년 사이에 국제 원자재 가격이 최고점에 이르는 기간에 국가가 과세에 어느 정도 개입하기도 하였지만, 스스로를 진보주의적이라고 자평했었던 정부가 과세 부문에서 이룩한 성과는 거의 전무했다. 사회정책 분야에서는 자녀 보조금 같은 새로운 정책이 있었지만 과세 부분에서는 새로운 것이 없었다.

지역과 역사

시선을 돌려 라틴아메리카 전체를 살펴보면 아르헨티나에서 일어난 일이 다른 라틴아메리카 지역에서 일어나는 일과 유사하다는 것을 확인할 수 있다. 지난 10년간 라틴아메리카의 많은 정부가 신자유주의를 문제 삼는 세력들에 의해 장악되었었음에도 불구하고(일부에서는 아직도 이것이 지속되고 있다), 조세개혁이라는 도구가 라틴아메리카 진보주의 정치 아젠다의 한 부분을 차지한 것 같지는 않다. 라틴아메리카가 소득 편중이 매우 심각하고 지구상에서 가장 불평등한 지역임을 감안하면 이러한 사실은 놀라울 따름이다. 라틴아메리카에서는 여전히 부당한 방법으로 특권을 차지하고 권리를 짓밟는 모습들이 만연하다. 따라서 균형과 환경 보존을 우선시하는 개발 모델은 조세개혁에 있어 중요하고 강력한 도구로서 작용할 수 있다. 만일 개발을 재정적으로 뒷받침하기 위해 국내 자원을 동원하고자 한다면, 조세개혁은 국가가 전략적으로 계획을 세우고 행동할 여지를 확대시키고 소득 분배를 향상시키며 경제성장을 강화시킬 수 있다.

이 주제는 1960년대 초부터 계속 논의되어져 오고 있다. 1960년대 당시에는 과세 체계를 개혁하여 단순화하고 특히 직접세를 강화하는 것이 권장되었었다. 이러한 의미에서 선진국처럼 개인의 소득에 부과하는 세금을 일반화시키는 것이 제안되기도 했다. 또한 형평성을 좀 더 높이기 위한 목적으로 소득세를 점진적으로 늘리는 것이 제안되기도 했다.

지금까지 언급된 내용은 조세를 공공재 혹은 공공서비스를 위한 재정을 뒷받침하고 부와 소득의 불균형을 해소하는 일종의 경제정책의 도구로 보는 개념적 모형이다. 하지만 이 모든 권고 사항들은 파급력이 거의 없다시피 했다. 이미 1990년대에 워싱턴컨센서스의 틀에서 라틴아메리카의 과세 관련 논의는 방향을 바꾸어 버렸다. 신자유주의적 처방의 틀 안에서 그 방향성을 불평등 해소에서 더 나은 삶의 추구로 전환하였는데, 그 축이 바로 부가가치세였다. 라틴아메리카 여러 국가에 도입된 부가가치세는 주요한 세입의 원천으로 변질되어버렸다. 과세 체계는 단순화하였고, 대외무역에 대해 부과하는 세금이 최소로 축소되었으며, 천연자원 개발과 연관된 수출 활동에 대한 세금이 공제되었으며, 그리고 수입세를 낮아졌다. 그리고 세수(稅收) 증대를 위해 과세 행정절차를 향상시키는 데에 초점이 맞추어졌다.

개방화, 규제완화, 민영화를 추구하는 신자유주의의 흐름 속에서의 조세정책은 징수기관들의 기술적 능력에 중점을 두었고 과세구조와 형평성 간의 연결고리를 없애버리거나 느슨하게 만들었다. 21세기 초반부터는 소위 진보적인 정부들에서 세금을 불평등 축소와 연계시키는 문제가 다시 대두되었다.

이론적으로, 부와 고소득자에게 부과되는 세금은 소득 재분배를 촉진시킬 뿐만 아니라 경제 사이클과 연동된 세금(소비에 부과되고 경기 침체 시에는 감소되는 세금) 또는 국제 가격에 연동된 세금(천연자원 수출에 부과되는 세금)보다는 훨씬 더 예측 가능하고 안정적이다. 그러나 누진세 적용이 가져다주는 편리성에도 불구하고 성과는 거의 없었다. 비록 과세문제를 논의할 때 라틴아메리카 국가들이 세금 징수 능력이 낮다는 데는 대개 공감대가 형성되지만, 소득과 부의 분배 문제를 푸는 도구들에 대해 논의할 때는 이러한 공감대는 사라져버리거나 감소한다. 지금까지 언급된 내용 이면에는 우리 사회에 사회적 권력의 불평등한 배분이 존재한다는 점이 있다. 그리고 이는 논쟁의 여지가 없는 개혁을 통해 진전을 이루고자 할 때 일종의 거부권처럼 작용한다. 근본적인 조세 개혁의 필요성에 대해 언급하기 시작한 지 벌써 50여년이 지났음에도 불구하고 과세의 비형평성이 라틴아메리카에서 여전히 미해결 문제로 남아있는 것은 바로 이 때문이다.

현황과 그 이유들

지금까지 언급된 내용은 다양한 이슈로 해석되어 진다. 첫째, 아래에 제시된 도표는 아르헨티나와 라틴아메리카에서의 국내총생산에 대한 세금 징수 비율(아르헨티나 (12.55%), 라틴아메리카(13.52%))이 유럽 연합(20.27%), 유로존 국가(10.96%) 및 비교 가능한 대다수 국가들 보다 낮다는 것을 보여준다.

국민총생산 대비 세금 징수율이 낮은 이유는 재산과 소득에 부과되는 세금이 매우 적다는 점과 연관이 있다. 소득, 임대수입 혹은 수익에 부과되는 세금을 자세히 살펴보면 다음과 같은 문제점을 볼 수 있다. 개인소득에 대한 세금징수는

도표

조세압력: 국내총생산 대비 세금 징수(%로 표시)

	2011	2012	2013	2014	2015	2016
아르헨티나					12.55	
중앙 및 발틱해 연안 유럽국	16.31	16.35	16.26	16.34	16.56	
(고소득 국가를 제외한) 유럽 및 중앙아시아	16.18	15.90	15.56	15.37	14.10	
유럽 및 중앙아시아	19.03	19.24	19.38	19.37	19.23	
유럽연합	19.58	19.92	20.16	20.23	20.27	
저개발국가들 (유엔 분류기준)	13.31					
저소득 국가	12.33					
중간 및 저소득국	13.00	12.59	12.42	12.33		
OECD 회원국	14.50	14.76	15.19	15.48	15.63	
라틴아메리카 및 카리브해 국가					13.52	

	2011	2012	2013	2014	2015	2016
유로존 국가	17.98	18.55	18.88	18.95	18.96	
호주	20.42	21.31	22.15	22.11	22.10	
오스트리아	25.55	26.05	26.53	26.64	27.15	
벨기에	24.71	25.71	26.21	26.20	24.63	
브라질	14.22	13.65	13.44	12.76	12.81	
칠레	18.86	18.99	17.39	16.94	17.54	
핀란드	20.13	20.26	20.74	20.77	20.69	
프랑스	21.82	22.57	23.25	23.17	23.23	
영국	26.07	25.35	25.31	24.99	25.35	
이탈리아	22.30	23.63	23.73	23.54	23.65	
북미	9.79	9.99	10.67	11.09	11.47	11.32
우루과이	19.10	18.82	19.04	18.57	18.51	
미국	9.59	9.82	10.58	11.02	11.42	11.27

각주: 세금징수는 공익을 목적으로 중앙정부에 의무적으로 납부하는 돈을 가리킨다. 벌금, 제재금, 대부분의 사회적 보험금과 같은 의무적 납부금들은 제외된다. 실수로 잘못 징수된 세금에 대한 환급과 수정은 마이너스 수입으로 간주한다.
출처: 세계은행 자료를 바탕으로 저자가 일부 가다듬은 것임. 《세금징수(국내총생산 비율)》, 〈https://datos.bancomundial.org/indicador/gc.tax.totl.gd.zs〉.

기업에 대한 세금징수보다 낮을 뿐 아니라 선진국들과 비교해도 낮은 편이다. 이러한 불균형은 세금의 대부분이 급여를 받을 때 세금을 내는 근로자들로부터 나오기 때문으로 설명할 수 있다. 반면, 자영업자들의 납세회피가 매우 높은 편이며, 자본금에서 나오는 소득과 수익에 대해서 세금을 덜 내거나 완전히 면제받는 여러 특혜가 있다.

개인소득에 대한 세금 징수가 한계에 부딪칠 수밖에 없는 것은 주로 세 가지 요인 때문이다. 첫째, 라틴아메리카 지역에서 적용되는 최고 세율(고소득군에

속하는 사람들에 적용되는 세율)이 지속적으로 하락하고 있다. 1980년 50.9%에서 1990년대 초에는 35.2%로 내려갔고 2016년에는 라틴아메리카 전체 평균이 26.6%로 하락했다. 반면에 유로존 18개 국가에서는 2014년에 45%로 상승했고 유럽연합 28개국에서는 평균 39.4%로 상승했다. 몇몇 유럽국가(오스트리아, 벨기에, 덴마크, 핀란드, 프랑스, 네덜란드, 포르투갈, 스웨덴)에서는 최고 세율이 50% 이상이다. 둘째, 선진국과 달리 라틴아메리카에서는 세금 부과의 근거를 축소시키는 온갖 유형의 세금 면제와 공제, 그리고 감세가 이뤄지고 있다. 셋째, 자본가에게 혜택을 주는 독특한 방법들이 통제를 어렵게 만들고 나아가 합법적 세금회피와 탈세를 더 용이하게 해주고 있다. 때문에 라틴아메리카에서의 탈세 수위는 선진국에 비해 매우 높고, 특히 부가가치세의 탈세보다는 수익 및 소득세의 탈세가 훨씬 심하다. 요약하자면 결국 세금 징수로 실제 거둬들이는 돈은 매우 적고 따라서 세금이 가져다주는 재분배 효과도 없다.

라틴아메리카에서 소득세와 관련하여 두 가지 심각한 문제가 눈에 띈다. 첫째, 세수(稅收)의 대부분은 개인이 아닌 기업에서 나오는데 이는 투자와 생산 활동을 어렵게 만든다. 기업이 투자에 쓰는 소득에 대해서는 과세를 하고 반면, 기업의 주주들이 개인소득용으로 배당받는 이익금에 대해서는 세금 면제해주는 경우다. 그러나 근본적으로 라틴아메리카 각국은 경제 구조 내에서 운용 중인 여러 유형의 국내외 재산을 파악할 수 있는 세제 및 행정 매커니즘을 구축하고 있지 못하다. 다시 말해 법인, 기업구조, 기업 집단, 그리고 초국가적 관계들을 적절히 파악을 해놓지 못하고 있다. 따라서 탄탄한 과세 전략을 적용하기 힘들고, 나아가 기업이 소득의 발생 지점에 상관없이 전 세계에서 벌어들이는 모든 소득에 대해 세금을 징수하는 데에 어려움이 있다. 둘째, 개인소득세를 강화하지 않음으로써 부자들은 자신의 수익에 비례하는 세금을 내지 않고 있다.

라틴아메리카 경제의 또 다른 문제점은 지방정부들의 저조한 세금 징수 실적이다. 이는 구체적으로 재산 및 유산을 명확하게 파악할 수 있는 세금 징수가 낮다는 것을 의미한다. 도시 및 지방의 부동산세 및 자동차세의 경우가 그러하다. 분명한 것은 라틴아메리카에서 소득에 대해 세금을 징수하는 지방정부의 전략 역시 눈에 띄지 않는다. 그리고 고소득자들의 소비와 관련된 재산과 서비스에 대해 선별적으로 세금을 거둬들이는 전략 또한 보이지 않는다.

이러한 문제점들의 결과는 라틴아메리카에서는 조세와 관련한 국가 개입이 선진국에서와 달리 불평등 해소에 기여하지 못하고 있다는 점이다. 라틴아메리카 불평등의 눈에 띄는 특징은 가장 부유한 가구 10%가 차지하는 높은 소득 비율이다. 평균적으로 전체 소득의 32%가 이들 부유층에 집중되어 있다. 비록

새로운 사회/ Pablo Lueber 2017

브라질, 칠레, 과테말라, 온두라스, 파라과이에서는 그 비중이 10% 정도 더 높고 반대로 우루과이, 베네수엘라에서는 더 낮지만 말이다. 소득분배를 적절하게 평가하는 데에 지니계수는 한계를 지니지만, 과세 정책의 효과를 측정하기 위한 지니계수의 적용은 유용하다. 국가의 개입 전후로 불평등을 측정해 보았을 때, 라틴아메리카의 불평등은 고작 평균 6% 감소한 반면, 선진국은 36%나 하락하였다. 지니계수의 %포인트로 보면, OECD 국가에서는 지니계수가 17%포인트 하락한 반면, 라틴아메리카에서는 겨우 3%포인트만 하락하였다. 더욱이 라틴아메리카에서 그나마 불평등을 해소하는 데에 기여하는 국가적 행위를 평가할 때 긍정적인 효과의 61%가 복지정책과 연금에서 비롯한다. 다시 말해 라틴아메리카에서 불평등을 해소하는 데 있어 세금이 기여하는 바는 매우 낮다.

결론

진단은 이미 알려져 있다. 라틴아메리카는 지구상에서 가장 평등하지 못한 지역이다. 조세 개혁은 그러한 불균형을 해소하는 데 도움을 줄 수 있을 것이다. 조세 개혁이 평등과 환경보존을 위한 발전 모델에 기여하기 위해 추구해야할 것이 무엇인지도 잘 알려져 있다. 부, 고소득, 상류층의 소비, 금융 및 자본 거래, 그리고 탄소 배출에 대해 세금을 부과해야 한다.

라틴아메리카의 경험은 신자유주의를 추구한 정부들이 꾸물거리지 않고 과세의 퇴보를 통해 자신들의 목표를 향해 전진하고 있다는 것을 보여주고 있다. 하지만 소위 진보적 정부에서는 동일한 일이 벌어지지 않았다. 과거 10년간 라틴아메리카가 수출하는 원자재의 높은 가격은 이들 정부로 하여금 조세 수입을 늘려 재정을 확충하고 과세구조의 변화 없이도 복지정책을 유지할 수 있도록 해주었다. 경기가 좋다는 구실 하에 진보 정부들은 필요한 조세 개혁을 뒤로 미루거나 회피하려는 경향을 보여주었다. 좋은 경제 상황은 구조 개혁을 뒤로 미루게끔 해주었고 실제로 이는 정부가 권력자나 부자들과의 갈등을 피할 수 있게 해주었다. 2008년 세계 경제 위기와 최근 원유 시장의 변화는 상황을 바꾸어 놓았고 진보주의적 경험들을 곤란에 빠뜨렸다. 새로운 상황에서 모든 진보 정권들은 그 힘이 약화되었다. 일부는 무너져버렸고 계속 존재하고 있는 진보 정권들도 그 힘이 예전만 못하다. 오늘날 새로운 신자유주의의 물결은 라틴아메리카를 황폐화시키고 있다. 아르헨티나에서는 마크리 대통령이 계속 세금을 줄여가며 재력가들의 배를 더 불려주려 하고 있다. 그러는 사이 아르헨티나에는 순수 상속재산만 100만 달러를 넘게 보유한 사람이 114,000명이나 있으며, 이들 중 상속재산이 3,000만 달러가 넘는 사람도 1000명이나 되고, 축적된 재산이 10억 달러가 넘는 자산가도 11명이나 있다.[1)] 마크리의 세제 개혁 전에 했던 것처럼 개인 재산에 대한 비례세를 적용하는 것만으로도 전 국민을 배고픔으로부터 해방시키기에 충분할 정도의 세금을 거둬들일 수 있을 것이다. 개혁이 나아가야할 방향에 대해 진지하게 논의하고 사회를 유지·지탱하기 위해 재조직하며 또한 기회를 상실하지 않도록 노력할 필요가 있다.

심상완 옮김

1) 《Ganancias: Comparativo de Proyectos Oficialismo/Massa/Donda–Lozano》 en 〈www.unidadpopularcaba.org.ar〉, 26/11/2016.

제3부 사회

브라질: 마약과 빈곤의 감옥

루시아나 부아토

형법학 석사 및 박사. 리우데자네이루대학교 형법 조교수, 마약정책 및 인권 연구그룹 책임자

원제와 출처: Luciana Boiteux, "Brasil: las cárceles de la droga y de la miseria", *Nueva Sociedad*, No 268, marzo–abril de 2017, pp.14–22.

핵심어: 인권, 감금, 형벌주의, 마약거래, 브라질

이 글은 최근 다시 언론과 당국의 관심을 불러일으킨 브라질의 재소자 학살 사태를 우리가 겪고 있는 지속적 '형무소 위기'와 관련짓는 것을 목적으로 한다. 이 위기는 범죄자들에 대해 징벌적이지만 선별적인 사회의 산물이자 억압적인 마약정책의 산물이며, 이는 사법권의 용인 하에 심각해지는 과잉 투옥을 뒷받침하며 재소자들의 삶의 조건을 나날이 악화시킨다.

2016년 말은 경제위기의 심화로 특징지어지는데, 미셰우 테메르 정부는 공공지출, 특히 보건과 교육 지출의 억제와 사회권의 축 소라는 신자유주의적 정책의 도입으로 대응하였다. 이러한 맥락에서 2017년은 재소자들에 대한 돌발적

폭력으로의 회귀로 특징 지워진다. 259%라는 브라질에서 가장 높은 교도소 과밀 비율[1]을 보이고 있는 아마존주의 한 교도소에서 거의 60명이 참수되었고, 이러한 살육에서 후에 다른 두 개 주로 확산되었다. 이러한 상황을 이해하기 위해서는, 억압의 강화, 특히 마약거래와 재산범죄에 대한 억제를 강화하려는 전략이 이에 필요한 비용의 뒷받침을 받지 못했다는 점을 주목해야 한다.

브라질의 높은 수감률은 수감 체제에 과한 부담을 주는데, 이는 교도소 환경 개선이나 재소자 감원으로 이어지지도 않는, 통제 불가능하고 비합리적인 처벌 양태의 결과다. 브라질은 재소자 수에 있어[2] 세계 4위의 국가가 되었다. 2014년 12월 재소자 수 622,202명으로, 인구 10만 명당 306.22명에 해당한다.[3] 2017년인 오늘날에 이 수는 훨씬 더 증가했을 것이지만 공식적인 자료는 존재하지 않는다.

최근 14년 동안(2000-2014) 브라질의 재소자는 267.32% 증가했다. 브라질은 라틴아메리카에서 멕시코, 칠레, 콜롬비아, 페루에 이어[4] 높은 증가율[5]을 보이고 있다.

이전의 연구에서 이미 분석된 바에 따르면[6] 최근 가장 큰 증가를 보인 마약거

1) 브라질 법무부: *Levantamento nacional de informações penitenciárias*(Infopen), diciembre de 2014, disponible en 〈www.justica.gov.br/seus-direitos/politica-penal/infopen_dez14.pdf〉.

2) 국가교도부(Departamento Penitenciario Nacional)에 따르면, 미국, 러시아 그리고 중국은 최근 수년간 수감률을 줄였지만, 브라질은 연 7%에 가까운 수감인구 증가를 보이며 그 정반대의 노정을 보이고 있다. 브라질 법무부: *ob. cit.*

3) Ibíd.

4) 출처: International Centre for Prison Studies, 〈www.prisonstudies.org〉.

5) 10만 명당 재소자 비율.

6) L. Boiteux y Ela Wiecko (coords.): *Tráfico de drogas e Constituição*, Ministerio de Justicia, Brasilia, 2009, disponible en 〈http://pensando.mj.gov. br/wp-content/uploads/2012/11/01Pensando_ Direito.pdf〉; L. Boiteux: 《Drogas y prisión: la represión contra las drogas y el aumento de la población penitenciaria en Brasil》 en Pien Metal y Coletta Youngers (eds.): *Sistemas sobrecargados. Leyes de drogas y cárceles en América*

래범죄로 인한 재소자 수치를 고려해야 브라질의 유행병 같은 교도소 사태의 원인을 이해할 수 있다. 통제의 강화에도 불구하고 최근 수십 년간 브라질은 마약의 불법 통과국에서 대량 소비국으로 변모했다. 통제가 상당히 강화되고 감옥의 부족이 심각해졌음에도 불구하고 일어난 현상이다.

마약 범죄를 중범죄로 규정하여 형량 혜택을 줄인 형사정책은 1988년 헌법에서부터 시작되어 '마약법 11343/06'을 통해 강화되었다. 이 법은 마약밀매에 대해 구금 최저기간을 3년에서 5년으로 늘렸다. 마약 소비자들이 철창에 갇힐 가능성은 없어졌지만, 법에는 마약 소지가 여전히 범죄로 남아 있다. 대안적 처벌들이 도입되었지만, 리우데자네이루와 브라질리아에서의 조사에서 분석된 것처럼 가난한 마약 소비자를 마약 밀매자로 수감하는 등의 부작용들이 발생했다.[7] 그러므로 1964년~1984년의 독재의 종식과 1988년의 민주헌법 이후 최초의 마약 법률인 이 마약법의 10년 동안의 결과물은 교도소 수감의 증가였다.

모순적으로 보일 수 있겠지만 브라질의 재민주화는 처벌주의와 형벌국가로 나아감을 의미했고 재소자 수의 큰 증가로 이어졌다. 이와 동시에 교도소 안팎에서 활동하는 범죄 조직들이 더욱 강해졌고, 점점 더 많은 수가 수익성이 높은 마약 거래에 연루되고 있다. 역설적이게도 마약 범죄 집단의 강화를 불러온 것이 바로 마약 거래에 대한 형사법적 억압의 증가인 것으로 평가된다. 우리가 취하는 비판적 범죄학의 관점에서 보았을 때, 마약 밀매 관련 재소자 수의 증가가

Latina, Transnational Institute / Washington Office on Latin America, Ámsterdam–Washington, 2010; L. Boiteux y João Pedro Padua: 《La desproporción de la Ley de Drogas: los costes humanos y económicos de la actual política en Brasil》 en Catalina Pérez Correa (ed.): *Justicia desmedida. Proporcionalidad y delitos de drogas en América Latina*, Fontamara, Ciudad de México, 2012; L. Boiteux y J.P. Padua: 《Respuestas estatales al consumidor de drogas ilícitas en Brasil. Un análisis crítico de las políticas públicas (civiles y penales)》 en C. Pérez Correa (ed.): *Consumo, consumidores de drogas y las respuestas estatales en América Latina*, Fontamara, Ciudad de México, 2014.

7) L. Boiteux y E. Wiecko: ob. cit.

마약 밀매의 증가 그 자체가 아니라 관련 범죄에 대응하는 형법제도의 선택적 강화에서 비롯되었다는 점을 주목해야 한다. 즉, 구조적으로 선택적인 형법제도가 의도적으로 마약 범죄에 대한 억압을 경찰 활동의 우선순위로 삼는다는 점이다. 사법부도 소송 과정에서 높은 형벌을 적용하고 보석을 줄이고 있다.

브라질에서 마약정책에 관한 공적 논의의 확대에도 불구하고 교도소 환경만큼이나 수감 인구 과잉 문제는 이러한 억제 정책의 직접적 영향 하에서 악화하였다. 이 정책은 예방적인 감금을 남용한 반면 대안적 처벌은 우선적으로 시행하지 않았는데, 대안적 처벌들은 적어도 부분적으로 수감 인구 과잉을 완화해줄 수 있을 것이다. 그리고 그 영향은 교도소 안에서 체감된다.

이러한 의미에서, 과도한 재소자 수는 범죄 조직들이 영향력을 확대할 때마다 범죄 조직의 강화로 이어지는 듯하다. 더 많은 범죄자들을 교도소에 보낼수록, 그리고 수감 환경이 나쁠수록, 범죄 조직들은 더 강력해진다. 국가가 교도소 내 통제를 상실하기 때문이다. 교도소는 필요한 것보다 훨씬 적고 노동 환경도 열악해지면서 취약해졌다. 반면 범죄 단체의 우두머리들은 재소자들의 조직을 돕고, 원조와 보호도 제공한다.

외부적 측면에서 보면, 이러한 범죄 조직망이 마약 밀매를 조직하고 조직 자체의 재정을 강화시킨다. 더 많은 범죄자가 수감될수록 범죄 조직들은 더욱 강력해지는데, 이들은 국가의 부재 시에 조직된다. 동시에 마약 거래를 범죄시하는 이데올로기적 토대인 금기주의는 불법 시장을 생산하고 이러한 가운데 이윤을 내는 사업은 더 확장된다. 마약의 금기 그 자체가 불법적 독과점을 만들어내고, 형법적 억제는 마약소비나 거래를 감소시키지 못한다. 오히려 수감, 마약 밀매, 마약 공급의 증가라는 결과를 낳는다.

전체적인 상황은 심각하다. 재소자들의 인권을 인정하고 적합한 수감환경에 대한 규정하는 법들이 있음에도 불구하고, 브라질에서 교도소 문제는 제대로 다뤄진 적이 없다. 보수 정치인들은 어처구니없이 높은 형량의 강화라는 인기영합주의적 정책을 옹호한다. 재소자들의 권리 보장의 부재에도 불구하고, 브라질 정치에서 인권을 옹호하는 것은 '강도들'을 옹호하는 것과 같다. 그 결과는 브라질에 있는 거의 모든 교도소의 관행에서 찾아볼 수 있다. 법이 구체적으로 규정하고 있지만, 부패, 폭력, 고문과 같은 상황이 존재한다. 공식 자료[8)]에 따르면, 제공된 공간이 거의 세배로 증가했음에도 불구하고 브라질 교도소의 부족은 두 배 이상 증가했다. 이것은 교도소 건설에 투입된 예산이 증가하였음에도, 수감 인구가 수용 능력 이상으로 증가했다는 것을 의미한다. 동일한 자료에 따르면, 재소자 수는 교도소의 수용 인원보다 월등히 많다. 브라질 교도소의 평균 수감률은 167%다. 2017년 초 첫 학살이 벌어진 아마조나스(259%)[9)]외에도 론도니아(292%), 페르남부쿠(237%), 알라고아스(228%)와 같은 주들에서 상당히 높은 수치를 보여주고 있다.

브라질 감옥의 위기상황은 최근의 폭력사태 이전에도 이미 알려져 있었다. 공식 자료들에 따르면, 2013년 교도소 안에서 일어난 고의적 살인은 브라질에서 확인된 고의적 살인보다 6배나 높았다.[10)] 국제사면위원회는 해마다 연례보고서에 교도소 내의 관행적 고문을 포함해 심각한 폭력 상황을 알려오고 있었다. 구치소와 파출소에는 전기충격, 목조름 인한 호흡곤란, 구타 및 담뱃불로 지지기와 같은 고문과 학대가 널리 퍼져있다.[11)] 국제사면위원회에 따르면 브라질의

8) 브라질 법무부: *Infopen 2014*.

9) 대부분의 형무소들이 LGBT, 노인 그리고 장애인과 같은 특정한 인구를 수용하기 위해 준비되어 있지 않다는 것은 언급하지 않고도 그렇다.

10) 브라질 법무부: *Infopen 2015*.

11) 제사면위원회: 《브라질. '그들은 우리를 동물처럼 대했다'. 브라질의 고문과 학대: 형사시스템 내부의 비인간적 처우와 이에 대한 처벌 부재》, 《Brasil. 'Eles nos tratam como animais'. Tortura e maus-tratos no Brasil: desumanização e impunidade no sistema da Justica Criminal》, 2001, disponible en 〈https://anistia.org.br/wp-content/uploads /2014/09/Br-Nos-tratam-como-animais-Tortura -e-legado-da-ditadura-militar.pdf〉.

재민주화 이후, 극단적 인구과밀, 악화된 환경, 고문 및 폭력이 브라질 감옥의 고질적 문제가 되어왔다.[12] 이 문제들은 이미 국제 인권 기구들, 주로 미주인권위원회(IACHR)와 미주인권법원에 고발되었다.

브라질 전역에서 일상적으로 벌어지는 이러한 상황은 비극으로 치달아서야 미디어의 주목을 받게 되었다. 이는 브라질에서 일어난 최악의 케이스 중 하나로 손꼽히는 포르투알레그레 중앙교도소, 2000년 미주인권법원에 고발된 페르남부쿠의 아니발브루노 교도소[13], 론도니아의 우르수브랑쿠 교도소[14]에서 일어난 것과 같은 사망 및 고문 사건을 국가가 방지할 능력이 부재함에 대한 국제적 청원으로 이어졌다. 최근에는 마라냥 주에 있는 페드리냐스 교도소 또한 매우 높은 사망자 수와 폭동[15]에서 촬영된 재소자들의 참수 장면으로 전국적인 반향을 일으켰다. 그럼에도 불구하고 1992년 상파블루의 헌병에게 111명의 죄수들이 처형된 카랑디루의 학살[16]과 같은 가장 비극적인 사태들 중 하나가 과거의 일이 되었

12) 국제사면위원회: 《세계인권상태 2014-2015》, 《O estado dos dereitos humanos no mundo 2014-2015》, disponible en 〈https://anistia.org.br/wp-content/ uploads/2015/02/Web-Informe-2015-03-06final.pdf〉.

13) 페르남부쿠에 있는 구(舊)아니발 브루노 교도소(오늘날의 쿠라두 교도소 단지) 사태는 강간, 구타, 살해시도 등과 같은 고문과 권리침해에 대한 중대한 고발에 대한 중앙과 연방정부의 공식응답 부재에 2011년 인권단체연합에 의해 미주연합의 미주인권법원에 올라갔다. 출처: Archivo Aníbal, disponible en 〈http:// arquivoanibal.weebly.com/〉.

14) 우르수브랑쿠 교도소 사태는 브라질에서 최초로 미주인권법원의 경계조치를 받은 케이스였다. 2002년 한 번의 폭동으로 적어도 27명이 죽었다. 그러나 이것이 특별한 경우는 아니었다. 비정부기구인 글로벌저스티스에 따르면 2000년에서 2010년 사이에 이 감옥에서 100건의 사망이 기록되었다.

15) 페드리냐스 교도소는 2014년 초, 62명의 재소자들이 다른 재소자들에 의해 잔인하게 살해된 사건으로 전국적으로 알려졌고, 언론에 의해 참수장면이 담긴 동영상이 유포되었다. 그러한 죽음은 브라질에서 두 번째로 나쁜 인간개발지수와 최저기대수명, 가장 높은 영아사망률을 가진 주에서 일어나는 감옥의 인구과잉이라는 맥락에서 발생했다.

16) 1992년 340명의 헌병들이 폭동을 진압한다는 명목으로 교도소를 침략해 30분 가까이 머물렀다. 그 결과 111명의 재소자들이 사망했다. 이들 중 102명은 아무도 무기를 들고 있지 않았음에도 불구하고 총에 맞아 죽었다. 〈오글로부 *O Globo*〉지에서 보고 사진을 확인 가능. 〈http://oglobo.globo.com/ brasil/ relembre-em-imagens-massacre-docarandiru-8056011〉.

다. 이 사건의 경우, 학살의 명령자와 처형자들의 일부를 처음으로 처벌할 수 있도록 하면서 더욱 상징적이 되었지만, 최근 상파블루 사법재판소는 논쟁 끝에 그 판결을 무효화해버렸다.[17)]

교도소의 인권 유린과 과밀이라는 이러한 현실에서, 앞서 언급한 마약법이 적용된 최근 10년은 상황이 악화하였음을 확인시켜준다. 브라질은 높은 수준의 예방적 수감률(평균 40%)과 억압적이고 보수적인 사법부를 가지고 있는데, 사법부는 전문화되고 급여 수준도 높으며 훌륭하게 조직되어 있음에도 불구하고 권리의 보장을 위해 제대로 역할을 하지 않는다. 사법부의 구성원 대부분은 스스로를 공공안전의 대리인으로 인식하고 있다. 오늘날 브라질에서 가장 책임이 무거운 권력 중 사법부를 지적하지 않고서는 대량 투옥을 논할 수 없다. 사법부가 헌법에 의해 보장된 무죄 추정의 원칙을 유연하게 적용하는 것에 더해, 처벌 권한을 제한하는 규칙을 적용시키지 않고, 경찰폭력을 합법화하며 고문을 모른척하는 지금은 더욱 그렇다.

그러나 브라질에서 이러한 제도적 폭력을 겪는 재소자들은 누구인가? 불평등, 인종주의, 사회적 배제가 만연하고, 개인의 권리에 대해 부정하며, 빈곤에 대한 사회적 통제의 한 형태로 억압적 수감 제도를 가지고 있는 국가에서 재소자들의 전반적인 면면은 형법제도의 수직적, 처벌적, 그리고 선택적 구조에서 직접적으로 유래한다. 2014년 12월의 자료[18)]에 따르면, 이들은 대개 낮은 교육수준(초등학교를 마치지 못함)을 가진 가난한 흑인 청년들(24세까지)인데, 남성 재소자와 여성 재소자 모두에서 마약 밀매가 가장 빈번한 범죄이다(28%). 여성 재소자만 보면 마약 밀매로 인한 수감률은 약 58%로 훨씬 높아진다. 인종은 브라질의

17) Marina Novaes:《Justiça de São Paulo anula julgamentos de pms pelo massacre do Carandiru》en El País Brasil, 29/9/2016.

18) 브라질 법무부: *Infopen 2014*, cit.

수감시스템을 이해하는데 있어 필수적인 항목이다. 인포펜 2014(*Infopen* 2014)년 자료는 수감된 사람 세 명 중 두 명이 흑인이라는 것을 보여준다.[19] 이것은 브라질 전체 인구 중 흑인의 비율은 53%인데 비해, 재소자의 61% 이상이 흑인이라는 것을 의미한다.

게다가 높은 남성 재소자 수 때문에 여성 재소자들이 겪는 극심한 어려움은 잘 드러나지 않고 있다. 브라질의 여성 재소자 수가 절대적인 의미에서는 남성보다 훨씬 낮지만 (현재 33.793명, 즉 전체수의 5,8%), 여성 수감률의 증가 속도가 남성 수감률보다 훨씬 더 빠르다는 것을 주목해야 한다(브라질은 여성 재소자의 수가 5번째로 많은 나라다).[20] 2000년에서 2014년까지 인구 십만 명당 여성 재소자의 수가 5.8명에서 35.4명으로 뛰어올랐는데, 이는 15년간 567%가 증가한 것이다.[21] 같은 기간에 남성 재소자의 수는 267% 증가했다.

마약 밀매가 가장 많은 수감을 낳는 범죄라는 것을 생각할 때, 여타 주와 상당히 유사한 리우데자네이루 주의 재소자들의 특징은 60.8%가 혼자서 활동하다가 체포된 소규모 마약 거래자고, 91.9%가 현행범으로 체포된 경우라는 점을 주목해야 한다. 이는 수사를 통해서가 아니라 우연히 마약을 발견해냈다는 것을 의미한다. 65.4%는 마약의 거래에만 관여했고, 66.4%는 처음 체포된 경우에 해당했다. 리우데자네이루의 형사재판에서 15.8%만 범죄 가담으로도 유죄를 선고받았고, 14.1%만이 무기 소지로 유죄선고를 받았다. 나머지는 비무장 상태였다.

19) 인포펜(Infopen)에서 2014년 12월과 관련한 정보들로 보강된 브라질의 주들에 의해 제공된 정보.

20) 브라질 법무부: Levantamento nacional de informações penitenciárias. Infopen Mulheres, junio de 2014, disponible en 〈www.justica.gov. br/seus–direitos/politica–penal/relatorio–infopenmulheres.pdf〉. 사상 최초로 국가교도부(Departamento Penitenciario Nacional)는 '인포펜 여성 *Infopen Mulheres*'을 냈다. 여기에는 2014년 6월과 관련한 자료들이 실렸고, 여성 수형인구의 젠더적 성격을 부각시키는 것의 중요성을 그러한 방식으로 인정했다. 이 자료들은 2013년에 관한 것인데, 젠더분야에서 수치화된 것들이다. 보고된 전체 재소자 수의 일부는 그런 구분을 하지 않았다.

21) Ibíd.

총 판결 중 41.6%의 피고인이 최저형 이하의 처벌을 받았다. 브라질리아에서도 수치는 비슷하지만, 0.6%만이 마약 밀매와 함께 무기 소지로 유죄선고를 받았고 72.2%가 마약 밀매만으로 처벌을 받았는데 이들 중 50.3%가 5년 이상을 선고받았다. 형법제도의 선별성이 두 도시에서 확인된다.[22)]

리우데자네이루에서 현행범을 중심으로 행해진 줄리타 렝그루버와 마르시아 페르난데스의 최근 연구는 2013년 마약 밀매 현행범으로 구속된 사람들 중 3분의2가 소량의 마약을(50그램이하) 가지고 있었고, 구속 당시 이들 중 절반이 단일 마약 물질을 소지하고 있었다는 것을 확인했다. 즉 대부분은 상업화를 위한 운반이라기보다는 개인 소비를 위한 소지인 것으로 분류될 수 있다.[23)]

게다가 구속된 사람들의 85.5%는 범행 순간에 마약을 상품화하려는 어떠한 행위나 물증 없이 단지 마약만을 소지하고 있었다. 실제로 브라질 법률에서 수사를 하는 것은 예외적인 것으로, 형사재판의 경우는 수사를 규정하지 않는다. 일반적으로 이 형법 시스템은 현행범으로 체포된 경우나 조사를 결론짓기 위한 증거들이 이미 존재하는 경우(확인된 체포자, 확보된 증인 및 기타 증거들)에만 적용된다.[24)] 요약하자면, 브라질의 교도소 과잉 수감을 설명하고 빈곤의 범죄화 과정을 강화하는 주요 요인들은 다음과 같다. a) 마약거래로 인한 재소자의 증가, 특히 신법(No 11343/06) 이후 눈에 띄었는데, 대부분은 젊고 가난한 흑인 여성으로, 마약 밀매에서 하급 단계를 차지하며, 마약 사용자이거나 소량의 마약 소지자이고, 대부분의 경우 재범이 아님; b) 현행범으로 잡힌 대다수의 재소자,

22) L. Boiteux y E. Wiecko: ob. cit.

23) J. Lemgruber y M. Fernandes: Tráfico de drogas na cidade do Rio de Janeiro: Prisão provisória e direito de defesa, cesec, Río de Janeiro, 2015, disponible en 〈www.ucamcesec.com.br/wordpress/ wp-content/uploads/2015/10/Boletim-Traficode-drogas-epresos-provisórios.pdf〉.

24) Instituto de Pesquisa Econômica Aplicada (ipea): 《A aplicação de penas e medidas alternativas. Relatório de pesquisa》, ipea, Río de Janeiro, 2015, p. 87.

특히 마약 밀매범에게 임시 석방을 거부하는 브라질의 재판소가 숨기고 있는 억압적 선택, 즉 예방적 투옥; c) 예방적 투옥은 오로지 예외적인 경우에만 적용할 수 있다는 현행 법률이 존재함에도 불구하고 투옥의 대체 형벌을 거의 적용하지 않는다는 점.

이러한 상황에서, 최근 브라질 교도소에서 일어나고 있는 사건들을 이해하기 위해서는 재소자의 증가만이 아니라 투옥된 마약 밀매범들의 주요 소속집단도 염두에 두어야 한다. 교도소 수감이 범죄 조직들 자체뿐만 아니라 교도소 외부에서 이뤄지는 이들의 국제 밀매와의 관계도 강화시키기 때문이다.

이러한 요인들은 2017년 1월 아마존 주의 아니시우조뱅 교도소 단지(콤파즈)에서 일어났던 비극의 원인이다. 이 대학살은 아마존 주의 교도소 역사상 최대, 그리고 브라질에서 기록된 가장 큰 학살들 중 하나였는데, 17시간의 폭동은 56명의 사망과 200명 이상의 탈주로 막을 내렸다. 며칠 후 폭동에서 살아남아 같은 네 명의 재소자가 같은 도시에 위치한 교도소로 이송되어 처형되었고, 이로서 사망자 수는 총 60명으로 늘었다. 조짐이 있었음에도 불구하고 교도소의 민간 관리자는 소요를 막기 위한 예방조치를 취하지 않았다. 이 사건은 브라질의 두 주요 범죄 집단의 20년에 걸친 동맹이 막을 내리면서 발생한 불화로 생겨났다. 리우데자네이루의 코만도 베르멜류와 상파블루 출신의 코만도 델 라 카피탈이 마약 시장과 교도소 영향권을 두고 다툼을 한 것이다.[25] 두 조직은 전국적으

25) 근 몇 년간 코만도 델 라 카피탈이 콜롬비아와 볼리비아에서 온 코카인과 파라과이에서 온 마리화나 적재의 주로 담당하여 마약 및 무기의 국제거래에서 가장 중요한 몇몇 루트에서 자신들의 입지를 강화하였다는 것이 확인된다. 한편 코만도 베르멜류는 2001년 페르난디뉴 베이라 마르로 알려진 루이스 페르난두 다 코스타가 콜롬비아에서 체포된 후에 이 루트에서 중요성을 잃어가고 있었다. 이 다툼에서, 결정적 와해는 코만도 델 라 카피탈이 영화 같은 작전에서 '마약거래의 왕'으로 여겨지던 호르헤 라파앗 투오마니라는 마약거래상을 파라과이에서 처형했던 2016년 6월 22일에 발생했을 것이다. 작전에는 길 한가운데서 마약거래상을 사살하기 위해서 헬리콥터를 추락시킬 능력을 가진 50구경 기관총까지 포함하여 중무장한 100명의 용병이 참가했을 것이다. Alfonso Benites: 《Assassinato do 'rei do tráfico' na fronteira

로 세력을 확장하려는 전략을 가지고 있었는데, 한 조직이 다른 조직을 방해하기 시작하는 순간이 왔고[26], 그 역학관계가 원인이 되어 교도소 내 소요가 일어났다. 아마존에서는 대부분의 사망 사건이 코만도 델 라 카피탈과 연관되어 있었다.

며칠 후 다른 두 주에서 학살이 더 일어났다. 호라이마에서 33명이 참수 및 토막살해 되었고, 히우그란지두노르치의 아우카수스 주립교도소에서 폭동이 일어나 27명이 죽고 약 10 명이 부상당했다. 모두 마약 밀매와 관련된 활동을 하며 교도소 내에서 조직화된 범죄 조직들 사이의 감정싸움과 다툼으로 인해 발생한 것이다. 코카인 생산국들과 국경을 접하고 있는 브라질 북부 지역이 국제 마약거래의 경로라는 것을 주목해야 한다. 교도소 통제권을 두고 벌어지는 다툼은 불법 활동을 하는데 있어 범죄 조직들의 세력 강화 전략의 일환이다.[27]

따라서 브라질의 두 주요 범죄 조직의 동맹이 막을 내리게 된 것은 바로 국제 마약거래망의 통제권을 둘러싼 다툼 때문이었다. 그전까지만 해도 합의를 통해 교도소 안팎에서 평화로운 공존과 질서를 유지할 수 있었다. 하지만 그런 합의가 깨지자 교도소 내에서의 분쟁과 마약밀매 시장을 두고 벌이는 싸움에 대한 통제가 절대적으로 결여되었다.

브라질의 수감제도의 변화는 재소자들과 피의자들의 권리를 인정함으로써, 그리고 현행법에 대한 법치주의적이고 인도주의적인 해석을 통해 시작된다고 여겨진다. 하지만, 사실상 공공보건의 보호라는 공식적인 원래의 목적을 달성하지 못하고 오히려 그 뒤에 있는 실질적 목적인 수감의 증가와 빈곤의 사회적 통제

deixa em alerta autoridades brasileiras》 en El País Brasil, 22/6/2016.

26) Gil Alessi: 《Rebeliões sinalizam fim de pacto entre pcc e cv e espalham tensão em presídios》 en El País Brasil, 20/8/2016

27) G. Alessi: 《Massacre em presídio de Manaus deixa 56 detentos mortos》 en El País Brasil, 2/1/2017.

에만 매달리는 현재의 억압적이고 비효율적인 마약정책의 광범위한 개혁을 통해서만 브라질의 수감자 수를 줄일 수 있을 것이다. 현재 수감되어 있는 사람들은 대규모 마약 밀매상들이 아니라, 수익성 높은 마약 밀매의 구조화에 기여는 하지만 가장 덜 중요한 인물들이다.

브라질의 수감 시스템은 오늘날 하나의 화약고다. 수감인원은 과잉이고 비위생적이며 전반적으로 문제가 많아서 언제라도 폭발할 준비가 되어 있다. 따라서 현재만의 위기를 말할 필요가 없다. 이 위기는 항시적이며, 가난한 흑인들을 교도소에서 가두어둔다는 것은 마약과의 전쟁을 구실로 하층 계급에 대한 사회의 처벌적 통제를 유지하려는 구조적 프로젝트다. 이미 그렇게 진행되는 있는 듯하지만, 위기와 구조조정의 시기에 기존의 형벌 전략을 유지한다면, 상황은 훨씬 더 심각해질 것이고 우리는 새로운 학살을 목격하게 될 것이다. 이에 대한 저항이 그 어느 때보다 긴급하고 필요한 것으로 보인다.

박은영 옮김

포퓰리즘의 재건: 민주화의 약속과 권위주의적 실행

카를로스 데 라 토레
켄터키 대학교 사회학과 교수, 동 대학교 국제학 연구소장

원제와 출처: Carlos de la Torre, "Los populismos refundadores: Promesas democratizadoras, prácticas autoritarias", *Nueva Sociedad*, No. 267, enero-febrero de 2017, pp. 129-141.

핵심어: 민주주의, 채굴주의, 자유주의, 포퓰리즘, 라틴아메리카

우고 차베스 대통령은 라틴아메리카에서 포퓰리즘의 시대를 열었고 이후 에보 모랄레스(Evo Morales) 대통령과 라파엘 코레아(Rafael Correa) 대통령도 역시 포퓰리즘에 기반 하여 정권을 잡았다. 이들은 국가의 재건을 약속하였다. 또한 신자유주의를 배척하였으며 제국주의적 외세의 개입이 없는 라틴 아메리카의 통합과 단결을 촉진하였고 대중의 참여와 공정성에 기반 한 민주주의의 상위적 모델 수립을 추구하였다. 그리고 이들은 모든 정치적 대의 제도들이 위기 상태에

봉착하고 신자유주의에 저항하는 대규모 민중 시위가 전개되는 상황 속에서 혁명적인 공약들을 통해 권력을 장악하였다. 포퓰리즘을 배경으로 권력을 장악한 이들은 혁명적 변화의 전략들을 일신하였다. 즉, 총 대신 선거를 이용하였으며 시민권을 확대, 강화하는 새로운 헌법을 위한 제헌 의회를 소집하였다. 많은 학자들과 시민들은 이들 정권에서 공정성, 그리고 지금까지는 부족했던 자유 민주주의적 참여와 대의 정치를 확대할 수 있는 민주주의 모델에 기반 한 포스트-신자유주의 사회 건설의 희망을 보았다.

하지만 포퓰리즘에 기반 해 정권을 잡은 이 지도자들이 10년 이상 국가의 정치를 장악한 후, 현실은 훨씬 더 부정적인 상황으로 치달았다. 차베스와 그의 후계자인 니콜라스 마두로(Nicolás Maduro) 대통령은 모랄레스와 코레아와 마찬가지로 행정부에 권력을 집중시켰고 입법부와 사법부 등의 다른 권력들을 여기에 종속시켰다. 이들은 국가를 이용하며 대중 매체들이 출간 혹은 방송할 가능성이 있는 내용들을 규제하여 공공 영역을 장악하였다. 에콰도르와 베네수엘라는 국가를 최고의 여론 전달자로 만들었다. 이들은 시민 사회를 통제하려는 국가의 의도에 저항하고 정부의 채굴주의 정책에 의문을 제기하는 사회 운동과 좌파 단체들의 항의를 범죄로 규정하면서 반정부 세력들과 대립 구도를 형성하였다. 이들 지도자들은 석유 및 광물 가격이 고공 행진을 할 당시 수익을 재분배를 향상시켰지만, 동시에 화석 연료의 채굴에 대한 의존도를 높였다.

무엇이 잘못되었는지를 설명하기 위해 학계와 사회 운동가들은 천연 자원 채굴에 대한 의존과 유약한 정치 사회 제도 속에서 포퓰리즘이 왜 경쟁적 권위주의로 흘렀는지에 대한 제도적 설명, 그리고 어떻게 포퓰리즘의 논리가 민주주의를 손상하고 권위주의로 변모했는지에 대해 집중적으로 탐색하는 구조주의적 논의들을 발전시켰다.

천연 자원 채굴 의존성

차베스, 코레아, 모랄레스는 신자유주의를 종식시키고 동시에 채굴주의 모델을 "잘 사는 삶, 혹은 좋은 삶"을 의미하는 수마 카마냐(suma qamaña)와 수막 카우사이(sumak kawsay)라는 안데스적 개념에 기반 한 자연과 사회 사이의 관계, 그리고 개발에 대한 대안적 시각들로 대체할 것을 약속했다. 일부 학자들은 개발 및 채굴주의의 종말 그리고 식민주의의 종식을 기념하고 찬사하는 글을 쓰기도 하였다. 반면 어떤 학자들은 좀 덜 낙관적이거나 보다 현실적이었는데, 이들은 포퓰리즘에 기반 한 이들 정부를 비가득성 수익에 의존하는 지대추구 모델의 연속으로 간주하였다. 차베스주의가 최고의 인기를 구가하고 있을 당시, 커트 웨이랜드(Kurt Weyland)는 "차베스 정부는 21세기 사회주의라는 새로운 개발 모델을 수립하는 대신 지대추구모델을 부활시키고 있다"고 주장하였다.[1] 화석연료 판매 수익의 급증으로 인해 이들 포퓰리즘 정부들은 신자유주의를 거부할 수 있었고 정부 규모와 지출을 확대할 수 있었으며, 미국의 신자유주의적 통합 정책을 저지하기 위한 "우리 아메리카 민중을 위한 볼리바르 동맹"(Alianza Bolivariana para los Pueblos de Nuestra América, ALBA)과 같은 초국가적 조직을 창설할 수 있었다.

채굴주의를 버리지 않고 이들 세 국가 정부는 오히려 화석 연료에 대한 의존도를 더욱 높였다. 베네수엘라의 석유 수출은 1998년 국가 전체 수출의 68.7%에서 2015년에는 96%로 증가하였다.[2] 볼리비아의 천연 광물과 화석 연료 수출은

1) K. Weyland, "The Rise of Latin America's Two Left: Insights from Rentier State Theory" en *Comparative Politics* vol. 41, No. 2, 2009, p. 146.

2) Gabriel Hetland, "Chavismo in Crisis" en *NACLA* vol. 48, No 1, 2016, p. 9.

2001년 전체 수출의 48%에서 2011년에는 58%로 증가하였다.[3] 에콰도르에서는 2002년과 2011년 사이에 석유 수출이 차지하는 비중이 41%에서 58%로 증가하였다. 코레아 정부는 광산 업체에 280만 헥타르에 대한 토지 개발을 허가해 주었는데 이 토지의 절반이 금속 자원 채굴을 위한 것이었다.[4]

석유를 비롯한 천연 자원의 수출로 벌어들인 수익은 국가를 강화하고 빈곤 퇴치를 위한 사회보장 프로그램을 운영하는 재정으로 이용되었다. 라틴아메리카 카리브 경제위원회(Comisión Económica para América Latina y el Caribe, CEPAL)에 따르면, 베네수엘라의 빈곤율은 2002년 48.6%에서 2011년 29.5%로 하락하였다. 볼리비아의 경우에는 2002년 62.4%에서 2010년 42.4%로 감소하였으며 에콰도르는 2002년 49%에서 2011년 32.4%로 감소하였다.[5] 하지만 바일란트가 예견하였듯이, 소득의 재분배는 천연 자원의 가격이 높은 수준을 유지했을 때만 이루어졌으며 중기적으로 지대추구모델은 지속 불가능하였다. 라틴아메리카 카리브 경제위원회의 자료에 의하면, 베네수엘라의 빈곤율은 2012년 24%에서 2013년 32%로 증가하였다. 또 다른 연구에 따르면, 2015년 베네수엘라 인구의 75%가 빈곤에 처해 있는 것으로 나타났다.[6]

포퓰리즘에 기반 한 이들 정부는 선거에서 승리하기 위한 자금이 필요하였기 때문에 지대추구모델 및 채굴주의 모델을 종식시키지 않았다. 이들 국가의 지도자들은 전통적인 정치 엘리트 집단의 권력을 약화시키고 자신들의 권력을 강화

3) Almut Schilling-Vacaflor and David Vollrath, "Indigenous and Peasant Participation in Resource Governance in Bolivia and Peru" en Barry Cannon y Peadar Kirby, *Civil Society and the State in Left-Led Latin America*, Zed Books, Londres, 2012, p. 128.

4) Carmen Martínez Novo, "Managing Diversity in Postneoliberal Ecuador" en *The Journal of Latin Amercan and Caribbean Anthropology* vol. 19 No 1, 2014, p. 118.

5) CEPAL, *Panorama social de América Latina 2012,* Naciones Unidas, Santiago de Chile, 2013.

6) Nelly Arenas, "El chavismo sin Chávez: la deriva de un populismo sin carisma" en *Nueva Sociedad*, No 261, 1-2/2016, p. 9.

하기 위해 선거를 이용하였다. 베네수엘라에서는 1999년부터 2012년까지 16차례의 선거가 있었고 볼리비아에서는 2005년부터 2016년까지 총선과 국민 투표를 포함해 6차례, 그리고 에콰도르에서는 2006년부터 2013년까지 6번의 선거가 개최되었다.

베네수엘라에서는 선거 기간 동안 사회적 비용이 급증하였다. 일례로 2012년 베네수엘라 대선 당시 정부는 "보금자리 대(大)미션"(Gran Misión Vivienda)이라는 프로젝트를 시행하였는데, 이것은 수도 카라카스의 언덕 맞은편에 대규모 아파트 단지를 건설하는 것이었다. 베네수엘라 정부는 이 프로젝트를 통해 빈민층이 정부가 제공하는 혜택을 받을 수 있으며 또한 중산층과 같은 유형의 주거지에서 생활할 수 있다는 환상을 심어주었다. 베네수엘라 정부는 또한 보금자리 사업의 혜택을 입은 사람들이 입주할 주택에 가구와 가전제품, 심지어 에어컨까지 설치를 해 주는 "잘 구비된 내 집 미션"(Misión Mi Casa Bien Equipada)라는 프로젝트를 시행하기도 하였다.

채굴경제에 대한 의존은 원주인 사회와의 갈등을 유발시켰다. 비록 헌법은 천연 자원 채굴을 위해서는 원주민 사회가 정부와 사전 협의를 할 수 있는 권리를 명시해 놓고 있지만, 포퓰리즘에 기반 한 이들 정부는 원주민 사회와 그 어떤 소통도 없이 독재적인 방식으로 원주민 거주 지역에서의 화석 연료 및 천연 자원 개발을 확대하였다. 정부의 이런 행동은 신자유주의적 다문화주의와 마찬가지로 원주민들을 "허용된 원주민"과 "반항적 원주민"으로 구분하여 "허용된 원주민"들에게는 상징적인 문화적 분배를 허가한 반면 "반항적 원주민"들은 억압하는 결과를 가져왔다. 즉 채굴주의의 수용은 원주민들의 권리를 어디까지 인정할지 그 한계를 설정한 것이다.[7]

7) C. Martínez Novo, *ob. cit.*, p. 121.

에콰도르에서는 원주민들의 정부에 대한 항의가 범죄로 간주되었고 코레아 대통령이 주도한 시민 혁명의 "허용된 원주민"들은, 인류학자인 카르멘 마르티네스 노보(Carmen Martínez Novo)가 지적하였듯이, 재분배 정책의 수동적 수혜자였다. 천연 자원의 채굴은 또한 볼리비아에서도 원주민 권리의 한계를 설정하였다. 이에 대해 인류학자인 낸시 포스테로(Nancy Postero)는 "볼리비아 정부는 천연 자원 채굴에 대한 원주민의 통제를 국가 권력에 대한 공격으로 간주하고 있다"라고 주장한다.[8)]

유약한 제도와 경쟁적 권위주의

유럽에서는 포퓰리스트 정치인들이 정권을 잡았을 때 의회와 같은 대의제도 시스템이 그들에게 협약을 체결하길 종용하였으며 유럽 연합의 초국가 기관들은 그들의 행동을 제약하였다. 반면, 대통령제 체제 하에서 행정부를 제외한 국가 기관들이 위기 상황에 처해있는 일부 라틴아메리카 국가에서는 포퓰리스트 정치인들이 자신들에게 권력을 집중시키고 다원주의를 보장하는 제도들을 공격하였다. 다원주의와 권력 분립 그리고 표현의 자유에 대한 체계적인 공격은 우선 민주주의를 손상시켰고 이후 점진적으로 기예르모 오도넬(Guillermo O'Donnell)이 민주주의의 느린 죽음과 권위주의로의 변모라고 특징 지운 그러한 방향으로 흘러갔다.[9)]

스티븐 레비츠키(Steven Levitsky)와 제임스 록스턴(James Loxton)에 따르면, 포

8) N. Postero, "El pueblo Boliviano de Composición Plural: A Look at Plurinatural Bolivia" en C. de la Torre, *The Promise and Perils of Populism: Globan Perspective*, The University Press of Kentucky, Lexington, 2015, p. 412.

9) G. O'Donnell, "Nuevas reflexiones acerca de la democracia delegativa" en G. O'Donnell, Osvaldo Iazzetta y Hugo Quiroga(eds.), *Democracia delegativa*, Prometeo, Buenos Aires, 2011.

퓰리즘은 다음 세 가지 이유로 인해 취약한 민주주의를 경쟁적 권위주의 정권으로 이끈다.[10] 첫째, 포퓰리스트 정치인들은 협정과 타협이라는 대의정치제도에 대한 경험이 전혀 없는 아웃사이더라는 점이다. 둘째, 이들은 모든 정치 제도들, 보다 정확히 말하자면, 자유 민주주의 정치 제도의 틀을 재건하겠다는 공약을 통해 선출되었다는 점이다. 셋째, 포퓰리스트 정치인들은 의회, 사법부 그리고 정당들에 의해 지배되는 다른 정치적 기관들과 대립하였다는 사실이다. 선거에서의 승리를 위해 이들은 공적 자금을 유용하였고 비판적인 언론의 입에 재갈을 물렸으며 국영 언론을 자신들의 입맛에 맞게 이용하였다. 또한 반정부인사들을 협박하였고 선거 주관기관 및 사법부, 사회 통제 기관들에 압력을 행사하였다. 비록 표를 행사 하는 그 순간 자체는 유권자가 자율적으로 대선 후보들을 선택할 수 있었지만, 선거 과정은 뻔뻔할 정도로 포퓰리스트 대선 후보들에게 우호적이었으며 실제로 이들에게 유리한 선거 지형도를 제공하였다. 즉 선거 논리로만 따지자면 민주적 절차에 따라 합법적 정권이 탄생하였지만, 선거가 정부의 개입을 받지 않는 공평한 기관들에 의해 공정하게 진행되었다고는 말할 수 없는 것이다.

일단 권력을 잡고 나자 차베스, 마두로, 모랄레스 그리고 코레아 대통령은 공식적인 법적 권한의 임의적 사용으로 이해할 수 있는 차별적 법치주의(legalismo discriminatorio)를 이용하였다.[11] 자신들의 구미에 맞게 법률을 이용하기 위해 이들은 의회를 직접적으로 통제하였으며 또한 여당과 친정부 판사들이 입법부를 좌지우지 할 수 있도록 하였다. 차베스는 국가의 모든 권력을 자신에게

10) S. Levitsky y J. Loxton, "Populism and Competitive Authoritarianism in the Andes" en *Democratization* vol. 20, No. 1, 2013.

11) K. W eyland, "Latin America's Authoritarian Drift: The Threat from the Populist Left" en *Journal of Democracy* vol. 24, No 3, 7/2013, p. 23.

집중시켰다.[12] 입법부를 장악하였고 사법부를 자신을 지지하는 판사들의 손에 맡겼다. 지방 법원과 같은 하급 법원 판사 수백 명을 친정부 판사들로 대체하였다. 더욱이 차베스는 선거관리위원회와 사회통제기관들을 자신의 마음대로 조정하였다. 코레아는 선거관리위원회와 사회통제기구들에 대한 무조건적 지배권을 가졌고 사법권마저 장악하였다.[13]

언론에 대한 통제와 규제는 헤게모니 장악을 위한 포퓰리즘 투쟁에 있어 우선순위 중의 하나였다.[14] 2000년에 통과된 베네수엘라의 정보통신조직법(Ley Orgánica de Telecomunicaciones)은 국가의 이익에 부합될 때 정부가 통신회사에 대한 주파수 양도를 연기하거나 취소할 수 있도록 규정하였다. 2004년에 제정된 라디오 텔레비전의 사회적 책임에 관한 법(Ley de Responsabilidad Social en Radio y Televisión)은 증오와 폭력을 유발할 수 있는 내용을 담은 프로그램 송출을 금지하였다.[15] 이 법들은 그 내용이 모호하고 국가의 이익에 따라 그 해석이 달라질 수 있다. 코레아 정부는 2013년에 통신조직법(Ley Orgánica de Comunicación)을 제정하였다. 그리고 이 법에 따라 언론들이 다루는 내용을 규제하는 국가 기관을 창설하였다.

차베스는 정부에 비판적인 민영 언론들을 폐쇄하고 국유화 하였다. 국가는 전체 TV 채널의 64%를 통제하였다. 볼리비아에서는 국가와 민간 부문 그리고 대중 조직 및 원주민 조직 등 크게 네 개의 집단이 언론사들을 소유하고 있다.[16]

12) Kirk Hawkins, "Responding to Radical Populism: Chavism in Venezuela" en *Democratization* vol. 23, No 2, 2016.

13) C. de la Torre y Andrés Ortiz Lemos, "Populist Polarization and the Slow Death of Democracy in Ecuador" en *Democratization* vol. 23, No 2, 2016.

14) Silvio Waisbord, *Vox populista. Medios, periodismo, democracia*, Gedisa, Buenos Aires, 2013, p. 44.

15) Javier Corrales, "Autocratic Legalism in Venezuela" en *Journal of Democracy* vol. 26, No 2, 2015, p. 39.

16) S. Waisbord, *ob. cit.*, p. 121.

에콰도르에서는 국가가 가장 규모가 큰 두 개의 텔레비전 방송국을 소유하고 있고 라디오, 텔레비전, 신문사 등을 가지고 있다.[17] 대중 매체의 전통이 없고 국가적인 것과 당파적인 것을 구별하지 않는 정부가 이들 매체를 소유하고 있는 국가에서 대중 매체 및 소규모의 지역 언론 매체들은 결국 포퓰리즘 정부를 위해 존재한다.

이 정부들은 비정부기구들을 통제하고 규제하기 위해 애매모호한 언어로 구성된 법률을 제정하였다. 차베스가 2000년에 제일 먼저 이런 법을 만들었다. "정치 주권 및 국가적 자기 결정 보호법"(Ley de Defensa de la Soberanía Política y Autodeterminación Nacional)이란 이 법은 비정부기구들이 정치적 권리를 보호하거나 공공 기관들이 국제 원조를 받을 때 이를 감시, 감독하는 것을 금지하였다. 3년 후 코레아는 "16 법"(Decreto 16)이란 법안을 통과시켰다. 이 법은 비정부기구가 창설 목적에 벗어나는 행동을 하는 경우나 질서와 안보를 위협하는 대중 정치 활동에 개입하는 경우 제재를 가할 수 있는 내용을 포함하고 있다.[18] 2013년에 모랄레스 역시 비정부기구를 통제하고 규제하는 법을 제정하였다. 이 법에 따르면 비정부기구가 정부에 등록한 조직 설립 취지와 다른 활동을 하거나 조직의 대표가 안보 및 공공질서를 위협하는 행동을 하여 제제를 당한 경우 정부는 이 조직의 허가를 취소할 수 있다.[19]

노동조합과 원주민 운동, 교수 및 학생들의 힘을 억누르기 위해 베네수엘라와 에콰도르에서는 이 집단들과 평행선을 그리는 집단들의 사회 운동을 창안하기도 하였다. 이들 두 나라에서는 반정부 활동 및 시위는 범죄로 간주되었다.

17) C. de la Torre y A. Ortiz Lemos, *ob. cit.*, p. 231.

18) *Ibid.*, pp. 229–230.

19) Human Rights Watch, *World Report 2015: Bolivia*: Events of 2014, 〈www.hrw.org/world-report/2015/country-chapters/Bolivia〉

몇몇 노동조합 지도자들은 비록 초기에는 차베스를 지지하였지만 테러리즘 혐의로 기소되었다.[20] 에콰도르에서는 수백 명의 노동조합 지도자들과 농민 지도자들이 테러리즘과 사보타주 혐의로 기소되었다.[21] 반정부인사를 체포하기 위해 정부는 법을 임의로 이용하였다. 가장 악명 높은 경우가 마두로 정권 기간 동안 발생했던 사건이다. 이 당시 반정부인사였던 레오폴도 로페스(Leopoldo López)는 폭력 사태를 유발했다는 혐의로 유죄판결을 받았다.

포퓰리즘의 논리: 민중과 그 적의 건설

에르네스토 라클라우(Ernesto Laclau)는 포퓰리즘 논리는 어떤 적과 적대적 관계를 유지하는 민중 주체를 창조한다고 주장하였다.[22] 즉 라클라우는 두 적대적 집단의 대결이라는 사회의 분리는 배타적인 제도적 시스템의 종결과 대안적 질서의 창조를 위해서 필수적이라고 강조하고 있는 것이다. 비록 라클라우와 그의 추종자들에게 있어 포퓰리즘은 배타적 시스템의 종말을 고하고 우익 포퓰리즘에 종지부를 찍기 위한 유일한 길이지만[23], 칼 슈미트(Carl Schmitt)의 "정치적인 것"에 대한 이론에 기반을 둔 그의 주장은 포퓰리즘적 권위주의를 정당화하거나 촉진할 수 있는 위험성을 내포하고 있다.

만약 "정치적인 것"이란 개념이 적과 동지 간의 투쟁이라는 개념을 함유하고 있다면 제도적 공간 혹은 합법적 규정 속에서의 라이벌을 상정한다는 것은 쉽지

20) Consuelo Iranzo, "Chávez y la política laboral en Venezuela 1999–2010" en *Trabajo* vol. 5, No. 8, 2011.

21) C. Martínez Novo, *ob. cit.*

22) E. Laclau, *La razón populista*, Fonde de Cultura Económica, Buenos Aires, 2005.

23) Íñigo Errejón y Chantal Mouffe, *Construir pueblo. Hegemonía y radicalización de la democracia*, Icaria, Madrid, 2015.

않다. 슈미트의 논리 속에서는 샹탈 무페(Chantal Mouffe)가 제안한 경쟁적인 집단적 정체성을 구축하는 "가벼운" 포퓰리즘이 존재할 수 없다. 후안 도밍고 페론(Juan Domingo Perón)에서부터 차베스에 이르는 포퓰리스트들은 존재적 의미에서의 적을 만들어 내었다. 슈미트는 이런 의미에 있어서의 적은 반드시 제거해야만 하는 존재로 인식하였다. 정치적 경쟁자들이 국가의 적으로 전환되었을 때 페론은 "그들은 더 이상 법에 의거해 우리가 투쟁해야 하는 신사들이 아니라 어떤 방법으로든지 죽여야 하는 뱀이다"라고 말하였다.[24)]

포퓰리스트들은 소수 엘리트 계급에 대항하는 민중의 이원론적이며 편광적인 담론을 이용하였다. 차베스는 라이벌들과 대립한 것이 아니라 민중의 적으로 규정되는, "조국의 이익에 반하는 일을 하는 이기적 엘리트들"인 소수 엘리트 계급과 대립하였다.[25)] 그리고 전통적인 정치인들은 아둔하고 더러우며 "친미적"이라고 폄하하였다. 또한 언론사 주들을 국가를 "대참사로 이끄는 4명의 기수들"이라고 명명하였다.[26)] 코레아 역시 자신이 이끄는 정부와 민중, 그리고 조국의 적들에 대한 긴 리스트를 작성하였다. 이 리스트에는 전통적 정치인들, 언론사주들, 비판적 사회운동 지도자들, "치졸한" 좌파 세력들 그리고 정부의 공공 정책에 의문을 제한 세력들이 포함되어 있었다. 모랄레스는 미국과 미국 마약통제국(DEA) 그리고 다국적 기업을 볼리비아의 적으로 규정하였다. 국내적 차원에서는 소수 엘리트 계급, 백인, 서구 문화를 민중과 원주민 그리고 "안데스적인 것"의

24) Cit. en Federico Finchelstein, *The Ideological Origins of the Dirty War,* Oxford University Press, Oxford, 2014.

25) José Pedro Zúquete, "The Missionary Politics of Hugo Chavez" en *Latin American Politics and Society* vol. 50, No. 1, 2008.

26) Margarita López Maya y Alexandra Panzarelli, "Ppulism, Rentierism, and Socialism in theTwenty–First Century" en C. de la Torre y Cynthia Arnson(eds.), *Latin American Populism in the Twenty-First Century,* Johns Hopkins University Press / Woodrow Wilson Center Press, Baltimore–Washington, 2013, p. 248

적으로 정의하였다.[27)]

그런데 포퓰리스트들은 비록 정적을 의도적으로 만들긴 하였지만 자신들의 지지 세력만 남겨두기 위해 대규모 테러나 납치 등을 이용해 정적들을 물리적으로 제거하지는 않았다. 포퓰리즘의 근원적 순간은 선거에서 승리를 "거두는 것"이었고 지금도 그러하다. 선거에서의 승리는 민중의 의지를 표현하기 위한 유일한 채널로 간주되었다.[28)] 포퓰리즘의 재건자들은 새로운 헤게모니 블록을 창조하 고 정당들의 위상을 뒤집기 위해 선거를 이용하였다. 이들은 계속되는 유세와 선거를 통해 국가를 지배하였고 지속적으로 전국을 순회하였다. 이를 통해 자신들의 카리스마적 리더십을 갱신하고 정적들과 대립 전선을 형성하였다. 선거는 국가의 운명이 달려 있는 국가 건설의 순간으로 표현되었다.

라클라우가 지적하였듯이 민중은 하나의 담론적 건축물이다. 민중의 범주는 복합적인 하나의 인구 집단 혹은 "하나로서의 민중"으로 만들어 질 수 있다. 따라서 민중은 정치적 라이벌들 혹은 반드시 제거해야 할 적들과 대립 전선을 구축할 수 있다. 자유주의자들과 사회민주주의자들은 민중을 정치적 라이벌들과 제도적 공간을 공유하는 복수적 개념으로 세웠다. 반면 포퓰리스트들은 민중을 성스런 하나의 집단으로 규정한다. 그리고 민중의 의지는 그들의 구원자 속에서 체현된다고 생각한다.

차베스는 "이것은 우고 차베스에 대한 것이 아니라 모든 민중에 대한 것이다"라고 선언하였다.[29)] 그의 사명은 다름 아닌 민중을 구원하는 것이었기에 2010년에 그는 다음과 같이 말할 수 있었다. "나는 그대들에게 내 지도력에 대한 절대

27) N. Postero, "Morales's MAS Government: Building Indigenous Popular Hegemony in Bolivia" en *Latin American Perspectives* vol. 37, No. 3, 2010, p. 29.

28) Enrique Peruzzotti, "Ppulism in Democratic Times: Populism, Representative Democracy, and the Debate on Democratic Deepening" en C. de la Torre y C. Arnson, *ob. cit*.

29) J.P. Zúquete, *ob. cit*., p. 100

적인 충성을 요구합니다. 나는 한 개인이 아니라 민중 그 자체입니다." 그리고 차베스는 곧 민중이자 동시에 조국 자체이기도 하다. "차베스주의는 더 이상 차베스가 아닙니다. 차베스주의는 애국주의입니다. 차베스주의자가 된다는 것은 애국자가 되는 것입니다. 조국을 사랑하는 사람들은 차베스와 함께 합니다. 이 외의 다른 길은 존재하지 않습니다."[30] 2009년 선거에서 승리한 후 코레아 역시 차베스와 유사한 방식이긴 하지만 차베스 식의 과장스런 표현 없이 "에콰도르는 자신을 위하여 투표를 하였다"라고 말하였다.

민중의 범주는 반드시 동질적으로 생각할 필요는 없다. 에보 모랄레스는 복수적, 다인종적 민중의 개념을 창안하였다.[31] 2009년에 제정된 헌법은 볼리비아를 다민족적이며 공동체적 국가로 규정하였다. 하지만 종종 모랄레스는 민중을 대변하는 유일한 목소리이고자 한다. 아마존 강 유역에 거주하는 원주민들이 모랄레스 정부의 채굴주의 정책에 대해 반대 운동을 전개하였을 때 정부는 이들을 외국 비정부기구에 의해 조종되었고 진정한 원주민들이 아니라고 비난하였다. 모랄레스는 정부에 대한 충성으로써 원주민성에 대한 헤게모니적 시각을 부여하려고 하였다. 그러나 지속적인 집단행동을 주도할 능력을 충분히 갖춘 강력한 사회 운동 세력들과 대결구도를 형성하였기 때문에 모랄레스 정부는 "하나로서의 민중"이라는 시각을 부여할 수는 없었다.

포퓰리즘의 재건자들은 단임 혹은 연임을 하고 나서 정치계에서 은퇴하는 일반적인 정치 지도자들로 간주되지 않았다. 이들은 국가 재건의 지도자로, 그리고 조국 창건의 아버지들이 완수하지 못한 미완의 사명을 수행하는 계승자로 만들어졌고 스스로도 그렇게 간주하였다. 오직 차베스만이 병으로 인해 자신이

30) Luis Gómez Calcaño y Nelly Arenas, "El populismo chavista: autoritarismo electoral para amigos y enemigos" en *Cuadernos del Cendes*, No. 82, 2013, p. 20.

31) Raúl Madrid, "Ethnopopulism in Bolivia" en *World Politics* vol. 60, No. 3, 2008.

원하는 만큼의 대통령직을 수행하지 못하였다. 코레아는 자신의 항구적인 재선이 가능하도록 여당이 지배하고 있는 제헌 의회가 통과시킨 헌법을 수정하였다. 이 헌법에 따르면 코레아는 2017년 대선에 출마하지 못한다. 그러나 그의 후계자가 심각한 경제 위기를 해결하고 나면 그는 자신이 원한다면 2021년에 민중의 구원자로서 복귀할 수 있을 것이다. 모랄레스는 2019년 대선에서 다시 대선 후보로 나설 수 있는지에 대한 국민투표에서 패하였지만 다시 이 문제에 대한 국민투표를 실시하거나 2019년 대선에 출마할 수 있는 다른 방법을 강구해 보겠다는 예고하였다.

존 킨(John Keane)은 "권력을 장악하는 것과 권력을 놓는 것의 차이는 한 정부가 민주적인정부인지 아닌지를 알 수 있게 하는 기본적 지표다."라고 주장하였다.[32] 민주주의 체제 하에서 대통령의 역할은 비인격화하며 대통령은 그 누구의 모습으로도 현현하지 않는다. 일시적으로 권력을 장악한다는 것은 권력의 주인이라는 말과 동의어가 아니다. 포퓰리스트들에게 있어서 대통령직은 민중의 해방이란 목표를 달성할 때까지 자신들이 지속적으로 장악하고 있어야 하는 하나의 소유물이다. 하지만 동시에 이들의 합법성은 선거에서의 승리에 기반을 두고 있기에 그 무엇도 이들이 영속적으로 권력을 유지하리라고 보장할 수 없다.[33] 이렇게 포퓰리즘의 합법성은 공명정대한 선거와 권력의 교체라는 민주주의적 원칙과 민중 해방자의 개인적 소유물로서의 권력의 권위적 원칙이라는 두 개의 모순되는 원칙에 기반을 두고 있다.

32) J. Keane, "Life after Political Death: The Fate of Leaders after Leaving High Office" en J. Keane, Haig Patapan y Paul't Hart(eds.), *Dispersed Democratic Leadership*, Oxford University Press, Oxford, 2009, p. 285.

33) Isidoro Cheresky, *El nuevo rostro de la democracia*, Fondo de Cultura Económica, Buenos Aires, 2015.

결론

좌파 포퓰리즘의 재건자들은 신자유주의 정통파에 반기를 들었고 정치경제적 문제들이 소수 전문가들의 손에 의해 기술적 문제로 변형되는 것에 반발하였다. 권력을 잡은 후 이들은 빈곤과 싸웠고 사회적 지출을 확대하였으며 석유 수출로 인한 얻은 이익을 재분배하였다. 또한 민중을 국가의 본질로 고양하면서 정치 활동에 동원하였다. 이러한 경험들에 있어 무엇이 잘못이었고 왜 포퓰리즘은 베네수엘라와 에콰도르, 그리고 이 국가들보다는 강도는 약하지만 볼리비아에서 권위주의로 흘러갔을까? 이 질문에 대한 답의 일부는 구조적이며 천연 자원 채굴 정책과 연관되어 있다.

지대추구 국가들은 정치적 고객을 확보하기 위하여 원유 및 광물의 채굴로 벌어들인 재정 자원을 임의로 사용한다. 선거에서의 승리를 위해서는 지지기반을 유지할 필요가 있고, 이런 지지기반의 유지를 위해서는 수익을 증대할 필요가 있다. 이 필요성은 좌파 포퓰리스트 지도자가 권력을 장악한 국가를 원주민 운동 단체나 환경보호주의자들과의 대립 전선으로 이끌었다. 포퓰리스트 지도자들은 자신들의 국가에서 민주주의로부터 건설된 모든 권력 기관들을 파괴하고 그것들을 새로운 제도로 대체하겠다고 예고하였다.

정권을 비판하는 이들을 탄압하기 위하여, 자신들에 대한 절대적 지지자들에게는 보상하기 위하여, 국가의 모든 기관들을 장악하기 위하여, 그리고 시민사회와 공공분야를 자신들에게 복속시키고 조정하기 위하여 자신들의 입맛대로 법과 차별적 법률 만능주의를 이용하였다. 칼 슈미츠식 포퓰리즘 논리는 정당, 언론, 비정부기관 그리고 독립적 사회 운동 단체와 같은 조직들을 적으로 만들었고 이 조직들과 대립토록 하였다. 민중에 대한 사랑의 언어, 민중의 적에 대한 증오의 언어는 적들에 대한 투쟁을 위한 강력하고 효과적인 정치적 정체성을 창조하였다. 하지만 이 정체성은 포퓰리즘 정권과 다른 이념 및 철학을 지닌 타자의 권리를 인정하지 않았다.

포퓰리스트 지도자들은 민중 해방의 과업을 완수할 때까지 민주주의의 빈 공간을 차지하고자 하였다. 그러나 파시즘과는 달리 시민 사회의 모든 공간을 점유하지는 않았고 선거 제도도 폐지하지 않았다. 대신 선거 민주주의 논리에 입각한 혼합적 정권을 창출하였고, "하나인 민중"이라는 포퓰리즘적 환상에 저항하기 위해 기존의 제도적 공간을 이용하던 반정부세력들을 규제는 하였지만 완전히 침묵시키지는 않았다.

우리는 포퓰리즘의 재건자들의 통치 경험이 가져 온 독재적 결과들로 인해 자유주의가 포퓰리즘적 권위주의에 대항하는 유일한 선택이라고 간주해서는 안 된다. 라클라우가 정확하게 지적하고 있듯이, 자유주의는 특권층을 수호하기 위해 이용되어 왔지만 우리는 또한 이것이 전제주의에 저항하기 위해 필수불가결하다는 사실을 잊어서는 안 된다.[34] 법치주의, 권력 분립, 표현과 집회의 자유는 참여 민주주의를 실현하기 위해서 필수적이다. 이러한 자유주의적 제도들은 공공 부분을 강화하고 다양한 사회 운동 세력들이 그들의 자율적 요구들을 표현하고 구성할 수 있도록 한다.

역사적 경험은 "하나인 민중"이라는 환상에 기반 한 변혁 프로젝트들이 결국에는 권위주의로 막을 내렸음을 보여준다. 포퓰리스트 구원자에 대한 신화는 좌파를 사로잡았고 동시에 이들을 집어 삼켜 버리면서 끝장을 내버렸다. 필자는 지금이야말로 특정 지도자에서 나타나는 동질적 민중에 대한 관념을 버려야 한다고 생각한다. 또한 포퓰리즘적 단절이야말로 신자유주의 행정부에 대한 유일한 답변이자 우파 포퓰리즘에 제동을 걸기 위한 유일한 무기라는 생각도 폐기해

34) Richard Wolin, "The Disoriented Left: A Critique of Left Schmittianism", en R. Wolin, *The Frankfurt School Revisited*, Routledge, Nueva York–Londres, 2006, p. 251.

야 한다. 안드레아스 칼리바스(Andreas Kalyvas)가 주장하듯, 조국의 역사적 심연으로부터 등장한 신화적 민중을 요구하는 대신 "사회 운동들의 다양성으로부터, 그리고 민중 주권을 재건하기 위한 정치적 협력으로부터 출발해야 한다."[35]

정동희 옮김

35) A. Kalyvas, *Democracy and the Politics of the Extraordinary. Max Weber, Carl Schmitt, and Hannah Arendt*, Cambridge University Press, Cambridge, 2008, p. 299.

채굴주의에 맞서는 환경주의 흐름

에두아르도 구디나스

몬테비데오 라틴아메리카사회환경센터(CLAES) 연구원

원제와 출처: Eduardo Gudynas, "Los ambientalismos frente a los extractivismos, *Nueva Sociedad*, No. 268, marzo–abril de 2017, pp.110–121.

핵심어: 환경주의, 발전, 채굴주의, 포스트채굴주의, 지속가능한 발전

오늘날은 환경 논쟁 확산의 시대이다. 그래서 채굴주의(extractivismo)에 대한 비판이 그 표현 양상의 하나라고 말하는 것도 이상하지 않다. 그러나 환경 논쟁의 시작은 실은 적어도 1970년대까지 거슬러 올라간다. 이 시기에 세계적인 논쟁과 발맞춰 경제성장에 대한 생태적 제약, 야생 동식물의 훼손과 같은 문제들에 대한 논의들이 자리 잡았다. 또한 최초의 라틴아메리카 환경보호 조직들이 꾸려졌고, 생태와 보호에 대한 선구자적인 연구들이 나타났으며, 정치권과의 대화가 시작되었다. 환경주의는 복수적인 관점이 존재하는 장이 되었다. 개혁주의 관점이

있는가 하면 급진적 관점도 있었고, 테크노크라시적인 관점이 있는가 하면 정치화된 관점도 존재했다. 그런 관점들로 인해 광산과 유정에서 발생하는 오염에 대한 최초의 고발들이 이루어지기도 했다.

현재의 논쟁들과 다를 바 없이 1970년대에도 경제성장에 대한 환경론적 제약들을 두고 제기된 우려들은 정부, 정치인, 학자, 기업의 저항에 직면했다. 이 주체들은 경제성장을 개발의 중심 목표로 옹호했고, 환경적 측면을 최소화했다.

환경 문제에 대한 새로운 동력은 1980년대 중반에 시작되어 1990년대 절정에 달했다. 주제의 범위가 훨씬 더 광범위했고(예를 들어 환경 경제학이나 환경 윤리 같은 주제가 더해졌다), 시민사회와의 연결성이 확장되었으며 녹색당들의 실험이 시작되었다.[1] 광산 채굴이나 석유 시추작업의 결과에 대한 고발들이 더 많아졌다. 그러나 환경론자들은 전략으로서의 채굴주의를 중심 문제로 설정해야 할 필요도 없었다. 오히려 다양한 환경적 영향의 원인으로 이해했을 뿐이다.

1990년대가 깊어감에 따라 그런 동력은 약화되었다. 보수적인 정치 상황이 우세해지고 시장에 초점을 맞춘 개혁들이 급증했으며, 환경론 중에서도 경제성장에 대한 기능적 입장이 확산되었다. 이 기능적인 환경론 관점들은 소위 '기업의 사회적 책임'을 통해 채굴산업 부문 기업주에게 자기조절력이 있다고 주장했다.

채굴주의의 출현과 새로운 환경론적 비판

21세기 초에는 본질적인 변화가 시작되었다. 심각한 환경 파괴의 증거들과

1) 환경주의를 다룬 두 권호의 『누에바 소시에다드 *Nueva Sociedad*』에서 그런 논의의 좋은 예시를 볼 수 있다. 1987년의 87호에서는 "환경(적인 것)의 정치성과 사회성"에 대해 다루었다. 이 호에는 라틴아메리카 환경주의 관점에서 자본주의에 대한 비판들이 담겨 있다. 그 이후 '에코 1992년' 시기에는 122호에서 "환경의 정치적 도전"이라는 주제를 시도했다. 이로써 해당 주제에 대해 한층 더 발전했다는 점이 분명해졌다. 이 학술지의 두 권호는 〈www.nuso.org〉에서 열람할 수 있다.

지구 생태변화 (특히 기후변화와 같은)에 대한 우려에도 불구하고, 모든 국가들에서 가능한 모든 채굴 작업이 거세졌다. 거대 노천광산 프로젝트들과 특히 열대지역에서 석유 시추작업이 시작되었다. '프랙킹' 공법 (드릴로 뚫는 공법)이 허용되었고, 단일작물 재배에 사용되는 경작면이 과도하게 늘었다.

동시에 개념이 정밀해졌다. 곧, 천연자원을 대규모 또는 높은 집약도로 취득하여 대부분의 경우 원료로 개발하는 방식을 채굴주의라고 정의하게 되었다.[2] 이러한 개념의 확장은 높은 원료 가격이라는 특수 상황, 채굴산업 부문에 투자할 수 있는 자본의 가용도, 그리고 특히 중국 발 수요의 지속성 등에 부응하는 것이었다.

채취 규모, 특히 광물, 탄화수소, 곡물 등의 채굴 규모가 거대하다는 점을 강조할 필요가 있다. 물리적 무역적자(천연자원의 수출액에서 수입액을 뺀 것으로, 광물자원이나 곡물자원을 톤이라는 물리적 단위로 계산한 것)는 1980년에 증가했고, 2005년에는 라틴아메리카의 경우 7억 톤 규모에 이르렀다. 제일 규모가 큰 채굴 국가는 브라질이다. 브라질은 2010년 무렵 약 5억 톤의 천연자원을 개발한 것으로 추산된다.[3]

거대 노천 광산업과 같은 활동들은 생태적인 파괴에 해당한다. 예를 들어 페루 북부의 야나코차(Yanacocha) 광산은 해마다 1억 8천만 톤을 파내고 있는데, 온갖 종류의 오염물질이 사용되고 있다(채광에 사용되는 여러 유해물질들,

2) 이 정의는 E. Gudynas, *Extractivismos. Ecología, economía y política de un modo de entender el desarrollo y la naturaleza*, CEDIB/CLAES, Cochabamba, 2015에서 논의한 바 있다. 이러한 개념 공식화는 이전의 채굴론 개념들과 연속성을 유지하는 것으로, 취득 방식(modo de apropiacion)에 초점을 맞추고 있고, 따라서 국영, 민영, 그리고 혼합적인 경제주체(기관)가 수행하는 사업에 대해 적용된다. 따라서 세계화와 명백한 연계성을 갖게 된다. 이런 관점에서 보면 채굴주의는 하나의 산업이 아니라 여러 개의 산업이다. 익히 알려진 광산이나 석유의 경우뿐만 아니라 농업, 산림업, 수산업 등의 부문도 포함하게 되는 것이다.

3) Pablo Samaniego, María Cristina Vallejo y Joan Martínez-Alier, "Commercial and Biophysical Deficits in South America, 1990-2013," *Ecological Economics* vol. 133, 3/2017.

단일작물 재배지역의 탄화수소 누수와 유출 및 독성농약의 살포 등). 그러므로 채굴산업은 매우 중대한 환경적 영향을 내포하고 있고 그 영향은 광범위한 면적에 미치고 있다. 이를 줄이거나 보완할 수 있는 선택지는 거의 없으며, 글로벌 시장에 묶여있기 때문에 그런 선택지를 실행한다는 것도 매우 어렵다.[4]

또한 심각한 지형 변화도 어쩔 수 없이 일어난다. 개발양허권이나 농축산업의 경계 확장 허가권도 강제되고, 사회 공공시설 공사들이나 에너지 조달 공사들(아마존 지역의 거대 수력발전 댐들이 그 경우다)도 못지않게 중요해진다.

이에 대한 온갖 종류의 경고와 문제제기가 환경주의자들에 의해 촉발되고, 예외 없이 라틴아메리카 국가 전역에 수많은 지역공동체들에서 반발이 일어나는 것은 피할 수 없는 일이었다. 생물다양성의 상실에 대한 정보, 토양과 수질, 인체에 미치는 오염성에 대한 정보, 폭력성의 증가에 대한 정보 등이 순식간에 대규모로 축적되었다. 환경주의 역시 특히 농촌 원주민 공동체들에서 발생하는 사회적 결과의 실체를 확인하는 작업에 가담했다. 그에 따라 인체 건강에 미치는 영향이나, 전통적인 경제 활동의 파괴 등과 같은 광범위한 문제들이 확인되고 있다.

국소 지역에서 발생하는 세 가지 결과(환경, 토지, 사회)에서 비롯되어 여타 사회, 경제, 정치 분야에 대한 소위 '누수 효과'를 인식하는 단계로 나아갔다(그리고 특정한 채굴 사업들의 사례에 한정되는 범위를 넘어섰다). 누수 효과로 인정되는 예시를 들자면, 경제 효과(조세제도의 변화나 해당 부문의 자본흐름에 대한 통제 등과 같은), 무역 효과(개별 국가에 대한 무역개입, 물품 공급에 대한 지역 공조의 불가능성과 같은)가 있었고, 연이어 다른 부문들까지 그 결과가 이어진다.[5]

4) E. Gudynas, op. cit.

이러한 논쟁들로 인해 정의, 민주주의 등과 같은 근본적인 범주의 개념들을 재고할 수밖에 없어졌다. 첫째, 많은 이들은 환경의 정의 없이는 진정한 사회적 정의가 불가능하다고 지속적으로 강조했다. 극빈계층에 대한 지원은 그들이 오염된 지역에 계속 거주한다면 아무런 소용이 없다. 둘째, 채굴주의 때문에 발생하는 민주주의에 대한 제한이 공격의 대상이 되었다. 민주주의 위반은 정보 접근의 방해나 시민들의 간담회 방해에서부터 지역 활동가들에 대한 폭력의 용인에 이르기까지 다양했다.

채굴주의는 정치 경제적인 분야에서는 상이한 방식으로 조직화되었다. 즉, 보수 정부의 집권 하에서는 시장에 유리하도록 자유주의 조치가 지속적으로 이루어졌다. 그런가 하면 진보주의 정부 하에서는 더 큰 국가적 통제가 실행되었다(이에 대해서는 아래에서 논의하겠다). 겨우 몇 년 사이에 '채굴주의'라는 용어가 대중화되었고, 이는 도시의 채굴, 금융의 채굴, 인식론적 채굴 등과 같이 모든 종류의 상황에 적용되었다. 그 결과 쟁점화 확산에 기여하긴 했지만, 동시에 논의의 정확도가 상실된 측면도 있었다. 그럼에도 불구하고 정부 및 기업들과의

5) 여러 국가들의 경우에 대한 최신 연구들의 예로는 다음과 같은 글들이 있다. William Sacher y Alberto Acosta, *La minería a gran escala en Ecuador. Análisis y datos estadísticos sobre la minería industrial en el Ecuador*, Abya Yala/ Universidad Politécnica Salesiana, Quito, 2012; José Seoane, Emilio Taddei y Clara Algranati, *Extractivismo, despojo y crisis climática. Desafíos para los movimientos sociales y los proyectos emancipatorios de nuestra América*, Herramienta, Buenos Aires, 2013; Emiliano Terán Mantovani, *El fantasma de la Gran Venezuela. Un estudio del mito del desarrollo y los dilemas del petro-Estado en la Revolución Bolivariana*, Celarg, Caracas, 2014; Pablo Villegas N., *Geopolítica de las carreteras y el saqueo de los recursos naturales*, cedib, Cochabamba, 2013; Gian Carlo Delgado-Ramos, *Ecología política de la minería en América Latina*, UNAM/CIICH, Ciudad de México, 2010; Maristella Svampa y Mirta A. Antonelli (eds.), *Minería transnacional, narrativas del desarrollo y resistencias sociales*, Biblos, Buenos Aires, 2009; Catalina Toro Pérez, Julio Fierro Morales, Sergio Coronado Delgado y Tatiana Roa Avendaño (eds.), *Minería, territorio y conflicto en Colombia*, Universidad Nacional, Censat, Bogotá, 2012; Andréa Zhouri, Paola Bolados y Edna Castro (eds.), *Mineração na América do Sul. Neoextrativismo e lutas territoriais*, Annablume, San Pablo, 2016. 다양한 디지털 서지들을 소장한 도서관은 〈www.extractivismo.com〉를 참고할 것.

논쟁을 위해서는 개념을 명확히 하는 게 필요했다. 왜냐하면 기업이나 정부 측에서는 천연자원의 사용은 모두 채굴주의의 형태라고 주장했기 때문이다. 환경주의자들은 이에 대해 예를 들어 내수용 시장에 공급하는 농부의 영향과 수출용 단일경작이 갖는 충격은 동일하지 않다는 대답을 내놓았다.

이와 유사한 일이 신채굴주의 개념에서도 일어났다. 원래의 개념은 "새로운 진보주의 채굴주의"를 말하는 것으로, 보수주의 정부들의 관점과는 상이한 것이었다. 그러나 이 단어 또한 대중화되었고, '신(neo)'이라는 이 접두사가 최근의 채굴주의를 모두 지칭하는 것으로 잘못 적용된 사례들도 적지 않다. 또 환경주의적 비판을 광산업 반대나 석유시추 산업에 대한 반대로 이해할 수 없다는 점에 경각심을 갖는 것도 중요하다. '반(anti)'라는 수식어가 최대한 과장된 채 정부나 기업, 그리고 기업가정신을 옹호하는 학자들에 의해 과용되고 있다. 시민단체들은 이 단어를 사용하지 않는다. 개념 규정의 엄밀성이 또다시 핵심이 되었다. 가령 시민 사회의 문제제기는 채굴주의에 대한 반론인데, 그렇다고 해서 채굴주의가 광산업이나 농업의 동의어인 것이 아니기 때문이다.

끝으로 특징을 하나 더 들자면, 여러 지역에서 벌어지는 채굴산업에 대한 비판이 이런 유형의 개발을 벗어날 대안들을 제기하는 정도로 성숙해졌다는 점이다. 이러한 대안들은 '포스트채굴주의(postextractivismo)'라는 이름으로 알려져 있다. 포스트채굴주의는 특히 페루에서 커다란 진전을 이루었다. 페루에서는 10년 전부터 포스트채굴주의적 전환이 논의되어 왔다.

채굴주의와 좌파의 분열

앞서 제기한 것처럼 어떤 나라에서는 보수 정부들이 신좌파를 향해 개발주의에 대한 환경문제를 제기하는 일도 있었다. 일부 환경주의 세력들은 그러한 변화를 지지하고 가담했다는 점을 기억할 필요가 있다.[6] 수많은 환경 활동가들이 새로운 정부에 자리를 차지했고, 몇 가지 환경 문제에 정치적 관심이 강화되도록 했고, 나아가 개혁을 이루어내기도 했다. 가장 두드러진 사례를 들자면, 에콰도르 헌법에서 자연권을 통과시킨 일, 기후 변화 경고를 위해 볼리비아 정부가 또 다른 논리를 창출한 일 등이 있다. 또한 메스티소 활동가였던 마리나 실바(Marina Silva)가 브라질 환경장관으로 임명된 일과 같은 상징적인 제스처도 있었다.

그러나 환경주의 전선에도 금방 난점이 드러났다. 새로운 정부들은 채굴주의를 지속할 뿐 아니라 더욱 강화했다. 환경 관리나 제도화는 뒤로 밀려났고, 기존의 문제들(환경에 대한 고려의 미약성, 시민 간담회의 미이행 등과 같은)이 반복되었다. 심지어 좌파 정부가 시작한 환경을 위한 선행 조치들이 중단되기도 했다. 예를 들어, 에콰도르에서는 정부가 스스로 자연권이 '추정적인 권리'라는 주장을 지지하는 상황이 되었다. 볼리비아의 경우 정부는 기후 변화 자체에 대해서는 매우 급진적인 태도를 취했으나, 국내적 조치에 있어서는 온실효과를 일으키는 가스 배출을 여전히 방임하고 있었다. 아르헨티나와 브라질, 우루과이에서는 단일작물 재배를 촉진하기 위해 GMO 종자를 방출했다. 이 모든 국가들에서는 채굴주의의 충격적인 결과에 대한 정보와 사례들이 계속해서 누적되었다. 특히 물과 토양의 오염에 대한 사례와 정보가 많았다. 1970년대에도 그랬듯이 정부가 나서서 환경 파괴의 증거를 축소했고, 기술적인 해결책들이 시도되고 있다는 주장을 계속했다.

6) 여러 환경주의 인물들은 에콰도르의 알리안사 파이스(Alianza País), 볼리비아의 사회주의운동(MAS), 브라질의 노동자당(PT), 우루과이의 프렌테 암플리오(FA), 그리고 파라과이의 페르란도 루고(Fernando Lugo) 대통령을 지지했다.

좌파 정부들은 민주주의의 급진화나 인권 개념의 심화와 같은 여타 사상들과 더불어, 환경적 정의를 위해 처음에는 도박을 걸었다. 그러나 일단 정권을 잡게 되자 원래의 여러 목표들을 방기하고, 모든 희생을 감수하더라도 경제성장을 달성한다는 개발주의에 갇히고 말았다. 채굴산업에 따른 원료의 수출이 이러한 태도 변화의 연료가 되었다고 볼 수 있다. 이로써 좌파와 진보주의는 서로 다른 정치적 기획이라는 점이 분명해졌다. 그리고 환경주의는 이러한 분열을 가시화하는 중요한 역할을 했다.

이러한 구별은 몇몇 환경주의 정부 사이에 실행된 개혁의 결과였다. 많은 인습적인 비판들은 진보주의에 맞서 효과를 발휘하지 못했기 때문이다. 예를 들어, 이 정부들의 집권 아래 국영기업들이 몇몇 산업부문에서 커다란 역할을 차지했기 때문에 진보적 채굴주의가 다국적 기업들에 의존하고 있다고 고발할 수도 없었다. 나아가 진보주의자들은 빈곤을 퇴치하기 위해서는 채굴산업이 필요불가결하다는 주장을 굽히지 않았다. 이런 종류의 단순화 담론은 강력한 시민적 지지를 받고 있다. 특히 채굴산업의 직접적 피해를 입지 않는 대도시에서는 더욱 그렇다.

이러한 상황들로 인해 환경론적 비판은 발전 전략, 국가의 역할, 국가의 정치적 함의 등에 대한 재검토를 더욱 심화할 수밖에 없게 되었다. 가장 최근 논쟁들을 일일이 여기서 다룰 수는 없지만, 진보론적 국가 전략들이 여러 가지 한계를 노정하고 있다는 점은 제대로 짚고 넘어가야 한다. 또한 국영기업들의 사회적, 환경적 역할이 거의 언제나 부정적이었다는 사실과, 천연자원의 수출과 사회 구제사업 사이에는 직접적인 연결고리가 존재하지 않고 여기에는 예외가 없다는 사실, 그리고 특히 거대 프로젝트들에서 환경, 토지, 사회에 미친 결과가 매우 심각했다는 사실도 짚고 갈 필요가 있다. 설상가상으로 국가가 시민사회 참여의 차단, 사람들의 권리 침해에 대한 방조 및 조장에 일조를 했다는 사실도 만천하에 드러났다. 극히 최근에는 법적인 부패나 채굴주의 프로젝트 상의 부패 사례들이 가면을 벗고 폭로되기도 했다. 이렇게 채굴주의에 대한 환경론적 비판은 다중적 결과를 낳았고, 이는 생태학적 문제에 대해서도 마찬가지다. 여타 정당한 사유들이 있긴 하지만 진보주의가 또 다시 원자재의 공급자라는 종속적 역할에 빠지게 되고, 환경적, 사회적 결과를 외인적 문제로 만들었다는 점이 명백해졌기 때문이다.

주체들, 목소리들, 경향들

환경론과 채굴주의 사이의 균열에 초점을 둔 주체들은 다양하고 광범위하게 존재한다. 그들은 국지적 단체들에 뿌리를 두고 있는데, 단체들의 조직화 정도는 매우 상이하다. 원주민 농민 공동체에서부터 환경, 인권, 보건 등을 위한 활동 조직에 이르기까지 다양하다. 반 채굴주의 운동에서 여성들의 리더십이 증대되고 있다는 사실도 주목할 만하다. 여성들은 환경오염을 묵인하는 대신 경제적 보상을 받는 문제에서도 가장 저항적인 주체들이다.

캠페인과 분석 작업을 결합시키는 시민단체라는 광범위한 집합체들도 상당히 가시화되었다. 에콰도르 생태행동(Acción Ecológica en Ecuador)과 같은 환경주의 NGO가 있는가 하면, 볼리비아 정보자료센터(CEDIB: Centro de Documentación e Información Bolivia)와 같은 정보 분석 기관도 존재한다. 채굴주의 평가에 대해 놀라울 정도의 전문성을 확보한 단체들도 있는데, 가장 좋은 예가 페루의 협력행동(CooperAcción)이다.[7] 이 단체들은 국내적 네트워크를 형성한 것들이 있는가 하면 라틴아메리카 대륙에 걸친 네트워크를 갖춘 것도

7) 더 많은 정보는 다음 사이트 참조할 것. 〈www.accionecologica.org〉, 〈www.cedib.org〉, 〈http://cooperaccion.org.pe〉.

있다. 국내적 네트워크의 예시로는 '광산업을 위한 멕시코네트워크(REMA: Red Mexicana de Afectados por la Minería)', '광산, 환경, 공동체를 위한 페루 무키 네트워크(peruana red Muqui sobre minería, ambiente y comunidades)'가 있다. 그리고 라틴아메리카 전체에 걸친 네트워크에는 '반 채광산업 모델을 위한 메소아메리카운동(M4: Movimiento Mesoamericano contra el Modelo Extractivista Minero)'과 '라틴아메리카 광산 갈등 전망대(OCMAL: Observatorio de Conflictos Mineros de América Latina)'가 두드러진다.[8] 채굴주의를 중심테마로 삼아 사안별, 부문별 네트워크가 형성된 경우도 있다. 대표적인 예가 '사회권·환경권보호 라틴아메리카 여성연대(Red Latinoamericana de Mujeres Defensoras de Derechos Sociales y Ambientales)'와 세계적인 종교단체인 '교회와 광산 네트워크(Red Iglesias y Minería)'다.[9]

이 집단적 조직화에는 환경주의 논쟁들을 강화하고자 하는 개인들의 기여와 참여가 존재한다. 이들은 출신과 노선의 다양성을 보여주는데, 몇 가지 경우를 예로 들어보는 게 필요하겠다. 에콰도르의 알베르토 아코스타(Alberto Acosta)는 환경보호론 관점을 갖는 경제학자로, 여러 시민운동에 동참했다. 그는 에콰도르 제헌의회 의장을 맡아 자연권에 대한 확고한 지지를 표명했고, "부엔 비비르(Buen vivir)"의 관점을 강화하는 데 중요한 역할을 했다. 그런 활동을 한 뒤에 그는 환경주의 토론회의 주요 사회자가 되었다. 페루의 마르코 아라나(Marco Arana)는 매우 상이한 분야에서 활동을 시작했다. 가톨릭 사제였던 그는 대규모 광산개발 프로젝트에 맞서는 시민적 저항에 가담했고, 기업과 정부의 가혹한 탄

8) 더 많은 정보는 다음 사이트 참조할 것. 〈www.remamx.org〉, 〈www.muqui.org〉, 〈http://m4.mayfirst.org〉; 〈www.conflictosmineros.net〉.

9) 더 많은 정보는 다음 사이트 참조할 것. 〈www.redlatinoamericanademujeres.org〉, 〈http://iglesiasymineria.org〉.

압을 극복하고 사회적, 환경적, 정치적 실천을 향해 나아갔다. 콜롬비아에는 마누엘 로드리게스 베세라(Manuel Rodríguez Becerra)가 있다. 그는 대학에서 활동을 시작하여 환경부 장관이 되었다가 나중에 다시 학교로 되돌아갔다. 대학에 머무는 동안 그는 시민단체들과 조금씩 관계를 맺었고, 결국 채굴주의에 대해 경고하는 독립적이고 존경받는 메신저가 되었다. 채굴주의에 대한 저항의 과정에서 세계적으로 존경받는 아이콘이 된 수많은 지역 단위 리더들의 역할도 간과해서는 안 된다. 페루의 막시마 아쿠냐(Máxima Acuña)가 그러하고, 온두라스의 베르타 카세레스(Berta Cáceres)처럼 채굴주의로 인한 폭력에서 목숨을 잃은 리더도 있다. 온두라스의 렌카(Lenca) 원주민 리더이자 여성주의자, 환경론자였던 그녀는 2016년 암살당했다.

이 사안들에 대해 사유하고 시민운동에 동참하는 지식인들은 갈수록 늘고 있다.[10] 아무튼 학술적인 공간에 긴장감이 존재한다는 사실을 인정해야 한다. 사실 저널을 통해, 영어로, 로컬 정치보다는 참고문헌을 통해 이루어지는 이 논쟁에서 우위를 점한 또 다른 대학교수들이 있기 때문이다. 라틴아메리카 상황에 관심을 기울이되 라틴아메리카 현지에 존재하는 개념 논쟁을 축소하는 북미 연구자들까지 고려하면 상황은 좀 더 복잡하다. 이들은 마치 자신들의 지적 기여를

10) 이미 언급한 경우 외에도 다음과 같은 지식인들을 꼽을 수 있다. 아르헨티나에서는 마리스텔라 스밤파(Maristella Svampa), 오라시오 마차도(Horacio Machado), 미르타 안토넬리(Mirta Antonelli), 가브리엘라 메를린스키(Gabriela Merlinsky), 호세 세오아네(José Seoane), 볼리비아에서는 오스카르 캄파니니(Oscar Campanini), 마르코 간다리야스(Marco Gandarillas), 헤오르히나 히메네스(Georgina Jiménez), 세실리아 레케나(Cecilia Requena), 파블로 비예가스(Pablo Villegas), 브라질에서는 안드레아 조리(Andréa Zhouri), 브루노 밀라네즈(Bruno Milanez), 콜롬비아의 카밀라 토로(Camila Toro), 페루의 호세 데 에차베(José de Echave), 카를로스 몽헤(Carlos Monge), 마르틴 스쿠라(Martin Scurrah), 베네수알라의 에밀리아노 테란 만토바니(Emiliano Terán Mantovani), 에드가르도 란데르(Edgardo Lander), 멕시코의 히안 카를로 델가도(Gian Carlo Delgado). 또한 라틴아메리카 출신이 아니지만 라틴아메리카 활동가들과 긴밀히 대화하고 시민들의 운동에 대해 연대하는 지식인들의 지원도 있다. 바르셀로나 대학의 명예교수 호안 마르티네스 알리에르(Joan Martínez Alier)가 그 대표적인 예다.

통해 채굴주의와 환경보호라는 사안들에 진지한 접근을 시작한다는 듯 인식론적 우월감의 태도를 보인다.

논쟁의 상황은 서로 대조적인 양상을 띠었다. 안데스 국가들은 더욱 활성화된 운동들과 시민사회의 참여를 통해 더욱 강력한 논쟁이 표출되는 반면, 브라질 같은 나라에서는 채굴산업에 대한 환경론적 문제제기가 훨씬 미약하고 제한되어 있다. 이 양극단 사이에 중미 국가들과 코노수르 국가들이 정도를 달리한 채 존재한다.

예를 들어, 볼리비아, 에콰도르, 페루에서는 채굴주의 사업이나 연계 프로젝트들에 반대하는 시민사회 운동들이 대규모로 일어나고 있다. 천연자원(특히 수자원) 보호를 위한 전국적인 시위행진이 진행되었고, 주요 언론들에서는 이를 환기시키는 거센 토론이 주기적으로 이루어지기도 한다. 환경주의 조직들의 요구사항이 다른 종류의 단체들, 가령 원주민의 인권이나 연합을 지지하는 단체들과 결합하기도 한다. 학자들의 지적 기여는 더욱 가시화되었다. 많지도 않은 NGO들은 매우 적극적으로 활동하고, 언론도 이에 대해 반향하고 수용한다.

아르헨티나, 칠레, 우루과이에서는 채굴산업 공사에 반대하는 중요한 시위들이 국지적 범위에 국한되어 진행되기도 하고, 전국적인 차원에서 이루어지기도 한다. 구체적인 채굴 작업에 반대하는 경우도 있고, 정책 전반에 대한 시위도 있다. 이들 나라에서는 시민사회의 논의과정이 정착되어 있으며, 경우에 따라서는 광범위한 정치적인 논의들과 결합되기도 하고, 그 결과 더욱 더 확산되기도 한다. 멕시코, 콜롬비아 및 여러 중미국가의 환경주의 시위들은 인권의 보호, 환경운동가 암살이나 그 외 여러 형태의 폭력에 대한 고발 등과 결합되어 전개된다.

반대로 브라질에서는 최근 몇 년간 일어난 저항과 시위가 특히 국지적이었고, 전국적인 차원의 공고한 협력을 정착시키지 못했다. 가령, 볼리비아, 에콰도르, 페루에서는 멀리 외떨어진 지역에서 출발하여 수도까지 이동해 가는 천연자원

보호를 위한 시위행진이 있었지만, 브라질에서는 이런 식의 일은 일어나지 않았다. 또 안데스 국가들에서는 진보론적 채굴주의의 정치, 경제적 구성요소들에 대한 분석이 이루어진 반면, 브라질의 경우에는 대규모 NGO도 수많은 학자들도 집권 노동자당에 맞설 만한 독립성을 달성하지 못했고, 따라서 비판력을 키우지 못했다. 안데스 국가들에서는 광산 모라토리엄이나 석유 모라토리엄에 대한 논의가 정착된 반면, 브라질에서는 광산 법 개혁이나 해상 유정 개발을 놓고 다양한 수준의 특허사용권이 논의된 정도다. 이러한 상황은 지우마 호세프 정부의 위기와 2015년 미나스제라이스의 마리아나 광산 댐의 붕괴사고를 겪으면서 변화를 맞은 듯하다.[11]

아무튼 채굴산업에 대한 환경론적 비판이 달성한 중요성은 그 비판이 유발한 반작용의 강도가 큰 만큼 더욱 선명해졌다. 안데스 국가 기업들은 광산업 부문이 겪고 있는 가장 큰 위협이 바로 채굴주의에 대한 비판과 포스트채굴주의적 대안이라는 점을 인식하고 있다.[12] 정치적 압박이 매우 크기 때문에 정치인들은 이에 대한 대답을 내놓아야 한다. 페루처럼 보수 정권이 집권한 국가의 장관들은 급진 좌파적 환경주의자들로 인해 투자와 경제 성장이 가로막힐 것이라고 주장한다. 반면, 진보주의 국가들에서는 종종 이들을 '유아적 좌파' 또는 '우파적 실용주의'라고 부르며, 단체들의 폐쇄를 도모한다. 볼리비아에서는 논쟁이 매우 심각해져 부통령이 직접 언론을 통해 정례적으로 답변을 하고 있다. 그는 채굴주의 논쟁이 "카페에 앉은 가짜 좌파"의 일부라는 논리를 지지하는 다섯 개 이상의 라틴아메리카 국가를 다니며 순회강연을 열기도 했다.[13]

11) A. Zhouri, P. Bolados y E. Castro (eds.), op. cit.

12) Álvaro Ponce Muriel, *Minería moderna para el progreso de Colombia*, Cámara Asomineros ANDI/ Cámara Colombiana de Minería/ Federación Nacional de Productores de Carbón, Bogotá, 2014.

13) 강연회는 다음 웹사이트를 참조할 것. 〈www.youtube.com/watch?v=dez7xtbjt8u〉.

진행 중인 논쟁

채굴주의에 대한 환경주의적 문제제기는 절정에 이르렀다. 그 기세는 줄어들기는커녕 오히려 더욱 강화되고 확장되어 왔다. 라틴아메리카의 정치 이해나 실천을 둘러싼 논쟁이나, 발전 개념에 대한 논쟁들과 함께 연대하고 있는 상황이다. 도시 기반 운동들과도 새로운 대화를 조직하고 있지만, 한편으로는 특히 농촌 공간의 원주민 단체나 농민 단체들과도 새롭게 대화를 조직하고 있다.

그러나 해결되지 않은 사안들도 존재하는데, 가치문제를 둘러싼 것들이 많다. 생태계를 파괴하지 않기 위해서는 발전전략 상의 근본적인 변화가 필요하다는 점은 깨닫고 있으면서도, 여전히 인간만이 가치의 주체이고 자연은 가치의 대상이라고 이해하는 이들이 많다. 이러한 태도는 진보론의 다양한 변이형들을 수용하고 채굴주의도 수용하게 한다. 한편, 포스트채굴주의적 대안이 자연권의 인정에 교감할 수 있게 해주리라고 생각하는 이들도 있다. 그렇게 되면 본원적인 가치들을 인간의 가치가 아닌 데서 인식하게 된다. 이러한 태도는 모든 근대성 전통과의 단절을 의미한다. 이 포스트채굴주의는 포스트자본주의적이고 포스트사회주의적인 대안들이 자라날 수 있게 해준다.

이상의 논의를 통해, 라틴아메리카에서 채굴주의에 대한 환경론적 비판의 장은 바로 사회와 정치, 자연을 이해하는 또 다른 양식들에 대한 본질적인 성찰이 이루어지는 지점이라는 사실이 명확해졌다.

조영실 옮김

제4부 세계화 시대의 라틴아메리카

라틴아메리카: 세계와 G20에서의 위상

호르헤 아르구에요

열린대사재단(Fundación Embajada Abierta) 대표, 전 아르헨티나 대사

원제와 출처: Jorge Argüello, "América Latina: su lugar en el mundo y en el G20", *Nueva Sociedad*, No. 271, septiembre-octubre de 2017, pp.70-81.

핵심어: 불균형, 세계의 새로운 질서, 라틴아메리카, G20

다양한 정치 시스템 하에서 세계화한 자본주의의 진화로 정의되는 최근의 역사에서 라틴아메리카는 선진국으로부터 야기된 여러 가지 사건들에 연루되어 왔지만 한편으로는 다양한 기회에 노출되기도 했다. 1970년대부터 서구 세력은 글로벌 체제의 불안정에 대비하기 위해 기초적인 조정 과정에 들어갔다. 1973년 G5, 이후 G7, 1998년부터는 러시아의 합류로 재구성된 G8은 단기 그리고 중기적인 경제 및 금융 이슈 관련 논의에 집중하였다. 반면 정치적 논의는 UN, 특히 안전보장이사회와 북대서양조약기구(NATO)에서 지속적으로 다뤄져 왔다.

세계화가 빠른 속도로 진전한 가운데, 약 25년 후에는 십 년 간격으로(1998년과 2008년) 두 번의 금융위기가 발생하였고, 이는 선진국들의 초기 시도들을 새로운 차원으로 유도했다. 선진국들은 헤게모니를 강화하기 위해 시장과 글로벌 경제의 상호연계를 장려해왔다. 바로 그러한 이유로 시스템이 통제 불능과 조정 실패 상태에 이르렀을 때, 기존의 폐쇄된 그들만의 서클에 신흥국과 개도국들을 끌어들였고, 그것이 현재 G20의 모습이다. 경제적 그리고 정치적 글로벌 거버넌스에 대한 지속적인 요구는 글로벌 정부 또는 지구촌 정부에 대한 환상과는 완전히 다른 방향으로 전개되었고 이때부터 라틴아메리카와는 뿌리 깊은 괴리가 야기되었다: G20를 새로운 다자 체제의 중심역할을 담당하는 주체로서 인정할 것인가 말 것인가. 신념에 의해서든 편의에 의해서든 간에 말이다.

비판적인 시각에서 볼 때, G20는 G7의 결정에 대한 정당성을 확보하기 위해 단순히 외관상의 확대라고 볼 수 있다. 여러 상황에서 G20의 결정사항들은 패권 국가들에 의해 주도되며, 나머지 회원국들은 결론에 도달하는 데 큰 영향을 미치지 않은 것처럼 보인다. 그러나 다르게 해석할 여지도 있는데, G20는 공동의 관심사가 테이블 위에 오르고 논의를 거치는 글로벌 거버넌스의 민주화를 연습하는 장으로서 생각할 수 있다. 라틴아메리카가 공통의 그리고 일치된 관심사를 논의할 수 있는 이러한 가능성을 간과하는 것이 과연 적절한 것일까?

G20는 회원국 간 차이를 인정하고 글로벌 문제(금융, 불평등, 기후변화, 이주, 전염병, 자원의 보존)에 대한 글로벌 대응을 옹호하는 특권적 공간을 제공한다. 글로벌 거버넌스는 민주적으로 이루어진 정부들이 글로벌 거대 기업과 같은 다양한 단체들과의 연계하여 실력을 행사하는 것에 대해 이의를 제기한다. 아울러, 라틴아메리카 같은 주변국들은 그러한 세력에 맞서 자체적인 전략, 한계, 규제를 설정하는 것 또한 필요하다.

G7에 의한 세계

G7은 나머지 세계에 대해 이야기 한다. 4개국(미국, 영국, 서독, 프랑스) 재무장관들, 이른 바 《도서관 그룹》은 백악관 도서관에서 금융위기의 원인과 영향에 대해 논의한다.[1] 1971년 리차드 닉슨 정부는 전후 최초의 글로벌 합의사항인 '브레튼 우드(Bretton Woods) 체제' 즉 금본위 고정환율제를 포기하였다. 또한 1973년 오일쇼크, 인플레이션, 경기침체를 직면하면서 4강은 자국의 이익과 경제정책을 조율할 필요성을 느끼게 되었다. 3년 후 일본, 캐나다, 이탈리아가 추가된 G7이 형성되었다. 당시 정치적 상황은 경제 상황 보다는 좀 더 예상 가능했다. 이는 냉전으로 인한 양극화에 따른 것으로, G7은 처음부터 북대서양조약기구(NATO)를 통해 미국과 유럽 우방국들로 구성된 한쪽 극단의 입장을 취했다.

다자시스템은 전 세계 곳곳에서 발현되었는데, 남미의 경우 미국의 영향을 받은 신자유주의 경제 모델을 수용한 독재 정권들이 엄청난 정치적, 군사적 대치상황을 야기했다. 1980년대 세계는 영국 마가렛 대처 수상과 미국 로날드 레이건 대통령이 설계한 '보수적 혁명'의 앵글로색슨 시대로 진입하였다. 정부 축소 및 금융활동의 규제완화가 당대의 거대한 세계화의 첫 번째 물결을 이루었다. 라틴아메리카에서는 긴축 재정, 외채, 노동 유연성, 금융 자유화 등 모든 변화가 1989년 IMF에 의한 '워싱턴 컨센서스'의 이행으로 해석되었다. 일반적으로 제3세계 국가들에 대한 첫 번째 요구사항은 금융시장 규제완화 정책의 이행이었다.

금융자산의 투기로 인해 1994년 멕시코로부터 시작하여 인도네시아, 태국, 한국, 브라질을 거쳐 1998년 러시아에 이르기까지 신흥국들은 외환위기를 겪었으며,

1) John J. Kirton: 《El G-20, el G-8, el G-5 y el papel de las potencias en ascenso》 en Revista Mexicana de Política Exterior No 94, 8/2012.

곧이어 일어난 닷컴 버블은 선진국의 금융시장을 위협하기에 이르렀다. 이러한 배경 하에서 1999년 20개 국가의 재무장관과 중앙은행 총재들이 모인 G20이 탄생하였고, 신흥국과 개도국의 지역인 라틴아메리카는 글로벌 이슈에 대해 논의하고 해결방안 모색하는 자리에 처음으로 참여하게 되었다.

이후 십년이 채 지나지 않은 2008년에 발생한 두 번째 글로벌 금융위기는 선진국 중심부에서부터 발생했다. 오랜 전통의 투자은행과 부동산 그룹의 몰락은 글로벌 차원의 대책이 필요함을 상기시켰다. 규제완화로 인해 재앙이 발생하였고, 새로운 질서가 불가피했다. 주요국들은 규제완화와 정부 불개입 원칙을 포기했다. 미국은 민간은행들을 구제했으며 유럽중앙은행은 금융시장에 대대적으로 개입했다. 중국의 영향력이 확대되는 가운데 라틴아메리카 경제 역시 크게 흔들렸다. 그래도 브라질과 아르헨티나를 비롯한 여러 국가들은 이를 교훈삼아 외채 청산과 지역통합을 추구했다.

미국을 필두로 한 G7에 맞서 보다 자율적인 정치적, 경제적, 상업적 통합의 절차를 도입한 라틴아메리카에서 워싱턴 컨센서스는 자취를 감추었다. 2008년 위기 속에서 라틴아메리카는 G20의 형성을 새로운 기회로 활용했다. 멕시코, 브라질, 아르헨티나는 G20 의장국을 맡기도 했다.

우선순위는 명백했다. 이는 바로 글로벌 차원의 위기 재발을 막는 것이었다. 1945년 이래로 유지되어 온 다자협상 체제는 새로운 경제 질서에 의해 무너졌다. 근래 G8 정상회담에는 브라질, 멕시코, 중국, 인도, 남아프리카공화국이 초대되기도 했다. 이제는 아르헨티나, 터키, 호주, 인도네시아, 한국, 사우디아라비아, EU의 참여로 G20이 완성되었다. 문제는 과거나 지금이나 G20에 속하는 것이 라틴아메리카의 특수한 니즈를 글로벌 차원의 논의로 끌어내는 데에 효과적인가 하는 것이다. 참여국을 늘리면서 그룹의 외연을 확대하는 방식은 이미 과거 1988년 G7의 토론토 선언에도 시도된 적이 있다:

"아태지역의 신흥국들은 세계 무역에서 점차 중요한 역할을 담당하고 있다. (...) 경제적 중요성은 그에 부합하는 국제적 책임감을 수반하고 또한 건설적인 대화와 협력 노력을 제고하는데 있어 강한 상호 관심을 수반한다. (...) 대화와 공동의 행동은 지속가능하고 균형 잡힌 성장을 위해 필요한 거시경제, 금융, 무역, 구조조정 등의 정책에 초점을 둘 수 있을 것이다."[2]

이러한 이유로 G7에 모인 서방세력들은 "공통의 관심사에 대한 다자적 토론과 협력을 촉진하는 비공식적 절차의 개발"을 촉진하기로 결론지었다. 20년이 지난 뒤, 프랑스의 니콜라스 사르코지 대통령은 "우리는 다극화한 세계에 살고 있다. 새로운 세계를 건설하기 위한 역사적 기회 앞에 있고 이것을 놓칠 수 없다. 우리는 21세기에 살고 있다. 21세기를 위한 규제의 토대를 쌓는 순간이 도래했다."고 언급하기도 했다.[3]

선진국들은 자국의 민간은행의 힘에 대해 관심을 가지기 시작했다. 자본의 빠른 흐름은 주요국을 곤란에 처하게 할 수 있음을 보여줬다. 미래에 발생할지 모르는 위기에 누구도 안전하지 않다는 점이 확인되었으며, 이는 새로운 글로벌 질서에 라틴아메리카와 타 대륙을 참여시키는 강력한 논리로 작용하였다. 그러나 라틴아메리카가 그러한 움직임을 지지해야 하는 것일까? 아니면 반대로 새로운 대화의 테이블로부터 고립되어 있는 것이 라틴아메리카를 지키는 것인가? G20에 속해있다면, 라틴아메리카는 자신에게 유리한 조건들을 강제하기 위한 충분한 힘을 가지게 되는 것인가? 라틴아메리카 지역이 WTO, FAO, UN 등 기존 다자시스템에서 얻은 권리들을 지속적으로 수호하는 데 있어 G20은 어떤

2) 《Declaración de Toronto》, Cumbre Econóica del g-7, 21 de junio de 1988.

3) 《G.20 Summit: Nicolas Sarkozy and Angela Merkel Demand Tough Market Regulations》 en The Telegraph, 1/4/2009.

실질적인 이득을 제공하는가? 라틴아메리카는 새로운 글로벌 거버넌스 또는 질서의 재형성 과정에서 주요한 역할을 담당할 수 있는가?

G20 참여의 이점

1973년 이래 세계는 변화화고 있다. 미국 워싱턴 D.C. 도서관에서의 몇몇 국가의 장관들이 모이던 것이 2008년에는 국가 수장들이 참석하는 정상회담으로 발전하였고, 중국과 인도 등 신흥국들이 참여하기 시작했다. 1년 동안 세 차례 정상회담이 개최되었는데, 그 결과물이 G20이다. 제3차 피츠버그 정상회담의 선언에 따르면, G20을 《새로운 국제 경제 협력을 위한 핵심 포럼》으로 거듭나게 하기 위해, 기존의 소규모 정상회담의 시대－즉, 금융의 《무책임함》과 《무모함》 시대－를 마감하고자 했다.[4)]

G20 초기부터 영국, 한국과 함께 브라질이 '트로이카' 국가에 포함되면서 라틴아메리카는 공식적으로 존재감을 드러냈다. G20 아젠다는 라틴아메리카의 지역적 관점에서 조정되었다. 주요 의제는 금융시장 규제와 실업 문제에 초점이 맞춰졌으나, IMF에서는 신흥국의 역할에 대한 논의도 새롭게 제기되었다. G20은 주요 목표를 세우고 이를 달성하기 위한 요건들을 제시했다: "21세기의 수요를 충족하기 위한 글로벌 시스템의 개혁. 위기 이후 활발하고 균형적이며 지속가능한 성장을 향한 협력을 위해 주요 주체들이 참여하고 온전히 G20에 통합되어야 한다."[5)]

한편, BRICS(초기에는 브라질, 러시아, 인도, 중국, 이후 남아프리카공화국 추가) 국가들은 G20 내에서 신흥국 그룹으로서의 영향력을 행사하였다. 이들은

4) G-20: 《Declaración de Pittsburgh》, 2009.

5) Ibíd

국제금융기관들에서 신흥국의 목소리와 대표성이 제고되어야 한다고 주장하였으며, IMF 거버넌스 구조와 IMF가 위기 직후 제시한 해법 간에 차이가 존재한다고 지적했다.[6)]

이후 G20은 다양한 주제들을 다뤘는데, 선진국과 관련된 글로벌 불균형, 금융시장 투명성을 비롯하여 개도국의 교육, 사회보장, 직업훈련에의 투자 확대, 또는 생산, 소비, 그리고 환경의 지속가능성 등에 관한 내용들이다.

G20에 통합되는 것이 라틴아메리카와 같은 신흥국들에게 적합한 지를 테스트할 중요한 의제들도 있는데, 무역, 투자, 특허가 이에 해당한다. 2012년 멕시코 로스카보스에서 개최된 G20 정상회담에서 라틴아메리카는 자신의 관심사를 우선순위로 제시할 기회를 가졌다. 이는 주최국으로서 멕시코의 지위가 가능케 한 라틴아메리카의 첫 경험으로, 성장과 고용을 위한 경제안정화와 구조개혁, 금융의 포용성, 국제 금융거버넌스 개혁이 우선순위로 다뤄졌다. 멕시코는 글로벌 경기 회복의 열쇠가 재정적자 해소와 노동시장 유연성 제고를 통해 경쟁력을 확보에 있다는 미국의 입장을 함께 했다. 그러나 공통의 의제와 전략이 없는 상태에서 라틴아메리카 국가 간의 입장은 분열하였다. 브라질과 아르헨티나는 G20 내 여타 신흥국들과 같이 구조조정과 긴축 정책에 반대하고 글로벌 수요 활성화에 대해 주장하였다. 결론적으로 로스카보스 회의는 이와 같은 입장을 잘 반영했다.

또한 글로벌 위기 상황에서 지역 차원의 해법은 선진국들과 차별화되어야 한다는데 대한 인식이 형성되었다. 어떤 국가들은 재정 시스템을 정상화하는 데 초점을 두어야 하는 반면, 다른 국가들은 위기를 피하게 하고 적게나마 세계 경제의 회복을 가능한 정책들을 심화시켜야 한다는 것이다. 마지막으로 다자간

6) 《Cronologí de una crisis》 en bbc Mundo, 2/9/2009.

무역협상인 도하개발아젠다(DDA) 타결 의지를 재천명하였다. G20가 2008년에 목표로 세웠던 도하협상은 다자무역체제를 위협하는 불완전한 자유무역협정의 위험성에 대해 경고했다.

2015년 브리스번 정상회담에서는 저개발국에 대한 민감한 이슈들(국가채무 재조정, 벌처펀드)이 논의되고 최종 선언문에 반영되면서 라틴아메리카의 정치적 가치에 대한 만족도가 극대화하였는데, 아르헨티나가 큰 역할을 담당했다. G20는 채무 재조정 절차의 예측성 및 원칙에 대한 진전이 있음을 환영했다. 2016년 아르헨티나 신임 대통령인 마크리가 부이트레《fondos buitres》라 불리는 해지펀드에 관해 내린 결정은 그간의 노력을 무산시켰으나, 적어도 미래 상황을 위한 패는 던져졌다.[7)]

기회: 2018년 부에노스아이레스 G20 정상회담

2018년 아르헨티나가 G20 주최국이 되면서 라틴아메리카는 다시 G20의 라틴아메리카 트로이카로 돌아왔다. 라틴아메리카는 지역의 상황을 개선할 새로운 거버넌스 도구로서 G20의 실효성을 확인할 수 있는 아주 좋은 기회를 갖게 된 것이다. 세계 경제는 여전히 회복 중이며, 새로운 요소들이 추가되었는데 2008년과 같이 진원지는 선진국이다.

그러한 요소들은 최근 10년간의 위기에서 비롯한 정치적 성격을 가지고 있다. 백악관에는 정치적 경험이 전무한 거물이 거주하고 있다. 공화당 출신인 도날드 트럼프는 '미국 최우선'이라는 슬로건에 반응한 유권자들에 의해 세계 제1의 대국의 대통령으로 당선되었다. 트럼프와 그의 주요지지 세력인 대안 우파(Alt-

7) G-20: 《Declaración de Brisbane》, 2014.

Right)는 파괴적인 아젠다를 설정하였다. 보호무역주의 강조, TPP 탈퇴, NAFTA 재협상 선언, 멕시코 국경장벽 설치 등이 대표적이다.

기존과 다른 미국의 방향성은 유럽의 상황과 시기, 형태, 내용 측면에서 관련성이 있다. 가령, 영국의 브렉시트, 스페인과 이탈리아의 극우민족주의 세력의 강화, 전통적인 좌우 세력의 역할을 최소화시킨 프랑스의 대선 이변 등이 언급할 만하다. 트럼프 정부는 독일 함부르크 G20 정상회담에서 기후변화에 관한 파리협정을 탈퇴하고 자국의 무역보호를 위한 수단을 허용하는 내용을 결정사항에 포함하도록 요구하면서 고립되었다.

2017년 G20 독일 정상회담에서 강제이주, 테러리즘, 아프리카 프로젝트 등이 주요 의제로 포함되었듯이 G20에서는 주로 당면한 위기에 관한 것들이 의제로 설정되곤 한다. 하지만, 라틴아메리카는 근본적인 자체 과제가 있다. G20이라는 큰 테이블에서 다룰 만한, 지역의 관심사를 반영한 특정 의제를 설정하는 것이다. 아르헨티나에서 개최될 G20는 분명 긍정적 요소를 제공할 것이다. 그러나 먼저 지역 내에서 공통의 관심사가 무엇인지, 그것을 수호하기 위해 어떤 전략을 구사할지에 대한 합의가 이뤄져야 한다.

부에노스아이레스에서 열린 한 세미나에서 열린대사재단(Fundación Embajada Abierta)은 올해 G20 트로이카 국가들과 G20의 라틴아메리카 3국의 협상주체들을 소집했다. 지역 내 기본적인 합의점에 도달할 가능성을 확인하는 자리였는데, 그 과정에서 라틴아메리카의 현실과 부딪혔다. 즉 라틴아메리카는 정치적, 이념적으로 상이하고 다양한 개발모델을 가지고 있으며 외부 상황에 따라 변화한다는 것이다.

핵심 도전과제는 지역 차원의 의제를 잃지 않은 채 각국이 처한 다양한 상황을 포괄하는 것이다. 30여 년 전 남미공동시장(Mercosur)의 탄생은 브라질과 아르헨티나 양국이 어떻게 좁힐 수 있었던 가하는 일례이다. 그렇다면 21세기에는 어떤 의제가 가능할 것인가? 우선 G20의 라틴아메리카 3개국은 현재 상황에 대한 이해를 높이기 위해 노력을 배가해야 한다. 트럼프 정부가 멕시코 만을 위협하는 것은 아니다. 앞으로 그 위협은 더 남하할 수 있다. 무역과 이주뿐만 아니라 안보, 테러리즘, 마약과의 전쟁, 자원 개발 등 이슈는 다양하다. 라틴아메리카 공통의 의제는 G20에 포함된 3개국을 넘어 지역 차원의 보다 폭넓은 사안을 반영해야 한다. 새로운 글로벌 거버넌스를 구축하는 일은 새로운 지역 차원의 거버넌스 정착에 기초한다.

라틴아메리카는 논쟁적인 다양한 의제들을 조화롭게 하는 실용적이고 건설적인 비전을 가짐으로써 개도국의 대표적 주자가 될 수 있다. 라틴아메리카 지역의 주요 관심사인 농업과 농산물시장, 그리고 이와 관련된 다자간 규칙들은 요즘과 같이 식량안보가 점차 중요해지는 상황에서 점점 더 글로벌한 이슈가 될 것이다.[8)]

1990년대부터 진행된 남미공동시장과 EU의 자유무역 협상은 최근 아르헨티나와 브라질의 정치적 변화 이후 협상 타결 가능성이 커진 것으로 보이며, 독일 메르켈 총리의 라틴아메리카 방문에서 재확인되었다. G20은 단순히 양 지역 간 협정을 넘어서 라틴아메리카 지역 차원의 관심사를 조정하는 기회로 활용되어야 한다. 다만 합의에 이르지 못하는 것은 잘못된 합의를 도출하는 것보다 낫다. 수십 년 간 진행된 다자체제에서 라틴아메리카는 자신의 무역구조를 변화시켜왔다. 멕시코는 NAFTA의 경험을 가지고 있으며 브라질은 신흥 농업수출국이 되었다.

선진국들은 국제 식량수급의 안정이라는 차원에서 농업 및 관련 산업을 WTO 규범 하에 두었다. 전 세계 적어도 2억 명에 달하는, 그 중 3분의 1이

8) Sofíia Scasserra: 《Impactos de los acuerdos megarregionales en Améica Latina》, Anáisis No 14/2016, Fundació Friedrich Ebert, Buenos Aires, 10/2016.

청년인 실업문제도 새로운 글로벌 이슈로 등장하였다. 1990년대 금융부문에서 시작된 디지털화 또한 이제 모든 분야에서 나타나는 현상이다. 하지만 생산적 투자의 불균형은 라틴아메리카에 더 큰 부정적 영향을 미치고 있다. 라틴아메리카는 이 지역이 직면한 다양한 문제 해결을 위해 G20을 글로벌 차원의 해법을 찾는 기회로 활용할 수 있을 것이다.

그렇지 않으면, 과거에 야기됐던 불평등 문제가 산업화의 다양한 단계에서 다시 불거질 것이다. 라틴아메리카는 다시는 북미나 아시아에 대한 단순한 원료 공급자로서의 역할을 해서는 안 된다. 이는 20여년 만에 처음으로 선진국과 개도국이 합의 하에 (비록 지금은 미국이 탈퇴 의사를 밝혔지만) 도출한 기후변화에 관한 파리협정의 이행에 있어서도 마찬가지이다. 책임과 대응은 명백히 차별화되어야 한다. 라틴아메리카 지역의 농업과 인프라가 기후변화로 인한 극심한 기상이변에 크게 노출되어 있다는 점은 분명하지만, 동시에 공동의 책임도 존재한다.

반드시 배타적으로 대항할 필요는 없다. 라틴아메리카는 국제사회에 기여하면서 실용적인 접근법을 취할 수 있다. 미국의 참여가 불확실한 TPP, 그리고 EU와 남미공동시장 간의 협상 등 무역 및 투자 협상에서 라틴아메리카는 중심에 있다.

라틴아메리카는 자신의 전략을 조정해야 한다. 비록 충분히 그 가치를 평가받지 못하지만 이 지역은 이미 오늘날 활용할 수 있는 정치적 투자를 수행하였다. 그 중의 하나가 라틴아메리카·카리브 국가공동체(CELAC)다. 멕시코, 브라질, 아르헨티나의 조정 하에 라틴아메리카가 원하는 의제를 G20에서 다룰 수 있다.

가장 비판적인 시각을 지닌 이들은 G20에 대해 룰메이커(rule-maker)가 아무 특별한 처방 없이 룰테이커(rule-taker)에 대해 규칙을 부과하는 게임으로 축소되었다고 말한다. 전통적인 다자주의의 이름으로 이들은 G20이 가속화하는 위기의 시기가 요구하는 효율성을 보장하는지 질문한다. 그렇다면 혹시 신속한 해결책을 도출하기 위해 민주적 참여가 희생되어야 하는가? 현재 문제가 되는 세계 질서는 25년 사이 발발한 두 차례의 세계 대전이라는 최악의 시나리오로부터 탄생했다. 그동안 심각한 전쟁의 위협 속에서도 다자시스템은 작동했다. 그러나 과거의 방식은 당시 규범을 만들어 냈던 바로 그 정치적 시스템이 분열되고 있는 현 상황에 더 이상 적용되지 않는다.

그러한 의미에서 G20은 정치적, 사회적으로 보다 균형 있는 글로벌 의사결정 시스템으로 나아가는 가교 역할을 담당할 수 있다. G20은 라틴아메리카가 세계 경제 및 교역의 4분의3 이상을 차지하는 세계 거대세력과 신흥국들을 동시에 만날 수 있는 유일한 장이다. 라틴아메리카는 보다 안정적이며 민주적이자 공정한 새로운 세계 질서를 위한 G20의 규범 형성에서 주역이 될 수 있을 것이다.

정혜윤 옮김

라틴아메리카의 국제정치: 통합보다 분열

니콜라스 코미니 / 알레한드로 프렌켈

살바도르대학 국제관계학 교수 / 부에노스아이레스대학 사회과학 박사과정

원제와 출처: Nicolás Comini, Alejandro Frenkel, "La política internacional de América Latina: más atomización que convergencia", *Nueva Sociedad*, No. 271, septiembre-octubre de 2017, pp.117-129.

핵심어: 분열, 통합, 국제정치, 라틴아메리카

라틴아메리카는 분열되어 있다. 그리고 분열은 라틴아메리카를 약화시키고 취약하게 만든다. 그러나 모두를 동일하게 만드는 것은 아니다. 단절되고 파편화된 정책들의 영향을 가장 많이 받는 곳은 이 지역에서 가장 낙후된 곳이고, 특권적인 주체들은 이들을 자신의 이익에 맞게 활용한다. 특권층은 국경 안에도 존재하고 국경 바깥에도 존재한다. 국제적인 맥락은 이러한 상황을 더욱 악화시킬 만한 유인을 제공하고 있다. 우리는 이 글에서 세 가지 유인에 대해

집중하고자 한다. 첫째, 권력 분배에서 기인하는 것으로, 동서 양극화 담론의 회복을 통해 표현되고 있다. 또 하나는 세계화의 진행 및 그 결과에 관련된 유인이다. 끝으로, 앞에서 말한 두 유인과 싸우기 위한 전략에 관련된 것이다. 이 세 번째 요소는 경우에 따라 양자방식과 다자방식 중에서 우선권을 두게 된다.

이 유인들에 대해 각국 정부들이 실행하고 있는 다양한 조합 방식들을 보면 자국중심주의 동력을 끊어내려는 정치적 의지가 부족함을 명확하게 확인할 수 있다. 자기중심주의 동력은 단기적인 관점이 발휘되는 어디에서든 존재하기 마련이다. 이러한 상황은 중심부 국가라면 커다란 이익이 되겠지만 주변부 국가에게는 예외 없이 자기파괴적이다. 그런 틀로 보면 이웃국가가 경쟁자처럼 인식될 수도 있다. 그 정도는 아니더라도 한 번 써먹고 버릴 일회용 동맹국 정도로 보게 될 뿐이다. 이런 유형의 실리주의는 시류에는 맞지만, 어리석은 허상을 동반하기 마련이다. 그 중 가장 조잡하고 유아적인 예는 아마 이웃국가가 잘못되어 가면 우리에게 더 좋을 것이라는 상상이다. 그런 관점에서 따르면, 그 '다른 나라'에 우리와 이데올로기 색채가 다른 정부가 집권하고 있다면 우리에게는 더 이익이 될 거라고 생각하게 된다. 미국이 멕시코에 대해 쌓은 국경장벽이 브라질에게 유리할 수 있다고 생각하는 경우나, 브라질의 위기가 멕시코나 아르헨티나가 리더십을 확장하는 기회가 될 수 있다고 생각하는 경우 모두 그런 예다. 게다가 라틴아메리카의 운명을 이끌 일종의 메시아가 늘 존재해야 한다는 사고로 인해 이런 어리석음은 더욱 악화된다. 그러다 보니 오늘날 우리는 라틴아메리카라는 집단이 분열되어가는 파노라마를 목도하게 되었고, 결과적으로 강대국들에게 분명한 이익이 되는 상황이 되었다. 그럼에도 불구하고 이런 상황을 둘러싼 긴장 상태는 – 국가들 간에도 국가 내부에서도 일어나고 있는데 – 다양한 해석을 내릴 수 있게 해준다. 이 점에 대해서 아래에서 살펴보고자 한다.

누구를 위해 종이 울리나

현 시점에 정치적 관심은 국제 질서의 규칙을 정의하는 경쟁에 초점을 맞춰지고 있다. 이러한 논쟁은 링의 이쪽에는 미국과 나토연합 국가들이 서고, 다른 한쪽에는 중국과 러시아가 인도나 이란 같은 나라들의 지지를 받으며 서 있는 모양새다. 두 '패거리' 자체 내에 존재하는 불일치는 우선 제쳐놓기로 하자. 이 전환점을 깨닫는 주요 핵심국가들이 있다는 사실을 언급하는 것으로 충분하겠다.

설명하기 어려운 이 모든 현상을 지칭하기 위해 사용되는 통상적인 수단이자 여전히 자주 반복되는 사상으로 '격동의 세계'라는 표현이 존재하는가 하면, '전환기의 세계'가 존재한다는 확언 역시 오늘날의 현상을 설명하는 수단으로 상용되고 있다. 이는 그 기저에 깔린 사상을 담고 있는 용어이다. 바로 항구적인 무질서의 시스템 속에서 질서를 모색해야 할 필요성이라는 사상이다. 그리고 글로벌 권력이 미국과 서유럽과 북미에서 동아시아로 전환되고 있다는 증상이 최근에 그 시스템 속에 자리를 잡아가고 있다. 게다가 이 증상은 제로섬 게임을 낳고 있다. 즉, 한쪽은 스스로 고립되고 다른 한쪽은 자신의 영향권을 확장시킨다. 한쪽은 자신이 만든 질서에 대한 수정주의자가 되어 가고, 반대편은 그 질서를 이제 자신이 만들겠다고 주장한다. '미국의 시대'[1]의 종말 또는 글로벌 대립 시대의 시작[2]이 더욱 가시화될 것이다.

라틴아메리카가 역사적으로 규범을 만드는 지역이기보다는 규범의 수령자 쪽이었다는 사실을 일단 받아들이고 나면, 라틴아메리카는 어떻게 이 명백한 전세계적인 독과점 경쟁 사이클에 대처하고 있는가 하는 질문이 남는다. 구성주의

1) Richard Stengel, "The End of the American Century", en *The Atlantic*, 26/1/2017.

2) Timothy Garton Ash, "Under President Trump, We'll Enter an Age of Global Confrontation", en *The Guardian*, 21/1/2017.

자들이 말하는 대로, 지역은 사회적으로 구성되고, 그에 따라 지역은 역사적 시기에 따라 재설정되는 경향이 크다는 사실은 받아들일 만하다. 그리고 지역주의의 주요 목표는 늘 네 가지 주요 영역을 중심으로 구성되어 왔다고 볼 수 있다. 지역 내 국가들의 민주주의 공고화, 평화와 안전 보장, 경제발전의 추진, 국제적 활동 폭의 증가가 그것이다. 이런 틀로 볼 때 지역 바깥의 우방이 누구인지 확인하는 작업이 핵심적인 일이다. 특히 라틴아메리카의 강국들 사이에 분쟁이 되살아나고 있음이 인지되는 시점이라 더 그렇다. 현재의 맥락에서 이 지역 정부들에게 핵심 사안은 내가 미국이나 서유럽의 동맹국이 될지, 아니면 중국이나 러시아와 교역하는 게 유리할지 파악하는 점이라고 볼 수도 있다. 이러한 주장은 특히 신보수주의 정부들의 담론에 등장하곤 한다.

한편, 오늘날의 상황이 자립적인 기획들을 만들어낼 기회를 제공한다고 보는 이들도 있다. 이들은 미국 일방주의 시대에 남미국가연합(UNASUR: Unión de Naciones Suramericanas)이 만들어지고 라틴아메리카카리브국가공동체(CELAC: Comunidad de Estados Latinoamericanos y Caribeños)가 창설되었으며 메르코수르가 포스트신자유주의의 핵심으로 등장한 것을 그 예로 든다. 에콰도르 전 대통령 라파엘 코레아의 말을 상기해 볼 만하다. 그는 '세계'를 위해서는 힐러리 클린턴의 승리가 이익이 된다 해도, 라틴아메리카에게는 도널드 트럼프의 도래가 최적의 옵션이라고 했다. 그래야 좌파 정부 물결의 동인이 되는 반제국주의 감정이 강화될 것이기 때문이라고 했다.[3)] 그러나 이 경우에도 지역은 독립변수로서의 강대국 논리에서 벗어나지 못할 것이다. 즉, 지역통합의 운명이나 라틴아메리카 정부들의 이데올로기적 신호는 여전히 글로벌 권력을 경쟁하는 국가들의 행동 여하에 종속될 것이다.

3) Ana María Carvajal, "Correa dice que Trump es la mejor opción para América Latina, pero Clinton para Estados Unidos y el mundo", *El Comercio*, 2/10/2016.

그런데, 이 경직성 가운데에서 틈새를 찾아내고 글로벌 권력 경쟁성을 초월하는, 또는 편승하는 실용주의를 따르는 이들이 있다는 점을 분명히 할 필요가 있다. 칠레와 페루의 경우에는 자유무역협정들에 가입해 있고, 미국과 깊은 군사 관계도 유지하고 있다. 그리고 환태평양경제동반자협력(Acuerdo Transpacífico de Cooperación Económica, 영어로는 TPP)이라는 미국의 기획이 만들어지자 망설이지 않고 합류했다. 그러나 그렇다고 해서 중국과의 자유무역협정에 서명하지 않은 것도 아니고, 미국이 TPP에서 탈퇴하고 난 이후 중국의 유사한 기획인 역내포괄적경제동반자협정(Asociación Económica Integral Regional, 영어로는 RCEP)에 가입할 가능성을 고려하지 않은 것도 아니다. 또 브레튼 우즈 체제에 대한 대안적 국제통화제도를 조성하기 위해 아시아인프라투자은행(Banco Asiático de Inversión en Infraestructura, 영어로 AIIB)의 가맹국이 되는 것도 고려해 오고 있다. 그 이전에 남미국가연합이나 라틴아메리카카리브국가공동체의 설립에서 적극적인 역할을 맡는 데도 주저하지 않았다.

아르헨티나, 브라질, 멕시코 같은 나라들에게는 다자적 실용주의가 점점 더 필수적인 선택이 되어가고 있다. 물론 마우리시오 마크리, 미셰우 테메르, 엔리케 페냐 니에토 정부는 워싱턴과 특권적인 관계를 유지하기를 원한다. 그래서 브라질은 브릭스(BRICS) 국가들에게 자신도 구성원임을 주장하는 동시에, OECD의 정회원이 되기 위해 모색하는 중이다. 브라질은 미국과의 통상협정 및 방어협정을 다시 활성화할 뿐 아니라, 최근 선언한 민영화프로그램에 중국 기업들이 참여할 수 있도록 중국에게 문호를 개방하고 있다.[4] 아르헨티나에서도 유사한 상황이 일어나고 있다. 마크리 정부는 미국과의 관계를 재설정했으며, OECD에도 가입하기를 희망하고 있다. 중국과의 관계를 수정하려던 첫 번째 시도는

4) Xavier Fontdeglòria, "China promete a Temer participar do programa de privatizações brasileiro", *El País*, 1/9/2017.

실패했지만 결국 이 아시아의 거인과 교역관계를 증진시키게 되었다.

멕시코는 아시아에 대한 우호적인 시선을 표상하는 또 다른 국가이다. 미국의 보호무역주의로 인해 멕시코 수출의 80%가 위험에 처한 상황에서 아시아의 용은 멕시코의 자동차 시장을 차지해가고 있다. 또한 페냐 니에토 대통령이 석유자원에 대한 국영기업 페멕스(PEMEX)의 독점을 종결시킨 이후 중국은 멕시코 탄화수소산업 개발에 투자를 하고 있다.[5] 게다가 멕시코는 중국의 제의로 다음 브릭스 정상회담에 초청되기도 했다.

문제는 실용주의로 인해 이분법적 동서 경쟁이 부상하는 동안에도 라틴아메리카 국가들의 전략은 변함없이 근본적으로 개인주의적이라는 점이다. 그런 의미에서 보면, 보호무역주의에 대한 투쟁이나 '이데올로기적 제약' 없는 세계문호 개방을 둘러싼 선언들과 과장된 수사들을 늘어놓는다 해도, 역외 열강들과 특권적인 관계를 맺겠다는 생각은 여전히 라틴아메리카 국제정치의 독점적인 특징이다. 그렇지 않다면 트럼프가 워싱턴과 라틴아메리카 각국의 친밀감을 두고 일종의 선택적 보호주의가 있을 것이라고 한 말에 대해 아르헨티나 대통령이 표현한 일정 정도의 낙관주의를 어떻게 해석할 수 있겠는가?[6] 또한 그게 아니라면 멕시코의 국경장벽 확장이 브라질과 미국의 관계에 도움이 될 것이라는 테메르 대통령의 말을 어떻게 해석할 수 있단 말인가?[7]

아르헨티나, 브라질, 페루, 멕시코와 중국 사이의 협력 의제들을 간략히 살펴보면 근본적인 일치점을 확인할 수 있다. 그것은 바로 중국은 투자 프로젝트, 인프라, 산업재 및 (갈수록 더 많은) 서비스를 제공하려는 반면, 라틴아메리카 국

5) Jude Webber, "China apuesta fuerte al petróleo mexicano, *Milenio*, 7/12/2016.

6) "Macri confía en que proteccionismo de Trump no afectará a Argentina", *Diario Las Américas*, 17/1/2017.

7) Talita Bedinelli, "Temer cree que Trump beneficiará a Brasil y perjudicará a México", *El País*, 15/11/2016.

가들은 자국의 1차 산물이 유리한 입지를 차지하는 데 초점을 두고 있다는 점이다. 그럼에도 불구하고, 이러한 의제들을 공동방식으로 협상하려는 기미는 이 지역 정부들에게 존재하지 않는다.

세계화의 딜레마

오늘날 세계화라는 개념은 1990년대에 그랬던 것처럼 다시 유행하고 논쟁의 중심이 되었으며, 이른바 세계 체제의 전환을 특징짓는 핵심축의 하나가 되었다. 이러한 세계 체제의 전환에 대해 라틴아메리카 국가들은 싸워나가야 한다. 문제의 발단 단계라서 다양한 해석과 관점을 불러일으켜 왔다. 이는 근본적으로 세계화가 위기에 처한 것인지 아니면 단지 새로운 단계로 이행 중인 것인지 아직은 명확하지 않기 때문이다.

한쪽에는, 지금은 별로 대중적이지 않긴 하지만, 일부 정부와 학자, 기업인들이 여전히 지지하는 해석이 있다. 현재의 글로벌 자유주의 질서는 더욱 심화되어야 한다고 주장하는 해석이 그것이다. 이는 경제와 금융의 자유화는 기술 및 투자의 확산과 마찬가지로 여전히 존재하고, 또 바람직한 수단–혹은 목적–이라는 해석이다. 이 관점에 따르면 기술의 발전, 구성요소들의 유동성, 커뮤니케이션 혁명 등을 후진시킨다는 것은 불가능하다. 글로벌 게임의 법칙을 규정하려는 시도에 있어서 거대 다국적 민영기업들의 역할을 뒤집을 수도 없고, 비정부기구들의 역할도 돌이킬 수 없다. 사실은 다국적 민영기업들이 갈수록 더 막강한 파워를 갖게 되리라고 기대할 수 있다. 변화와 진보는 – 실증주의 관점에서 보자면–자연의 영역에 해당한다.

앞의 관점과 대조되는 관점은 제이콥 스트링어(Jacob Stringer)가 '반세계화주의'라고 정의한 핵심축이다.[8] 여기에는 두 세력이 포함되어 있다. 자유 시장에 대한 비판에 초점을 두고 있는 전통적인 좌파의 '반세계화' 운동과, 다문화주의와 국경의 침식현상을 향해 총구를 겨누는 우파 민족주의자들이다. 이들의 관점에서 보면, 세계화는 국지적인 특수성은 중요하게 여기지 않은 채 대기업에 맞춰 만들어진 시스템이다. 그래서 필요한 것은 물질적, 상징적 보호 전략에 뿌리를 둔 특정한 전통 가치들에 기초한 산업화라고 본다. 그런 점에서 트럼프가 "나는 파리의 시민이 아니라 피츠버그의 시민을 대표하도록 선출되었다"라고 주장한 것은 제대로 짚은 것이다.

이 대립적인 양극단을 넘어선 또 다른 관점들도 존재한다. 예를 들어, 자유주의 글로벌 질서가 위기에 처한 것이 아니라 그 주동자와 조직에 변화가 일어나고 있는 것이라고 주장하는 이들이 있다. '새로운 실크로드'[9]라고 여겨지는 "원 벨트, 원 로드(OBOR: One Belt, One Road)"나 아시아인프라투자은행(AIIB)와 같은 이니셔티브들은 사실상 중국의 새로운 세계화 모델[10]을 겨냥하고 있다. 이 모델은 적어도 지금까지는 낡은 세계화의 계율들을 따르고 있지 않다. 한편, 현재의 세계가 '탈세계화'[11] 과정 중에 있다고 주장하는 이들도 있다.

라틴아메리카의 여정은 그렇게 보면 통시적이다. 신자유주의 세계화 및 그 영향은 2000년대부터 중도좌파 정부들의 가장 큰 표적이 되었다. 당시 브라질 대통령이던 루이스 이나시우 룰라 다 시우바의 말을 빌리면 "세계화는 발전의 동의어도 대체물도 아니다(La globalización no es un sinónimo ni un sustituto del

8) J. Stringer, "Why Did Anti-Globalisation Fail and Anti-Globalism Succeed?", *Open Democracy*, 26/3/2017.

9) Ver Dietmar Dirmoser, "La Gran Marcha china hacia el oeste. El megaproyecto de la nueva Ruta de la Seda", *Nueva Sociedad* No 270, 7-8/2017, disponible en 〈www.nuso.org〉.

10) Liu Jiahua, "A New Model for Chinese Overseas Investment", *Project Syndicate*, 12/5/2017.

11) José Antonio Sanahuja, "Posglobalización y ascenso de la extrema derecha: crisis de hegemonía y riesgos sistémicos", en Manuela Mesa (coord.), *Seguridad internacional y democracia: guerras, militarización y fronteras. Anuario Ceipaz 2016-2017*, Fundación Cultura de Paz, Madrid, 2017.

desarrollo)"[12]. 이런 진단에 직면하여 라틴아메리카의 핵심국가들은 세계화 과정의 유해한 결과들을 막아낼 수 있을 만한 메커니즘을 세우는 일에 나섰다. 역설적이게도 오늘날에는 반대 시나리오가 존재한다. 대부분의 라틴아메리카 정부들은 신자유주의 세계화의 이점을 환기시키고, 선진 북미에서 발원한 반 자유무역 드라이브들을 비판한다. 유엔총회의 첫 연설에서 테메르 브라질 대통령은 보호무역주의에 대해 과한 비판을 했다.[13] 페드로 파블로 쿠진스키 페루 대통령이 "보호주의는 격파해야 한다"[14]고 주장한 것도 유사한 일이다. 마크리와 페냐니에토도 물러나 있지 않았다. 아르헨티나 대통령은 "세계화는 우리가 이용해야 할 무한한 기회들을 가져다줄 현실이다"[15]라고 표현했고, 반면에 멕시코 대통령은 멕시코를 자유무역에 대해 열려있는 국가라고 환기시켰다.[16]

그러나 2000년대 라틴아메리카에서 세계화에 대한 비판의 태도가 만장일치는 아니었던 것처럼 – 예를 들면 페루, 칠레, 콜롬비아, 멕시코는 결코 이에 동의하지 않았다 – 오늘날의 상황도 균일하지는 않다. '시장에 통합되고 규제가 없는 개방된 세계'라는 꿈에 대해 회의론자들이 여전히 존재한다. 이러한 예는 볼리바르라는 노쇠한 축을 지지하는 정부들이나, 정부 요직에 들어있지는 않지만 자국 정치역학에서 여전히 중요한 역할을 하고 있는 정치, 사회 활동가들에게서 찾아볼 수 있다.

12) "Discurso do Presidente Lula na Assembleia Geral das Nações Unidas", Secretaría de Planeamiento Diplomático, Ministerio de Relaciones Exteriores de Brasil, 2007.

13) M. Temer, "Opening of the General Debate of the 71st Session of the General Assembly", 20/9/2016.

14) María Rosa Villalobos, "PPK: 'El proteccionismo tiene que ser derrotado'", *El Comercio*, 18/11/2016.

15) "Palabras del presidente Mauricio Macri en la 134 apertura de sesiones ordinarias del Congreso", *Casa Rosada*, Presidencia de la Nación, 1/3/2016.

16) Enrique Sánchez, "Balance de la participación de Peña Nieto en el G-20", *El Excelsior*, 9/9/2017.

세계화의 '찬성파'와 '반대파'가 단순히 좌파와 우파로 나뉘는 게 아니라는 점을 고려하면 파노라마는 더욱 복잡해진다. 전통적으로 미국과 연계된 수많은 경제인과 정치인은 워싱턴이 라틴아메리카의 특권적인 파트너여야 하고, 미국의 정책들에 대한 열린 비판은 중기적인 이해관계에 반한다는 주장을 지속한다. 국가중심주의적 관점에서 보면 중국과 아시아 국가들이 구미가 당기는 틈새 교역 시장과 직접투자를 제공해줄 수 있다. 그러나 미국은 여전히 국제금융시장에 대한 최상의 접근성을 라틴아메리카에게 보장해 주는 황금열쇠라는 것이다. 라틴아메리카 식 표현으로 "아메리카 퍼스트(America First)"는 워싱턴이 제공하는 품질보증을 먼저 받지 않고는 장기적으로 지속되는 교역이나 투자는 존재하지 않는다는 의미다.

세계화 논쟁에 직면한 라틴아메리카 국가들은 따라서 삼중의 분열화와 싸워야 한다. 첫째, 좌파 정부와 우파 정부 사이의－이 지역에서 좌파, 우파를 구별하는 게 어려울 때도 있지만－이데올로기적인 분열이 유발하는 분열 있다. 둘째, '애국주의'와 '세계주의' 사이의 내분을 들 수 있다. 물론 여러 '세계주의자'들은 미국이 보호무역주의로 돌아선다 해도 세계적으로 가장 막강한 국가인 미국에 도전하는 것은 좋은 생각이 아니라는 관점을 견지한다. 끝으로, 세 번째 분열은 국가별 의지를 지역의 정치로 변화시킬 만한, 공통적이고 상호연계적인 정책의 부재를 말한다. 각국 정부들은 이데올로기적 지향성과 경제 개방에 대한 긍정적인 관점은 공유하고 있을 수 있다. 그러나 메르코수르나 우나수르 같은 지역통합기구들은 공통된 관점을 모을 수단이기보다는 여전히 개별적 국가 기획들을 정착시키기 위한 지평이 되고 있다.

글로벌 거버넌스의 경우에도 상황은 전혀 다르지 않다. 최근 G20 정상회의에서 아르헨티나, 브라질, 멕시코가 행한 역할은 이를 더할 나위 없이 잘 보여준다. 당시 주 포르투갈 아르헨티나 대사였던 호르헤 아르구에요(Jorge Argüello)는 이렇게 말했다. "세 나라 사이에 우선 과제라는 공통된 기본 의제를 달성할 필요성을 둘러싸고 공적 담론이 더욱 수렴되기는 했다. 그럼에도 불구하고 분명한 것은 세 나라의 정상회담 참석은 각국의 국내 상황에 따른 고유의 필요성을 반영하는 경향이 더 강했고, 이는 절름발이 걸음을 보는 듯했다는 점이다."[17]

기능적 분열

앞에서 다룬 두 가지 과정은 역외 다른 국가들과의 유대라는 세 번째 요소로 수렴되어 지역 분열을 자극하게 된다. 주요 서지사항을 보면 양자주의는 복잡한 국제적 맥락에서 기능할 수 있는 유효한 주요 대안이 될 것이다. 구속을 유발하는 거대구조에서 벗어나 이런 종류의 문제들을 양자 간 협상에 맡기는 것이 더 낫다.

UN이 국제적 장에서 일어나는 열강들의 작용을 제약할 능력도, 창립헌장의 근본 목적들을 달성할 능력도 발휘하지 못하고 있다는 사실이 주요 설명이다. 그런 의미에서 UN을 강화시켜 현재와 미래의 현실에 적응하도록 제안하는 대신 UN의 절대적인 불신임을 선택하게 된다. 이러한 불신임은 환태평양경제동반자협정(TPP)이나 세계무역기구(WTO)에서부터 G20, NAFTA, 파리기후협약에 이르기까지 여타 다자간 기구들로 확장되고 있다.

한편, 정반대 편에서 보면 양자주의라는 옵션은 당연히 다자주의의 억제를 필요로 한다. 양자주의에서 약소국은 불균형적이고 불리한 조건에 놓이게 된다. 강대국보다 협상력이 현격하게 약하기 때문이다. 강대국의 눈으로 보면 다자주의는 자신들의 무역 규정들을 세계적인 차원으로 확장시켜 수립하는 데 도움이

17) J. Argüello, "El reloj del G-20 ya corre para América Latina" Perfil, 3/9/2017.

된다. 아마도 오늘날 중국이 다자주의를 지지하고 기존의 경제 질서의 원동력으로 행동하는 것은 이런 이유 때문이다. 보다 수평적인 관점에서 보면 '큰 나라'든 '작은 나라'든 다자주의를 글로벌 대응과 지역적 대응이 동시에 요구되는 세계적인 도전에 대한 대처 방식으로 받아들인다.

다자적 체제에 반대하는 트럼프의 논쟁적인 결정이 불러일으킨 소란을 넘어서서 보자면 양자주의 노선은 라틴아메리카에서 새로운 게 아니다. 예를 들어, 칠레와 멕시코는 1990년대에 양자주의를 국제적 가입의 대안으로 선택했다. 칠레가 메르코수르에 가입하기를 거부한 사례가 그렇고, 멕시코가 미국에 굴복하여 나프타에 가입한 게 그렇다. 그런데 이러한 현상이 라틴아메리카에서 새로운 일은 아니지만, 최근에는 그 경향이 더욱 커져왔다.

라틴아메리카 지역주의가 채택하는 방향을 보면 이론상 가장 민첩하고 효율적인 결합방식들 사이에 어떻게 우선순위가 정해지는가를 알 수 있는 분명한 지표가 된다. 2000년대에는 통합을 자율적이고 다차원적인 관점－엄격하고 제도화된 관점은 아니다－에서 이해했다면, 새로운 중도우파 정부들이 도래하면서는 개방적 지역주의가 다시 조직될 것이고, 통합의 과정을 근본적으로 교역의 관점에서 이해하게 될 것이다. 자본을 끌어들이고 상품 수출을 강화하는 것은 존재의 기본 이유이다. 새로이 채택된 이 개방적 지역주의의 핵심의 하나는 통합기구들을 훨씬 더 유연하게 만든다는 선언에 찾을 수 있다. 다시 말해, 글로벌 시장에의 경쟁적 개입을 저해하거나 적어도 제약할 수 있는 모든 제도적, 규범적, 정치적 엄격성을 해제한다는 것이다. 비록 그로 인해 블록 협상을 장려하는 규정이나 메커니즘을 억압하고 무시하는 경우가 발생한다 하더라도 말이다.

이렇게 유연성의 첨예화 방식에 호소하게 되면 '임시동맹'이라는 단견주의가 강화된다. 이러한 단견주의는 비즈니스적 효율성이라는 패러다임에 뿌리를 내리고 있으며, '상대국'을 비즈니스를 위한 '파트너'로만 인식하는 국제 개입 사상을 또다시 되살리게 된다.[18] 그리고 이러한 편의주의적인 결합은 당연히 높은 불안정성을 특징으로 하게 된다. 유일한 연결점은 시장을 차지하는 것뿐이고, 이 목표가 이루어지면 그 유대는 의미를 잃게 된다.

결론 : 낙관주의와 비관주의 사이에서

이상에서 제시한 내용은 여러 가지 다양한 태도로 연결되기도 한다. 가장 낙관적인 이들은 현행의 국제질서는 조정되고 나아가 개선될 수 있으며, 그리하여 강대국들 사이의 평화의 힘으로 작동하게 되고 소규모 국가들에게 그 수혜가 이전되리라고 생각한다. 이는 몇 가지 전제에 뿌리를 두고 있는데, 세계화가 남반구 국가들의 빈곤 퇴치에 기여했다는 전제가 대표적이다. 얼마 전『이코노미스트』지 는 남반구 국가들이 최근 40년 동안, 특히 도시지역에서 어떻게 빈곤이 줄어들고 있는지 제시한 적이 있다. 낙관주의 시각에서 보면 신자유주의 글로벌 질서는 계속 존속할 것이고, 10억 인구의 삶을 긍정적으로 계속 변화시켜갈 것이다. 무역 역학상의 변화는 금융이나 기술 분야에 영향을 미치지 않을 것이고, 통신 네트워크나 운송에도 영향을 주지 않을 것이다.

물론 이런 생각을 모두가 공유하는 것은 아니다. 실제로, 글로벌 경제협상은 사실상 사라졌고 1994년 우루과이라운드 이후 어떠한 유의미한 성과도 내지 못했다고 주장하는 사람들이 한쪽 편에 있다. 많은 발전도상국에서 빈곤이 늘어왔음은 다양한 자료들을 통해 분명히 확인할 수 있다. 실업, 불평등, 도시와 농촌 격차, 치안 불안 등의 현상도 확인된다. 미주개발은행의 최근 보고서에

18) N. Comini y A. Frenkel, "Unasur. De proyecto refundacional al fantasma del Sudamexit", en Andrés Serbin, Laneydi Martínez, Haroldo Ramanzini Júnior y Andrei Serbin Pont (coords.), *América Latina y el Caribe frente a la encrucijada actual de la globalización. Anuario de la Integración Regional de América Latina y el Caribe, Nº 13, 2016*, cries, Buenos Aires, 2017.

따르면 세계 물품 교역은 3년 이상 갈등 국면을 경험하는 중이다.[19] 그리고 다른 한쪽에는 극단적 비관주의자들이 있다. 이들은 다국적인 기업들은 일반 국민에게 효과를 가져다주려는 것이 아니라, 저렴한 자원과 노동력, 느슨한 기후 관련 법을 제공해줄 시장을 찾아 이동 중이라는 사실을 강조한다. 이는 모두 보호무역주의 확장에 대한 요청을 증가시킬 뿐 아니라, 나날이 공격적이고 불평등하며 따라서 갈등적인 세계라는 관념을 가중시킨다.

라틴아메리카에서는 이러한 역학 관계에 대한 긴장감이 선명하다. 그리고 이 파노라마에 대해 어느 쪽 관점을 견지하느냐에 따라 이 대륙의 파노라마가 희망적일 수도 있고 암울할 수도 있다고 유추할 수 있다. 낙관주의자들 사이에는 인공지능, 빅 데이터, 전자상거래, 나노기술, 로보트화 등이 생산구조와 무역구조에 긍정적인 영향을 줄 것이고, 혁신과 창조력을 낳을 것이라는 공동의 믿음이 존재한다. 이는 모두 에너지 분야에서부터 물적 인프라까지, 운송 분야에서 교육 분야까지 다방면에 걸쳐 영향을 줄 것이다. 이 고도의 낙관주의를 가정하면, 사회 누수효과가 실현될 것이고 불평등 수준의 감소에 영향을 주게 될 것이다. 태평양 동맹의 수렴현상은 그런 목적에 기여할 수 있을 것이다. 그래서 특히 원산지 누적 조항, 관세 협약, 인적 이동에 대한 합의들이 이루어지고 있는 것이다.

비관주의적인 관점을 취하면, '국내 정치적 난류–글로벌 보호무역주의의 취약성'이라는 패키지가 이웃국가들의 경제에 부정적인 결과를 초래할 것이고, 또 역내 무역의 감소를 유발하리라고 단언할 수 있다. 예를 들어, 메르코수르는 2015년부터 경제 활동이 위축되고 있고 외국인 직접투자가 감소했으며, 엄청난 양의 무역제한 조치가 시작되었다.[20] 다른 한편, 세계적 규모의 기술 발전의 내재화는

19) *Los futuros del Mercosur*, Instituto para la Integración de América Latina y el Caribe (INTAL), Nota técnica No IDB–TN–1263, 2017.

20) Ibíd.

균등하지 않을 뿐 아니라, 특히 고용 부문에서 이 지역에 부정적인 영향을 끼치리라는 점도 예상할 수 있다. 가장 부정적인 견해를 가진 이들은 특히 경제적, 물리적 통합 측면에서 구조 변화를 이뤄내지 못했다는 사실을 주장의 근거로 삼곤 한다. 이런 관점에서 보면 현재까지 이루어놓은 건 거의 없고, 미래에 더 나은 방향의 변화가 있으리라는 희망조차 없는 것이다.

라틴아메리카 국제정치는 따라서 새로운 분열 단계에 처해있다. 권력 분배, 세계화, 국제 개입 전략을 둘러싼 인식이나 행동들을 보면 이러한 현상이 단시일에 뒤바뀔 리가 없음을 알 수 있다. 즉, 강대국들의 이익과 이 지역 국가들의 특권층의 이익에 직접적으로 달려있는 것이다. 다른 국가를 일시적인 파트너나 나아가 경쟁자로 보는 관념은 이러한 경향을 심화시킬 뿐이다. 현재 라틴아메리카가 간과하고 있는 점이 있다면 그것은 우리 국가들의 운명이 강하게 묶여있다는 사실, 지역 안이든 바깥이든 이웃국가의 불행이 내 이익을 끌어낼 기회를 의미하는 게 아니라는 사실이다. 이웃국가의 불행은 오히려 그 자체로 적대적이고 불확실한 시나리오에 문제를 하나 더 보태는 것과 같다. 세계은행이 최근 발간한 보고서에서도 라틴아메리카의 도약을 위해서는 자원과 지식의 통합 및 이전이 필요하다고 제기했다.[21] 그럼에도 불구하고, 처음 상태로 돌아가 다시 패를 섞어 나누려고 지속적으로 압력을 가하는 세력들이 존재한다.

조영실 옮김

21) Chad P. Bown, Daniel Lederman, Samuel Jaime Pienknagura y Raymond Robertson, *Better Neighbors: Toward a Renewal of Economic Integration in Latin America*, International Bank for Reconstruction and Development / The World Bank, Washington, DC, 2017.

비세계화: 라틴아메리카의 기회인가?

피에르 살라마

경제학자, 파리13대학 명예교수

원제와 출처: Pierre Salama, "Menos globalización: ¿marginación u oportunidad para América Latina?", *Nueva Sociedad*, No. 271, septiembre–octubre de 2017, pp.130–140.

핵심어: 세계화, 산업화, 국제 분업, 라틴아메리카

2008년부터 세계화는 점차 약화되는 추세다. 전 세계의 수출 증가율은 GDP 성장률과 유사한 속도로 둔화하고 있다. 2012년 이후 보호주의적 조치는 증가하고 있고, 2017년 도널드 트럼프 당선으로 이러한 경향은 보편화 할 것을 보인다.

이러한 상황에서 라틴아메리카 지역이 취할 태도는 무엇인가? 2012년 이래 심각한 위기 상황을 맞고 있는 브라질과 그보다 정도는 약하지만 여전히 위기상황인 아르헨티나를 비롯한 라틴 아메리카 국가들의 성장 둔화가 감지되는 가운데, 국제 시장에서 라틴아메리카가 원자재 수출 이상의 무언가를 창출하면서 국제 분업에 뛰어드는 것이 하나의 기회로 작용할 것인가? 사실상 그러한 가능성은 매우 낮다고 할 수 있다. 원자재 기반 성장 모델을 점차적으로 포기하는 것은 세계화의 여러 가지 부작용들을 하나의 기회로 만들 수 있는 필요조건이기는 하나 충분조건이 될 수는 없다.

국제 분업의 변화

아시아: 수출 주도 성장

1960년대와 1980년대 사이에 몇몇 아시아 국가들은[1] 생산과정의 해외 재배치와 정부 상당한 개입으로 급격한 산업화를 이뤘다. 재배치는 재화 생산 과정에서 선진국보다 노동 단위당 생산 비용이 훨씬 낮은 아시아 개도국의 특정 부문과 관련이 깊은데, 좀 더 정확히 말하면, 재배치 전략은 적은 자본과 풍부한 노동력을 사용하여 생산하는 몇몇 품목에만 영향을 미쳤다. 선진국과 개도국간의 임금 격차와 선진국이라면 법적으로는 불가능할 개도국의 노동조건은 대륙 간 운송비용을 감안하더라도 개도국으로의 재배치를 실행하는 편이 수익성이 낫다는 판단을 할 충분한 근거가 되었다.

그러나 아시아 국가들에서도 임금이 상승하여 자본집약도가 유지되고 상당수의 재화가 오프쇼링의 영향을 받으면서, 홍콩을 제외한 이들 국가들은 글로벌 가치사슬에 참여하기를 원했고, 이어 관련 정책을 채택했다. 이들의 목표는 국제시장에서 수요가 증가하는 보다 정교한 품목을 생산하는 것이었다. 국제 분업 구조는 두 세 개의 주체가 참여하게 되는데, 주문을 하는 선진국 기업과 그 기업의 계열사인 한 두 개의 개도국 기업들이다. 하지만 한국의 경우를 보면, 반드시

1) 한국, 대만, 싱가포르, 홍콩 등 소위 《용》으로 불리는 국가들과 이후에 참여한 말레이시아, 태국, 인도네시아 등 《호랑이》 국가들이 이에 해당한다.

그런 것은 아니다.

1990년대, 특히 2000년대에 들어와서 인터넷의 발달, 운송비용 감소 등으로 인해 몇몇 국가들이 글로벌 수요에 즉각 대응하는 역량을 갖추면서 국제 분업구조에 변화가 나타난다. 앞서 설명한 것과 같이 두 세 개의 주체로 형성된 분업구조에서 하나의 주 기업과 전 세계 다수의 국가에 위치하는 n개의 기업들이 참여하는 구조로 변화하였다. 글로벌 가치사슬은 제품의 디자인부터 배분까지 더욱 다분화 하였다. 조립을 비롯한 생산 기법도 변화한 것이다. 실제로 개도국에서 저임금 노동력 사용의 이점은 보다 정교한 생산 기법을 도입함으로써 유발되는 혜택에 비해 크지 않아 보인다. 기존의 남북으로 구분된 생산구조에서 남남 구조는 더욱 촘촘하게 짜여 있으며, 이러한 변화는 '조용한 혁명'의 특징을 띤다.

글로벌 가치사슬에 거의 투자하지 않는 라틴아메리카 국가들

리차드 볼드윈(Richard Baldwin)을[2] 이어 셀리오 히라투카(Célio Hiratuka)와 페르난도 사르티(Fernando Sarti)는[3] 2000년대에 글로벌 가치사슬의 붐이 일어났을 때, 라틴아메리카는 두 가지 조건 하에 산업화를 추진할 수도 있었다. 첫째, 특정 생산단계를 정교화하여 대외적으로 매력적으로 만드는 조건. 둘째, 아시아의 사례와 같이 특정 생산단계를 글로벌 가치사슬과 연계 및 통합하는 산업정책을 취하는 조건. 특히, 이 두 번째 조건은 라틴아메리카에서 거의 일어나지 시도되지 않은 것이다.[4] 멕시코의 경우, 아시아 국가들과는 달리 조립활동에만

2) R. Baldwin: 위대한 수렴: 정보기술과 새로운 세계화 The Great Convergence: Information Technology and the New Globalization, Harvard University Press, Cambridge, 2016

3) C. Hiratuka y F. Sarti: 브라질과 중국 간 경제관계: 상업과 외국인직접투자의 두 가지 흐름 분석 《Relaçós econôicas entre Brasil e China: anáise dos fluxos de comécio e investimento direto estrangeiro》 en Tempo do Mundo vol 2 No 1, 1/2016.

4) 라틴아메리카의 대부분의 국가들은 글로벌 가치 사슬에 거의 통합되지 않았다. 유엔 라틴 아메리카

집중하였다. 예외는 자동차산업으로 장비제조업자가 증가하였는데, 이는 산업정책으로 인한 것이 아니라, 다국적기업이 멕시코에 진출했기 때문이다. 따라서 시장개방의 효과는 경제성장으로 연결되지 않았으며, 이로 인해 지난 25년간 라틴아메리카 지역의 주요국들의 성장률이 저조했던 이유가 일부 설명된다.[5] 산업구조 역시 매우 취약하다.

디지털 혁명, 운송비용 감소, 노동 유연성은 이러한 변화를 자극했다.

과거에는 몇몇 주변 국가들은 원자재 생산에 특화되어 있었다. 오늘날 그들 중 일부, 특히 아시아 국가들은 세계의 작업소로 발전하였다. 반면, 라틴아메리카 국가들은 산업화 원자재 생산에 주력하였다.

이러한 변화들은 선진국에도 영향을 미치고 있다. 선진국들의 생산 라인은 국제화되었고, 연구와 개발, 자본집약도가 높은 생산의 초기 단계에 집중되어 왔다. 여타 부분은 다른 국가들로 이전되었다.

인터넷 혁명과 디지털화로 인해 기존의 산업과 서비스 간의 경계는 모호하다. 먼저, 과거에는 해당 산업의 일부를 형성했던 일련의 활동들이 과거에는 외주화되었지만 오늘날은 '서비스'라 불리며 때로는 탈산업화 관련 논쟁을 덜 중요하게

카리브 경제 위원회(CEPAL)에 따르면, 두 가지 종류의 가치 사슬 참여도로 구분할 수 있는데, 한 국가의 총수출에서 수입된 투입(imported input)이 차지하는 비중으로 정의되는 후방참여도와 한 국가의 재화 및 서비스의 수출 가운데 제3국의 수출에 사용되는 투입으로 사용된 비중으로 정의되는 전방참여도가 이에 해당한다. 브라질의 경우, 후방참여도는 2000년에는 11.4%, 2011년에는 10.7%인 반면, 중국의 경우에는 각각 37.2%와 32.1%였다. 중국에서의 후방참여도의 감소는 중국이 생산라인을 통합하려는 노력을 기울인다는 것을 의미한다. 전방참여도는 브라질의 경우(2000년 17.1%, 2011년 24.5%) 보다 중국 (10.8%와 15.6%)보다 그 비중이 높은데, 그 까닭은, 브라질이 중국에 더 많은 원자재를 수출하기 때문이다. 출처: V. ocde, Corporación Andina de Fomento (CAF) y Cepal: Latin American Economic Outlook 2016: Towards a New Partnership with China, CAF / Cepal / ocde, París, 2016.

5) Vése José Antonio Romero Tellaeche: 멕시코 경제 성장의 한계 Los límites al crecimiento económico de México, El Colegio de Méico / Universidad Nacional Autóoma de Méico, Ciudad de Méico, 2014.

만들고 있으며, 영역 간 비교 역시 어렵다. 또한, 가장 효율적이면서 생산성이 높을 뿐 아니라 빠르게 성장하고 있는 이른바 '동적 서비스'라 불리는 영역에서 적용되는 방식들은 기존 산업에서와 동일하다.

운송비용 감소, 그리고 규모 경제를 신속하게 확대할 수 있는 역량(즉, 글로벌 시장에 즉각적으로 대응하고, 금융 및 인력을 동원하는 데 필수적인 역량), 마지막으로 노동시장의 유연성은 글로벌 수요 변동성에 빠르게 적응 가능케 한다. 이러한 글로벌 가치사슬의 확대는 특히 아시아 국가들과 관련이 깊은데, 이들 국가들은 최종 종착 목표를 선진국 시장으로 설정한 채 아시아 역내 교역관계는 과거보다 매우 긴밀해졌기 때문이다.

피에르 벨츠(Pierre Veltz)가 지적했다시피, 일련의 제품 생산에 있어 경쟁의 유형은 갈수록 고정비용(특히 설계 및 투자 비용)에 의존한다.[6] 소프트웨어 산업이 거의 완벽한 예인데, 재생산 비용은 0에 가깝지만(제러미 리프킨(Jeremy Rifkin)의 표현을 빌리자면,[7] '한계비용 제로'), 기반 비용(클라우드와 같은 인터넷 인프라)은 매우 높아 신흥국들은 진입하기가 어렵다.

인터넷 혁명으로 집적 경제가 과거보다 더 많은 힘을 얻었다. 디지털화로 처음에는 역설적으로 보이는 현상들이 멀게도, 가깝게도 여겨진다. 멀게 여겨진다면 가치사슬이 세계적으로 급속도로 확산되기 때문이며, 가까워지는 것은 대도시가 상당한 경제세력을 얻고 있기 때문이다. 대도시는 세계화의 승자가 되며, 중소도시들은 패배자로 전락한다. 대도시는 수요의 거대한 원천이면서 동시에 고숙련 노동력의 공급자이자 채석장이다. 대도시가 국경을 넘는 네트워크를 구축

6) P. Veltz: 고도사회, 새로운 생산적 자본주의 La société hyper-industrielle, le nouveau capitalisme productif, Édition du Seuil, París, 2017.

7) J. Rifkin: 한계비용제로의 사회. 사물의 인터넷, 협력 공익, 자본주의의 소멸 La sociedad del coste marginal cero. El internet de las cosas, el procomún colaborativo y el eclipse del capitalismo, Paidós, Barcelona, 2016.

할 때 정부의 이익에 반하는 경제 세력이 되기도 한다. 대도시는 어떤 조건 하에서는 국제 분업의 원천, 경제의 복합성을 발전시키는 장소가 된다.[8)]

디지털화, 운송비용 감소, 유연성, 규모 경제성의 결과로 인해 진보된 기술이 즉각 사용가능하다. 환언하면, 선진국에서 가치가 떨어진 생산자본이 개도국으로 수출되어 활용되는 시기(1960년대부터 1990년대까지)는 지났다(과거 포드, 피아트, 르노, 푸조, 폭스바겐 등 자동차기업들은 비틀, 팔콘 등 구형 모델을 개도국에 판매할 목적으로 지속적으로 생산했다). 오늘날 신흥국에서 활동하는 다국적기업의 생산수준은 선진국과 비슷하다. 더 낮은 임금 조건 하에서 해당국의 통화가 달러 대비 강세임에도 개도국에 재배치된 기업들은 선진국 내 기업들보다 더 경쟁력을 가지고 있다.

고용과 그 형태, 정치적 대표성에 관한 중요한 결과들

일자리, 고용, 정치적 대표성 등이 다양한 경제 원칙에 미치는 영향을 간과할 수 없다. 세계화는 선진국에서 통합이자 동시에 분열의 과정이다. 먼저 통합 과정인 이유는, 개방 확대로 고용과 일자리는 외부 제약요인에 의해 영향을 받게 되기 때문이다. 고용은 점차 불안정해지고, 인터넷 확산으로 여러 활동의 《우버화(ubertización)》가 갈수록 보다 더 중요해진다. 아웃소싱 증가로 이러한 현상은

8) 경제의 복합성은 연구개발에 대한 노력에 달려있다. 그러한 노력이 커질수록 경제가 복잡한 재화를 생산할 가능성이 증가한다. 수출은 두 가지 특징을 가지고 있다. 편재성과 다양성이다. 편재성은 희소성에 의존하는데, 특정 국가만이 가지고 있는 자연자원과 일부 국가만 생산가능한 정교한 제품은 희소성을 띈다. Ricardo Hausmann, César Hidalgo et al.은 편재성과 복합성 수준을 측정하기 위해 수출의 다양성을 측정했다. 정교한 제품을 생산하는 복합성이 높은 국가는 연구 계수가 높게 나타났다. 정교한 제품 수요의 소득 탄력성은 높게 나타나며, 반면 가격 탄력성은 상대적으로 낮다. 또한 그러한 제품들은 국제 분업을 가능하게 한다. v. R. Hausmann, C. Hidalgo et al.: The Atlas of Economic Complexity: Mapping Paths to Perspectives, Center for International Development, Harvard University / Macro Connections mit Media Lab, Cambridge, 2014.

심화된다. 셀프고용노동자는 클라우드와 빅데이터 덕분으로 강화된 제약 하에 있게 된다. 한편, 세계화가 분열과정인 이유는, 모든 생산 활동이 아웃소싱이 가능한 것은 아니기 때문이다. 최근의 이러한 움직임은 가치 절하, 단절 등으로 내부인과 외부인이 대립할 때 모든 노동자들을 과거보다 훨씬 더 분열시킨다. 노동은, 업무의 다양성 측면에서 뿐만 아니라, 아시아 지역의 낮고 불안정한 임금으로 인해 급여 측면에서도 점차 유연해지고 있다. 그렇다고 해서 해고되는 경우, 노동 이동이 쉽게 일어나는 것은 아니다. 이에 더해 금융 자유화로 인한 소득 불평등과 현장 실무자와 관리자간의 임금 격차는 심화되고 있다. 이와 같은 질적, 양적 측면의 고용과 임금의 변화로 인해 라틴아메리카의 정치적 대표성은, 강한 의구심의 대상이 되고 있다. 세계화 추진의 책임이 있는 정치 세력들은 이러한 변화를 통제하는 데 있어 능력부족으로 새로운 정치 대표에게 자리를 내주며 그 대가를 치루고 있으나, 새로운 정치 세력의 정책 방향 또한 예측이 어렵다.

침체되었으나 회생 가능한 라틴아메리카 경제

라틴아메리카의 주요국: 아시아와 비교하여 관세에 있어서는 보호주의적 성향을 보이나, 환율에 있어서는 비보호적인 성향을 보임.

라틴아메리카 주요국들은 아시아 국가들(최근 전까지의 인도를 제외하고)보다는 더딘 속도로 무역개방을 추진했다. 페루, 칠레, 심지어 콜롬비아, 물론 멕시코와 같은 몇몇 국가들을 제외한 라틴아메리카 역내 국가들, 특히 브라질과 아르헨티나의 보호주의적 성향은 대부분의 아시아 국가들과 비교할 때 여전히 강하다. 그럼에도 장기간에 걸친 통화절상은 관세효과를 무력화했다.

통화절상은 지역 통화로 표시된 수입품의 가격을 낮춘다. 수입품의 가격이 하락하면, 다음과 같은 세 가지 이유로 수입품이 국내 제품을 대체한다. 첫째,

노동 생산성 수준이 동일 상품을 수출하는 기업들에 비해 상대적으로 낮아진다. 둘째, 노동 생산성은 아시아 국가들에 비해 미미하게 증가한다. 마지막으로 진보 정부가 수립된 국가에서는 노동 생산성보다 임금이 더 빨리 증가한다. 달러에 대한 현지 통화 강세, 취약한 인프라, 정부 및 제도의 불투명성과 함께 상기의 세 가지 요소는 기업의 경쟁력을 약화시키며 일반적으로 자본 수익을 감소시킨다.

[표-1] 노동 생산성의 연간 증가율 (1970년-2014년)

	1970-1979	1980-1989	1990-1999	2000-2007	2010-2014
아르헨티나	1.7	-1.4	6.9	-0.7	-2.5
브라질	3.4	-2.8	2.9	0.0	-2.5
칠레	-0.3	-0.5	6.2	0.1	-1.8
멕시코	0.6	-1.7	0.4	0.6	3.7
중국	-1.6	4.8	10.4	7.1	6.9
한국	3.2	5.0	7.7	5.6	4.3

출처: UNCTAD: Trade and Development Report, 2016: Structural Transformation for Inclusive and Sustained Growth, p. 69.

때 이른 탈산업화

통화절상, 낮은 생산성, 혼수상태에 빠진 기술진보,[9] 실질 임금의 증가, 그리

9) 통화가치 상승과 생산성 둔화 간에는 인과관계가 존재한다. 통화가치 상승으로 인해 자국 화폐로 표시된 임금은 변화가 없으나, 달러로 표시된 재화의 가격을 높게 만든다. 그 결과, 이윤은 영향을 받으며, 부동산을 비롯한 투기 자본이나 금융 자산을 선호하는 경향을 야기한다. Center for Market and Capital Studies (CEMEC) 연구에 따르면, 원자재 가격 하락 직전인 2010년 초부터 브라질 대규모 기업의 자본 수익은 감소했으며, 그로 인해 투자 감소와 노동생산성에 부정적인 영향을 미쳤다. V. el conjunto de informes del cemec en 〈http://ibmec.org.br/cemec/notas-cemec/〉.

고 취약한 인프라는 여러 가지 결과를 유발했다. 첫째, 라틴아메리카 국가들이 경쟁에 크게 노출되었으며 보호주의적 성향도 이를 막지는 못했다. 둘째, 전환 산업에 대한 투자 저조가 발생하였다. 이로 인해 라틴아메리카 국가들은 원자재 생산 활동에 치중하면서 탈산업화가 촉진되었다.

현재 중국의 경제성장 둔화와 더불어 원자재 가격은 과거 최고점을 회복하는 데 어려움을 겪고 있다. 많은 라틴아메리카 국가들이 부존 자연자원에 기반을 둔 원자재 생산 추진력을 잃고 있다. 관련 산업이 약화되고 있기는 하나, 브라질 등에서 완전히 파괴된 것은 아니다. 고부가가치 기술 재화의 무역적자 증가는 탈산업화와 취약성 증가를 의미하는 신호인데, 이는 국내 공급 부족이라기보다 공급을 초과하는 수요 증가의 결과이다. 또한 2015~16년의 화폐가치 하락, 실업 증가 및 임금 하락은 수출이 상당히 오랜 기간 후에 회복될 것임을 시사하고 있다. 그러나 진정한 보호주의적 조치가 시현되지 않은 상황에서 상황은 근본적으로 매우 취약하다.

희망을 가져야할 이유?

2015년부터 라틴아메리카 지역의 대부분의 기업들은 자국 통화의 가치하락을 경험하고 있다. 뿐만 아니라, 브라질에서는 인플레이션, 실업증가, 실질임금 하락이 나타났고, 노동 생산성이 부진함에도 단위당 비용은 하락했다. 몇 달 뒤에는 글로벌 수요 감소에도 불구하고 그러한 상황이 브라질 수출에 호의적으로 작용했다. 제조업 수출이 차지하는 비중은 2005년 53%에서 2015년 37%로 크게 하락한 이후로 처음 증가했다. 관련 제품의 무역적자는 2014년 1/4분기 190억 달러에서 2017년 1/4분기 25억 달러로 크게 감소하였다. 같은 기간 고부가가치 기술 재화의 적자는 반으로 줄었고, 중고부가가치 기술 재화의 적자는 반 이상 줄었으며, 중·저부가가치 기술 재화의 적자는 사실상 사라졌다.

경쟁력이 다시 증가하였을 때, 산업구조는 여전히 취약했으나, 글로벌 수요에 대응하는 역량을 갖추게 되었다. 그러나 그 역량이 아직은 충분하지 않았는데, 이는 노동 생산성 증가에서 비롯된 것은 아니기 때문이다. 산업구조가 회복 능력을 가지고 있다면, 그것은 그 산업이 완전히 파괴된 것은 아니기 때문이다. 경제의 복합성과 비교우위가 줄어들었으나, 브라질은 여전히 몇몇 표준을 가지고 있었다. 2008년 위기 직전까지 고부가가치 기술 산업 특히, 중·고부가가치 기술 제품 생산은 크게 증가했다.

그러나 중·고 기술 및 중·저 기술 제품 수출에서 성장률을 보였음에도 브라질은 해당 분야의 국제분업 참여 수준은 낮다. 전체적으로 그리고 부문별로도 수출의 복합성과 비교우위는 감소하고 있다.

회복 능력은 존재하지만, 매우 약하다. 미래에 대한 긍정적인 전망을 토대로 특정 분야를 강화하면 지속적인 성장은 가능하다. 탈산업화 및 수출의 단순화를 유도했던 기존의 경제 패러다임은 다시 생각해봐야할 것이다. 자연자원 채굴에 의존하는 경제는 결국엔 환경에 돌이킬 수 없는 해를 미칠 것이며 지역 통화

[표-2] 브라질: 기술 집약도에 따른 수입 연간 증감률, 괄호 안은 연간 생산량 증감률

	2010	2011	2012	2013	2014	2015	2016	2017
고부가 가치기술	35.2 (14.1)	7.2 (6.9)	9.3 (-4.9)	0.8 (0.9)	-7.1 (16.7)	-12.6 (-20.8)	-25.5 (-16)	3.6 (-3)
중고 부가가치 기술	30.9 (31.9)	33 (4.4)	9.3 (-8.4)	3.8 (4.9)	-2.5 (-2.5)	-16.4 (-11.9)	-29.9 (-19)	9 (3.4)
중저 부가가치 기술	62.1	21.4	18.8	5.8	2.5	-16.4	-41.8	29.6
저부가 가치기술	23.7	33.4	18.9	-2.5	3.1	-2.3	-34.2	23.4

출처: Carta IEDI No 784, 28/4/2017 y Carta iedi No 788, 19/5/2017; 회색은 위기 시기

의 가치 상승을 유도할 것이다.

그동안 라틴아메리카 국가들은 세계화와 그것으로부터 파생될 수 있는 이득에 대해 상당히 수동적인 자세를 견지하면서 새로운 산업혁명이 진행되는 것을 바라보고만 있었다. 이러한 태도는 이제 버려야한다. 자연자원 수출에 의존하는 경제는 한계에 직면했다. 국제 분업구조에 적극적으로 참여하기 위한 방안을 모색해야 한다. 이는 새로운 유형의 연합 탄생, 일관된 조세개혁, 보다 평등한 소득 분배, 기업 친화적인 산업정책 등 도전과제를 수반하지만, 이를 통해서만 발전이 가능하다.

이러한 시각에서 국제무역 둔화와 보호주의 증가는 새로운 개발모델을 선택하기 위한 하나의 기회가 될 수 있다.

정혜윤 옮김

부록

1. 2017 시사토론
   라틴아메리카 경제의 침체, 그 끝은 어디인가?

2. 라틴아메리카 경제지표 2017

1. 2017 시사토론

라틴아메리카 경제의 침체, 그 끝은 어디인가?

- **일시: 2017년 11월 10일 금요일 오후 3:30–5:30**
- **장소: 서울대학교 220동 201호**

사회

김기현(선문대학교 스페인어중남미학과 교수)

토론

권기수(한국외국어대학교 포르투갈어과 교수)
김영석(계명대학교 스페인어중남미학과 교수)
김형주(LG경제연구원 연구위원)

김기현: 지금부터 서울대학교 라틴아메리카 연구소가 주최하는 제 5차 시사토론회를 시작하도록 하겠습니다. 이 시사토론회가 2013년에 시작해서 매년 한 번 씩 개최돼 벌써 5차가 되었는데요. 지금까지 1차는 칠레 대선, 2차는 브라질 대선, 3차는 미국과 쿠바관계 개선, 4차는 콜롬비아 평화협상, 이렇게 주로 정치적인 주제들을 다뤘었는데, 이번에는 분위기를 바꿔서 경제 문제를 한번 다뤄보려고 합니다. 주제는 라틴아메리카 경제의 침체, 그 끝은 어디인가입니다. 일단 참석자들을 소개시켜드리겠습니다. 가나다순으로, 권기수 교수님, 대외경제정책연구원 미주팀장을 지내시고 최근에 한국외대 포르투갈어과 교수로 옮기셨습니다. 반갑습니다. 다음은 김영석 교수님이신데요, 역시 수출입은행 콜롬비아 사무소장을 지내시고 최근에 계명대학교 스페인어 중남미학과 교수로 옮기셨습니다. 반갑습니다. 마지막으로 김형주 LG경제연구원 연구위원님 모셨습니다. 명실상부 우리 한국의 중남미경제 최고 전문가 세 분을 모셨습니다. 아주 재밌는 토론이 되지 않을까 기대합니다. 오늘 토론은 크게 세 파트 정도로 나누어서 이야기를 진행시키려고 하는데요, 첫 번째는 최근 중남미 경제의 상황을 살펴보고 문제점들을 분석해보고요, 두 번째는 중남미경제가 장기적 발전을 위해서 어떤 근본적인 문제들을 해결해야 할지, 이런 점들을 한번 논의해보고, 세 번째는 각 국가별로 핵심 쟁점들이 뭐가 있는지를 살펴보는 식으로 토론을 진행하겠습니다.

최근 중남미 경제의 전반적 상황

다른 지역과 비교해서 최근 중남미 경제의 성장률은 어떠한가?

라틴아메리카 경제의 회복이 느린 이유는 무엇인가?

김기현: 첫 번째 주제는 중남미의 최근 경제상황과 그에 대한 문제점의 분석인데요. 우선 중남미가 최근 다른 지역과 비교해서 성장률이 그렇게 높지 않은 것 같습니다. 기대한 만큼 회복이 되지 않는 것 같은데 성장률에 초점을 맞추어서 최근 중남미 경제 상황이 어떤지 말씀해주시기 바랍니다. 김영석 교수님 먼저 말씀 부탁드립니다.

김영석: 다들 잘 아시는 것처럼 중남미 경제는 최근에 나쁘죠. 2015, 16년에 제일 나빴고 사실상 제로 성장 또는 마이너스 성장을 했고요. 2017년 들어서가 문제인데 올해는 제가 보기에 회복기에 들어선 것 같습니다. 완만하지만 성장세를 보여주는 회복 국면에 진입한 것은 맞고 내년도 전망까지 같이 이야기하면 내년은 지금보다 훨씬 나을 것으로 예상되고 있습니다. IMF 자료 가지고 지표로 이야기 하면 2015년 중남미 경제가 0.1% 성장한 것으로 나오고요 2016년이 −0.9%. 올해 전망치가 1.2% 내년이 1.9%입니다. 큰 경기순환주기 상에서 중남미 경제가 어디쯤에 있나를 보고 싶은데요. 너무 길게 가면 죄송하지만 길게 가보면 1980년대에 외채위기 겪었고, 90년대 들어서 회복세로 들어섰는데, 98년부터 2002년까지 대개들 잃어버린 5년이라고 하잖아요? 80년대를 잃어버린 10년이라고 하는데, 그때 좀 안 좋았고요. 2002년부터 사실 거의 역사적으로 유래

가 없는 원자재 슈퍼 사이클이 왔고 그때부터 2013년까지 무지 좋았고요. 더 이상 좋을 수 없었던 좋은 시절이 있었지만 2014년 하반기부터 중남미 경제가 하락국면으로 들어가기 시작해서 2015,16년이 굉장히 어려웠던 시기가 왔었던 거고, 굉장히 좋았던 시기에 맞춰서 이야기 하면 가장 큰 원인은 원자재 슈퍼 사이클이었고 그 슈퍼 사이클이 2008년 글로벌 금융위기 이후에도 이어질 수 있었던 것은 또 역사적이라고 할 수 있는 전 세계 저금리 상황, 선진국의 경기 부양을 위한 저금리 정책의 혜택을 봤다고 할 수 있고요. 2014년부터는 다 바뀝니다. 원자재는 하락세로 돌아섰고요. 2014년 8월에 유가가 배럴당 108불 하던 것이 2014년 12월 말에 딱 반 토막 납니다. 54불로. 2015년 1월 초에 54불이었던 유가가 당시 연 초 예상하기로는 연말에 다시 회복해서 80불 될 거라고 했는데, 웬걸요. 40불 밑까지 떨어졌고요. 2016년 초에는 30불까지 떨어졌고요. 한 30불 떨어졌던 게 16년 말에 그나마 다시 턴해서 40불, 그리고 지금 현재 시점 2017년 11월 60불 돌파했거든요. 완연하게 원자재 가격이 회복세를 보이고는 있는데 원자재 가격이 그렇게 떨어졌을 때 중남미 경제가 나빴던 거고 지금 다시 가격 상승세로 돌아서면서 좀 좋아지고 있는 거고. 두 번째로 보면 저금리 기조가 이어지고 있어요. 전 세계적인 저금리 기조는 이어지고 있는데 미국이 금리 인하를 시작한 게 2015년 말인데, 다른 사정으로 인해서 브라질은 거꾸로 그 시기에 금리를 대폭 인상합니다. 기준 금리가 한 7%에서 14%까지 올라가거든요. 그래서 당시 저금리의 혜택을 중남미가 누릴 여지가 있었는데, 중남미 개별국가 사정에 의해서 금리를 굉장히 많이 올리게 되었고 그러다보니 금리인상이 경기 침체에 중요한 원인으로 작용을 해서 지난 2년간 굉장히 나빴던 거구요. 제가 생각할 때는 그림 상 언제가 저점이었나 생각을 해보게 되는데, 2016년 4분기 정도가 저점이었던 것 같습니다. 2017년에는 확실히 턴하고 있는 모습을 보이고 있어서 그나마 다행이라고 생각하고 있고요.

김기현: 예 좋습니다. 저점을 찍고 회복하고 있는 중이라고 말씀하셨는데 문제는 그 회복의 정도가 다른 지역에 비해서 그렇게 크지 않다는 게 문제인 거 같은데 김형주 박사님 말씀해주시겠습니까?

김형주: 예 지금 이제 김영석 교수님 말씀하신 것처럼 중남미가 전 세계에 비해 상황이 굉장히 안 좋고 회복도 더딥니다. 그걸 명확하게 보여주는 것 중 하나가 IMF 올해, 내년 세계경제 전망 수치를 보면 동남아 국가들, 아세안 10개국 중 상위 5개국에 대한 전망치를 보면 5% 대를 전망하고 있습니다. 반면 중남미는 2%에 못 미치는 낮은 성장률을 보이고 있습니다. 우리가 두 가지를 볼 필요가 있는데 하나는 중남미가 기록하고 있는 1%대의 성장률은 선진국들이 경험하는 수치거든요. 선진국처럼 경제가 이미 어느 정도 포화상태에 이르고, 분모가 커진 상태에서는 낮은 성장률이라 하더라도 큰 문제가 없지만 중남미는 경제발전 단계로 보면 오히려 동남아에 더 가까운데 성장률은 선진국처럼 정체되어 있다는 거죠. 현상적으로는 그게 문제구요. 그런데 이 숫자만을 놓고 보면 안 될 것 같습니

다. 왜냐하면 경제라는 게 사이클을 타는데 모든 나라가 사이클을 똑같이 경험하는 게 아니라 사이클의 시발점에 있는 나라가 있고 각국의 경제발전 단계나 산업구조에 따라서 위치들이 조금씩 달라집니다. 예를 들면 선진국이 돈을 풀어서, 경기부양을 해서 내수를 살리기 시작하면 선진국이 먼저 수요가 살아날 거고요, 선진국에 물건을 만들어 공급하는 한국이나 중국 동남아 경제가 좋아질 겁니다. 처음에는 이 나라들이 경제가 완전히 좋아질 지 확신이 안 서기 때문에 가지고 있는 재고를 이용해서 물건을 만들고 재고를 팔고 이런 식으로 대응하지만 경제가 확실히 좋아졌다는 자신감이 생기면 그때부터 시설투자도 늘리고, 원자재에 대한 수요도 같이 늘어나는 것이죠. 그 다음의 혜택을 받는 것이 중남미 같은 자원 중심 국가들입니다. 그러다보니 아무래도 경기회복 사이클에서 좀 늦을 수밖에 없고, 중남미가 동남아에 비해 늦어진 것은 그렇게 설명할 수 있는데 이게 중남미 국가들의 큰 맹점입니다. 경기 회복이 앞으로도 계속 이어질 거란 확신이 들면, 중남미도 꽤 높은 성장률을 유지할 수 있습니다. 2014년 이전에, 중남미가 기록했던 굉장히 높은 성장률은, 그 앞부분에 선진국-중국으로 이어지는 경기회복의 연장선상으로 볼 수 있는데요, 문제가 그러다 선진국이 다시 주춤하거나 아니면 그 앞단에서 중국의 수요가 줄어들거나 해버리면 중남미는 훨씬 더 빨리 높은 성장률을 유지하지 못한 채 꺾여버릴 수 있다는 거죠. 이걸 흔히 채찍이론이라고 하는데, 채찍질을 탁 하면 손목에 가까운 쪽에서부터 힘이 전달되어서 마지막까지 가는데 시간이 걸리지 않습니까? 중남미는 어떻게 보면 채찍의 상당히 뒷부분에 있습니다. 그러다보니 기운이 전달되는 것도 늦고, 대신 좀 사그라지는 것도 빠르고. 물론 맨 끝에 있을만한 나라들, 원조를 받아서 커가는 아프리카라든지 이런 나라들에 비해서는 좀 낫다고 할 수 있지만 중남미의 산업구조는 그런 특징, 전 세계 가치사슬에서의 위치, 이런 부분을 같이 좀 봐야할 것 같습니다.

김기현: 네. 권기수 교수님?

권기수: 저도 종합적으로 설명을 드리면 우리가 생각하기에 중남미가 이머징 마켓이나 디벨로핑 마켓이라고 생각을 하는데 사실은 다른 디벨로핑, 이머징 마켓과 출발선이 다르다는 것을 생각해야 될 것 같아요. 기본적으로 이머징 마켓이나 디벨로핑 마켓이 평균적으로 성장을 해줘야 하는 수치는 6% 정도. 최근 매킨지에서 중남미와 다른 신흥시장을 비교해서 분석을 했는데 2000-2015 사이에 디벨로핑 마켓의 평균 성장률이 5.6%를 찍었더라고요. 중남미는 2.9%, 선진국은 1.6%를 찍었는데 기본적으로 중남미가 개도국의 절반 정도를 성장했고. 그 시점을 2003년, 1차 산품 수출 호황을 시작으로 해서 끝나는 시기 2012년으로 끊으면 4%대, 5%대 많이 해요. 중남미 경제 특성을 보면 이머징 마켓 보다는 디벨롭드 마켓, 올드 마켓의 성격이 상당히 강하거든요. 대표적으로 도시화율을 비춰볼 때, 전 세계 도시화율의 평균이 50%를 넘어가고 인도, 한창 커가는 나라가 30%대고, 중국도 한 50%가 넘어가는 상황인데, 대

부분 중남미 국가들은 80%대. 이게 중남기가 가지고 있는 맹점이자 앞으로 중남미의 비교우위라고 할 수 있는 그런 측면이 있지 않나 합니다. 대표적으로 도시화율이라든지 최근 제가 주목하고 있는 인구. 인구증가율이 신흥시장의 성장을 결정하는 중요한 바로미터 중 하나인데 많은 중남미 국가들이 어느 정도 인구 정점을 찍고 그 동안 2000년 대 1차 산품 붐만 가지고 중남미 경제성장을 설명하기도 하는데 다른 한편으로는 인구증가 가지고도 고용시장에 인구가 투입되는 노동투입 가지고 설명하는 예들이 많기 때문에 그런 사이클이 지금 일정정도 끝나는 그런 시기라고 이야기합니다. 보통 우리가 신흥시장을 생각하면 젊은 층의, 중남미가 젊은 층의 인구가 많기는 한데, 다른 데에 비해서 고령화가 상당히 진척이 되고 있고요. 대표적으로 브라질의 경우 65세 인구의 비중이 7%가 넘어가면 고령화라고 이야기 합니다. 14%는 고령국가, 20%는 초고령사회라고 이야기하는데 브라질의 경우 7%가 넘어가서 고령화 사회에 접어들었습니다. 중남미=이머징 마켓이라 생각하는 경향이 있는데 다른 개도국보다 훨씬 먼저 자본주의에 편입이 되어서, 보통 신흥시장이라 이야기하는 국가들은 대부분 2차 대전 이후 독립하면서 발전을 준비하던 시기. 그러나 중남미는 수입대체산업화가 30년대, 40년대, 50, 60, 70년대까지 사실은, 외채 위기가 오기 전까지는 중남미가 지금 신흥시장이 걸었던 대표적인 길을 걸었던, 대표적으로 브라질이나 멕시코가 그런 길을 걸었기 때문에, 다른 개도국, 동아시아 국가들과 비교할 때 그런 길을 먼저 걸었고, 경제

성장에 바탕이 되는 엔진-인구증가나 도시화율-이 소진된 상태기 때문에 그런 국가들과 같이 볼 때는 차별성이 있다는 것을 염두에 두고 중남미 국가들을 이해할 필요가 있지 않나 합니다. 최근 중남미 국가들을 보면 제가 80년대 잃어버린 10년 말씀하셨고, 98-2002 잃어버린 5년이라고 하는데 저도 금년까지 찍을지 전년까지 찍을지 모르겠지만 2012년-2017 사이가 또 다른 잃어버린 5년이 아니었나 하는 생각이 들고 바닥을 찍고 다시 상승을 하고 있는데 모멘텀은 여러 가지 요인들 때문에 상당히 제한적이지 않나 하는 생각이 듭니다.

김기현: 중남미를 신흥시장으로 본다면 최소한 5-6% 성장률이 나와 줘야 실업률도 줄고 모든 상황이 좋은데 지금 중남미의 내년도 성장률을 보면 회복단계라고 말하는데 2%미만이란 말이죠? 1%대. 동남아는 5% 정도까지 나와 주는데. 지금 전반적 상황을 보면 나쁜 편은 아니거든요? 미국과 중국 경기도 나쁘지 않고 원자재 가격도 최근에 조금씩 상승하고 있지 않습니까? 정권도 좌파에서 우파로 바뀌어 기대감도 높고, 여러 가지로 상황이 좋은데도 1% 밖에 예상이 안 된단 말이에요. 왜 그럴까? 여러 가지로 짚어주긴 하셨는데, 거시경제요인, 경상수지 적자랄까, 재정수지 적자랄까, 인플레이션, 이자율 이런 거시 경제적 지표상으로 원인을 살펴볼 수는 없을까요?

김영석: 제 생각에는 그렇게 접근하는 것 보다 먼저 질문을 한 가지 해야 할 것 같은데요. 경기가 호황이냐 불황이냐를 판단하는 기준은 항

상 잠재성장률이잖아요? 잠재성장률이라는 걸 기준으로 그보다 낮으면 불황이고 높으면 호황이라고 하는데, 잠재성장률을 상회하는 성장률을 지속할 순 없잖아요, 어차피? 그러면 중남미 잠재성장률이 몇 %인지를 생각해봐야 합니다. 그 전에, 세계경제의 잠재성장률이 어떻게 될까? 이게 대충 3.7% 얘기하거든요. 내년도 세계경제 잠재성장률 예상치가 3.7%인데 선진국들은 1%미만도 있고 1% 내외 수준이고 우리나라가 3%정도 된다고 하고요 더 낮아질 것을 우려하고 있고. 중남미는 제가 볼 때는 전 세계 70억 인구, 전 세계 GDP 70조 달러, 숫자 약간 틀립니다, 그 정도 생각하면 딱 평균입니다. 항상 보면 중남미는 평균이거든요. 전 세계 평균이니까 중남미 잠재성장률도 3.7%쯤 보면 대략 맞을 겁니다. 그 잠재성장률보다도 현재 낮기 때문에 문제인 거예요. 말씀하신 대로. 잠재성장률을 상회하는 건 어렵고요. 아까 권기수 선생님이 얘기 잘 해주셨습니다. 중남미는 과거의 브라질의 기적이라던가, 멕시코의 기적, 이런 이야기가 나올 정도로 고도 성장기가 있었거든요. 그건 지나갔습니다. 도시화율이 선진국보다 높아요. 80%가 넘고, 한 나라가 경제발전 과정을 보면 크게 보면 도시화와 산업화인데 도시화는 이미 끝났고 산업화 과정에서 농촌의 유휴노동인력이 공장으로 가서 제조업 분야에 많이 투자되고 이런 과정들을 통해서 개도국이 성장하는 건데, 그런 과정의 동력을 중남미는 상실한 상태. 농촌에서 더 이주할 것도 없고, 인구 보너스도 말씀을 해주셔서 굉장히 중요한 건데, 2020년이면 중남미 인구보너스 끝난다고 하거든요. 그 때부터는 사실 인구보너스가 아니라 인구부담으로 전환되는 거거든요. 고령화가 진행되기 때문에. 인구 증가율이 지금 1.1%정도 이야기하니까. 요점은 중남미가 우리가 흔히 이야기하는 신흥시장, 동남아 수준의 성장률을 기대하는 것은 말이 안 된다. 그거보다 낮은 수준의 성장을 할 수 밖에 없는 여건에 있다는 말씀을 드리고요. 잠재성장률을 높이기 위한 방안들이 있어야 하는데 나중에 기회 있을 때 그건 따로 이야기하기로 하고, 현재 왜 성장률이 잠재성장률보다 낮은지를 봐야합니다. 중남미에서 문제 있는 몇 개 나라를 제외하고 성장률을 계산하면 잠재성장률 비슷하게 나옵니다. 브라질이 일단 예외에요. 남미의 절반을 차지하는 브라질이 마이너스 3.몇%를 2015, 2016 2년 연속 기록했거든요. 그게 중남미 전체의 경제성장률을 뚝 떨어뜨리는 효과를 만들었고. 성장률도 그렇고 물가도 그렇고. 베네수엘라. 경제 규모가 꽤 큰 베네수엘라가 중남미 물가상승률 올려놨거든요. 브라질, 베네수엘라, 에콰도르, 아르헨티나. 아르헨티나는 마크리 행정부가 들어오고 난 다음에 과거의 왜곡된 경제구조를 바로잡는 과정에서 공정 환율이 9페소에서 갑자기 15페소가 되어버리니까 조정과정에 있는 거거든요. 그런 조정과정이 2년 걸렸고 이제 겨우 정상화 된 것 같은. 지난 2년이 그런 과정이었고. 예외적인 네 나라 때문에 중남미 성장률 수치가 낮게 나온 거지 네 나라 제외하고 보면 잠재성장률 수준을 유지하거나 조금 떨어지는 정도라고 볼 수 있을 것 같습니다.

김형주: 지적하신 말씀이 맞는데, 문제는 그 네 나라가 중남미 경제의 2/3 정도를 차지한다는 거죠. 동남아도 5.2% 성장을 한다고 이야기하지만 각 나라들의 상황은 다 다르고 경제발전 단계도 다 다르거든요. 예를 들면 필리핀은 중남미와 굉장히 비슷한 모습을 보입니다. 예전에는 굉장히 잘 살다가 산업정책 잘못 쓰면서 자원과 사람에 의존하는 나라로 바뀌고 말았는데, 중남미도 어떻게 보면 그런 거죠. 베트남 같은 나라처럼 쭉 솟아오르는, 이머징하는 신흥국이 아니라 위로 한 번 갔다가, 정책 실패에 의해 아래로 내려와서 레벨이 신흥국 레벨로 낮아져버린 국가라는 점에서 신흥국으로 보는 거고, 그래서 어느 단계를 거쳐서 현재 상황에 와있느냐가 중요할 것 같습니다. 그리고 중남미도 김 교수님 말씀하신 것처럼 일부 이상한 나라들 때문에 성장률이 왜곡되었지만 그 이상한 나라들이 중남미를 구성하고 있는 거고, 또 과거에는 그 나라들이, 예를 들면 브라질이 5%대 성장하고 이러면서 대신 또 중남미 전체 성장률을 끌어올리고 주변 국가들을 끌고 가지 않았습니까? 그래서 개별적으로 볼 필요는 있지만 그렇게 보는 게 맞지만 여러 개의 합이 중남미라는 것은 어쩔 수 없는 사실인 것 같습니다.

김기현: 전반적으로 보면 그런 정도가 아닌 거 같아요. 제가 이코노미스트지에 2017년, 2018년 경제 성장률 예측치를 보면 아르헨티나는 오히려 한 2.7% 되고요, 브라질이 0.7% 칠레 1.3% 콜롬비아 1.7% 멕시코 2.2% 베네수엘라 −9.3% 페루 2.5% 이런 정도에요. 그런데 동남아를 한번 보면, 홍콩 3.1% 인도 6.7% 인도네시아 5.2%

말레이시아 5.4% 파키스탄 5.7% 한국 2.8% 대만 2.2% 태국 3.5% 차이가 확실히 나요. 이게 왜 이럴까?

권기수: 저도 사실은 국가들을 보면, 예상외로 그동안 모범생이라고 하는 국가들 있죠? 칠레나 페루 콜롬비아, 멕시코도 그렇고. 뒤에서 개별국가 차원에서 말씀을 하시겠지만. 사실은 우등생이라는 국가들조차도 최근 퍼포먼스가 상당히 나쁜 경향이 있죠. 국가마다 고유의 스토리가 있겠지만. 제가 보기에는 경제적인 변수도 중요한데 그에 더해 최근에 이런 국가들이 공통적으로 나타나는 경제의 불확실성을 키우는, 특히 또 신뢰가 투자에 있어 중요한데, 미래에 대한 신뢰나 불확실성을 계산하는 게 필요한데 이 국가들이 대부분 부정부패 문제. 그리고 최근 보면 중남미 대통령들 지지율이 인플레 수준으로 한자리를 기록하고 있고. 중남미 각국에서 경제성장을 견인하는 중요한 요소 중 하나가 정부의 인프라에 대한 투자나 정부 재정이 부족하니 민관협력 투자를 유치하려는 노력, 특히 경기 부양에는 건설부문에 대한 투자가 중요할 수 있는데, 대부분 깨끗했다던 국가들이 잘 아시는 오데브레쉬 이펙트나 그런 사태들에 전반적으로 아니면 바첼렛 정부 같은 경우도 거의 지지도가 바닥인데, 친사회적인 개혁에 대한 저항감이라든지 아들이나 며느리 부정부패에 연루된 거라든지. 페루도 그렇고 대부분 대통령들이 오데브레쉬 사건에 연루가 되어있다 보니까 실제적으로 집행해야 하는 인프라 투자가 제대로 안되면서 성장을 깎아먹는 요인이 있는 거 같아요. 페루 같은 경우 중남미 국가 중 신흥시장 다운 신흥

시장으로 2000년대 들어서 6% 대 성장률을 찍어줬던 대표적인 신흥시장이라 할 수 있는데 그 페루조차도 최근에 성장세가 크게 떨어진 요인들을 보면 쿠친스키 정부가 지도력이 없고 야당에서 정책 발목을 잡고 있고 대부분의 페루 대통령들이 부패에 연루되다보니 그런 요인도 있지 않나 합니다.

김기현: 좋은 말씀들이신데 어쨌든 중남미 경제는 원자재 가격과 상당히 연계되어 있잖아요. 최근에 원자재 가격이 오르면서 여러 가지 지표들의 상승을 기대하지만 경상수지 적자를 보면 아직 그 규모가 크게 나타나고 있어요. 여전히 수출 부진에도 불구하고 그것을 재정을 투입해 성장을 유지하려고 하다 보니 재정적자문제도 다른 지역에 비해 상당히 큰 것 같아요. 따라서 원자재 팔아서도 안 되고 재정확대를 통해서 성장을 유인할 수 있는 수단도 상당히 제한되어 있고, 이런 문제가 회복을 더디게 하고 있습니다. 즉 경제회복을 위한 수단이 없는 것이 문제가 아닐까요?

김영석: 성장이라고 이야기할 때는 측정을 국내총생산으로 측정하니까, 생산이 증가하면 경제가 성장하는 거에요. 그런데 생산을 수량 곱하기 가격으로 하잖아요? 이들이 늘면 경제가 성장했다고 이야기하는 건데, 사실은 좋았던 원자재 붐 시절에 생산이 늘었느냐 수량이 늘었느냐, 수량은 그대로인데 가격이 오른 거거든요. 중남미 경제가 한 게 없어요. 가만있는데 가격이 올라서 경제 성장률이 높아진 거예요. 그런데 가격이 떨어지니까 생산은 똑같은데 성장률이 낮아졌다고 하는 거거든요. 그러면 성장을 높이기 위해서는 뭘 해야

되냐, 결국은 생산을 많이 하면 돼요. 똑같은 생산요소투입을 가지고 더 많은 생산을 해야 되는. 결국은 생산성 증가거든요. 중남미 경제가 진짜 문제는 공급 측면에서의 생산성 증가가 일어나지 않고 있는 것이 근본적인 원인입니다. 크루그먼 교수가 이런 말을 했잖아요. 동아시아 기적이라고 하는데 동아시아 경제성장은 땀으로 이룬 성장이라고. 노동 투입 더 많이 하면, 1사람이 2사람 일을 하면 생산량 느는 것은 당연한 거지 그거는 당연한 거지 자랑할게 아니다. 정말 중요한 것은 생산성 증가라고 이야기했거든요. 중남미는 사실은 전 세계 지역별로 비교해 놓으면 가장 생산성 증가가 낮은 지역이라고 항상 나와요.

김기현: 그 이야기는 근본 문제를 다룰 때 다시 이야기 하도록 하구요, 거시경제 지표, 경상수지나 재정 수지 측면에서 한번 말씀해주시죠. 성장률과 관련해서.

김영석: 경상수지와도 약간 연관이 되는데, 1차 상품에 대한 의존도가 높다보니 과거에 중남미가 90년대에 열심히 노력해서 전체 상품에서 1차 상품이 차지하는 비중이 한 40%까지 많이 떨어졌어요. 소위 말하는 수출상품다변화가 일어났거든요. 그런데 원자재 붐이 일어나니까 다시 역전되어서 지금은 나라마다 다른데 중남미 평균을 내서, 수치는 틀릴 수도 있는데 한 60%가 넘어갈 겁니다. 그러다보니 최근 원자재 가격 하락 때문에 상품수출 줄 수밖에 없고 경상적자도 늘은 것으로 나타나는데 중남미 경상적자 이야기 할 때는 경상수지를 구성하는 항목 중에서 제일 큰 항목은 소득수지에요.

외채에 대한 이자를 지급하거나 외국인 직접투자자들에 배당 나가는 거. 그게 경상수지의 제일 큰 항목을 차지하는데 이건 외채를 줄여나감으로써 외채 이자부담을 줄이는 이런 거는 가능하지만 외국인 직접투자 들어와 있는 누적투자를 어떻게 할 수 있는 건 없고요. 그 분야에서 경상적자가 굉장히 크게 발생하고 있기 때문에 상품수지조차도 항상 흑자를 내다가 흑자 규모가 줄고 있고, 다시 요즘 또 흑자로 돌긴 했지만, 경상적자가 늘고 있는 건 문제이긴 한데 이건 중남미 경제에는 현재에는 큰 이슈거리가 안되거든요. 왜냐하면 지금 숫자를 정확하게 기억 못하는데 GDP의 3% 안될 겁니다. 3% 미만 정도의 경상적자는 한 나라 경제에서 감당 가능한 수준이고 중남미가 8천억 달러 정도의 외항무역을 가지고 있기 때문에 경상적자가 과거와 같은 외환 위기나 외채위기로 연결될 위험은 별로 없는 것 같고요. 재정적자는 문제죠. 세수가 주니까. 경기가 나빠지니까 세수가 줄고 그래서 굉장히 많은 국가들이 세율을 올리거나 새로운 세제를 도입하는 조세개혁을 하고 있는데 이게 재정수지 개선에는 도움이 되지만 국내경제성장에는 도움이 안 되거든요. 오히려 반대의 역할을 할 수 있기 때문에. 그런데 공공부채도 브라질 정도나 문제지 중남미 전체로 보면 양호합니다. 큰 문제가 안 되거든요. 브라질이 GDP의 70%가 넘는다고 하지만 중남미 전체 평균은 제 기억에 40% 안돼요. 상당히 양호한 수준이기 때문에 재정적자도 브라질이 문제인거죠. 에콰도르나 베네수엘라가 문제지 나머지 국가들의 재정수지 문제도 심각한 수준은 아니라고 보고 있어서 이 두 가지가 현재 중남미의 저성장의 원인으로 보기는 어려운 것 같습니다. 성장률을 높이기 위한 정부의 재정정책 역량에 부담으로 작용하는 것은 맞고요.

김기현: 자료에 보면 재정적자가 아르헨티나가 GDP의 −6.2%고 브라질이 −8%, 베네수엘라가 −19.5% 이 세 나라가 굉장히 심각하고 나머지 나라들은 3% 이하라서 그렇게 심각한 수준은 아닌 것 같은데, 2008−9년 미국 금융위기로 원자재 가격 폭락했을 때 중남미 경제가 버틸 수 있었던 게 재정적인 여력이 있었기 때문에 재정을 풀면서 성장률을 유지했었잖아요. 지금은 원자재가격 하락이 장기적으로 가다보니까 재정적자 규모가 커지니까 더 이상 재정을 풀 수 없는 상황이 되었고 그것이 현재 낮은 성장률의 원인이 아닐까 생각합니다.

김형주: 말씀하신 것처럼 경상적자, 재정적자도 현재 상황을 놓고 보면 큰 문제는 아니라고도 볼 수 있습니다. 오히려 문제일 수 있다고 생각하는 이유는 그걸 만들어내는 만성적인 적자. 세계경기가 좋아지더라도 쉽게 회복되지 않을 것 같다는 우려들이 확산되고 있는 것 같습니다. 그러다보니 글로벌 금융시장에서도 중남미 채권 가격이 떨어지고 그러는 거 같은데요. 그것과 별도로 아까 말씀하신 중남미 경제 부진의 원인을 구조적인 원인과 일시적인 요인으로 나눠볼 필요가 있을 것 같습니다. 일시적 요인들이 말씀하신 재정적자와 관련이 깊을 거 같은데 제일 큰 문제는 원자재 가격 하락일 것 같습니다. 최근에 가격이 회복되고 있지만 회복되는 이유를 보면 수

요가 살아나서 원자재 가격을 끌어올리는 게 아니라 주로 공급 측 요인에 의해서 가격이 오르고 있거든요. 중동의 지정학적 불안이라든지 구리 같은 경우에는 칠레 광산의 노후화 이런 것들이 원자재 가격의 상승을 부추기고 작년 말부터 중국 수요가 늘면서 조금 올라가는 것도 있지만 그런 수요 측 요인보다는 공급측 즉 공급이 줄어들며 가격이 오른 측면이 훨씬 큽니다. 그러다보니까 아까 김교수님이 말씀하신 것처럼 GDP라는 것이 물량 곱하기 가격인데 가격이 올라도 공급 자체가 줄어들다보면 실제 GDP 증가로는 이어지지 못하는 것이죠. 그런데 중남미 국가들의 상당수는 재정을 원자재수출에 의존하는 국가들이 많은데 거기서 생기는 부가가치의 전체 규모가 줄어들거나 늘어나지 않다보니까 반면 지출은 계속 늘어나고. 경기가 안 좋아지다 보면 고용보조나 이런 지출은 늘어나야 하다 보니까 재정적자가 계속 이어지는 거죠. 그럼 이게 세계 경제가 회복되면 살아날 수 있지 않을까 생각할 수 있지만 세계경제 회복 전망이 불확실합니다. IMF도 내년 성장률 전망을 올해보다 조금 높게 보긴 하지만 그거에 대해서 항상 조건을 붙이는 게, 가변적일 수 있다는 것과 회복이 소비 수요에 의한 회복이 아니라 아직까지는 투자가 주도하는, 재고 감소에 의한, 그것을 보전하기 위한 투자 증가에 의한 것이라는 걸 계속 붙이고 있거든요. 마치 펌프에서 마중물을 붓고 그것이 실제 물로 이어질지는 지켜봐야하는 것처럼 세계경제가 완전히 회복세에 돌아섰다는 확신이 들면 원자재 가격이 오르고, 중남미도 재정문제나 이런 것들이 해결되겠지만 일부에서 우려하는 것처럼 세계경제가 올해를 피크로 내년부터 하락세로 접어든다면 중남미의 어려움은 훨씬 더 커질 수가 있습니다.

김기현: 원자재 가격 이야기가 나왔으니까 아무래도 중남미 경제는 그것과 밀접히 연결되어 있는데. 최근 1년간 보니까 중남미 원자재 가격이 6.6% 상승했어요. 농산물은 3.1%, 광물은 27.3%, 석유는 3.6% 이렇게 되어있거든요. 이 추세가 계속 살아날 건지 혹은 말씀하신 대로 원자재 슈퍼 사이클은 끝난 건지. 이것은 어떻게 전망하십니까.

권기수: 저는 원자재 가격이 크게 오를 변수들이 크지가 않아서 낙관적으로 보진 않고요. 최근에 대표적으로 구리 같은 경우는 일시적으로 상승을 하고 있고 유가도 사우디 변수나 베네수엘라 변수 이런 지정학적인 요인으로 작용하면서 반등을 조금씩 하고 있는데 장기적 구조적으로 보면 일시적인 변동이지 장기적인 상승을 의미하는 건 아닙니다. 한편 수요측면에서 볼 때 경기 회복에 한계가 있지 않나 하는 생각이 듭니다. 전반적으로 최근 중남미 경제에서 중요한 측면들이, GDP 구성 요소를 보면 민간소비, 정부지출, 기업 투자, 총고정자본 형성률, 그리고 수출액에서 수입액을 뺀 순수출 이렇게 나누는데, 기본적으로 보면 최근 가장 부진한 지표들이 정부지출입니다. 아직까지 기존 씀씀이가 있던 국가들이 최근 들어 전반적으로 1차 상품에 의존해서 상당히 많은 세수를 거둬들였고 그것을 통해 중도 좌파 정부들이 다양한 사회정책을 실시할 수 있었는데 지금에 와서는 그런 호황이 다 끝나버려서 허리띠를 졸라야 하

는 상황이고, 씀씀이에 대한 국민들의 기대는 꽤 있는데, 그걸 최근에 정부들이, 우파 정부들이 충족을 해주려다 보니까 국민들에게 허리띠만 졸라매라고 할 수도 없는 상황이고 우리도 어떤 식으로든 실력을 보여줘야 되는 상황인데, 그게 쉽지 않은 상황인거에요. 그러다보니 칠레도 그렇고 콜롬비아도 그렇고 콜롬비아는 최근에 부가가치세 인상을 했고 칠레는 전반적인 비즈니스 환경이 악화된 요인 중 하나가 법인세 인상, 이런 것들을 실시하고 있고 브라질 같은 경우는 작년 말 20년 동안 재정지출을 동결하는. 전년도 물가수준으로 해서 동결하는 긴축 재정을 하고 있고. 당분간은 경제가 살아나거나 1차 상품 붐이 살아나지 않으면 긴축으로 가야하는 상황이다 보니 그동안 정부재정으로 진행했던 사업을 진행할 수 없고 그런 사업들이 또 정치적인 이유로 중단되고 보니 지표들을 보면 재정지출이 마이너스고 투자도 아직 불확실성이 크다보니 관망을 하고 있고 투자가 살아나지 않고 있고. 살아난다 하더라도 중남미 경제에서 투자가 차지하는 비중이, 중국 같은 경우는 40%에 달하고 개도국 평균은 30%가 되어야 하는데 중남미 평균은 20%거든요. 그 수준에서 움직여봤자 한계가 있지만 투자가 살아나야 하는데 여전히 부진한 상황입니다. 그 다음에 덩치가 가장 큰 민간소비가 조금씩 살아나고 있는데 GDP 전체에서 차지하는 비중이 민간소비가 60% 이상이 되는데, 제가보기엔 중남미 국가들이 2000년대 들어서 소비주도의 성장을 했다고 봅니다. 소비주도 성장을 하면서 2008년 9년 되면서 정부들이 경기부양을 시작으로 소비여력이 상당히 소진이 되어 있고 가계부채가 커지고 최근 실업률이 늘어나고 하다보니까 구매력이나 이런 부분에서 상당히 한계를 보이고 있고 바닥을 치고 살아나고는 있지만 아직까지 전반적으로 소비가 살아나지 않고 있습니다. 최근 지표를 보다가 생각보다 놀란게 뭐냐면 브라질보다 멕시코의 민간소비 비중이 더 높더라고요. GDP 대비 민간소비 비중이 68%에요. 멕시코 경제는 보통 수출 의존적이라 생각하는데 멕시코가 수출도 많이 하지만 수입도 많이 하기 때문에 무역이 멕시코 경제를 견인하는 측면보다는 민간 소비가 멕시코 경제를 견인하는 것이 더 클 수가 있습니다. 멕시코는 가계소비, 구매력, 임금수준이 낮아서 가계소비가 살아나지 않아서 멕시코 경제 이야기 할 때 대외부문이 중요하다고 생각할 수 있는데 오히려 내수 쪽이 훨씬 더 멕시코 경제에 중요한 측면이 있는데 이런 부분들이 지지부진하다는 걸로 일정 정도 설명 할 수 있지 않을까 합니다.

김기현: 민간소비가 부진한 것도 결국 정부지출 여력이 부족하고 긴축정책과 다 연결이 되어있는 거죠?

권기수: 그렇죠. 2008-9년도는 정부가 재정여력이 있으니까, 또 민간은행 통해서 혹은 부가가치세 인하를 하며 소비를 진작시켰는데 미래소비를 당겨쓰는 소비고 그러다보니 소비자들이 과거만큼 소비할 수 있는 여력이 한계점에 와있고 그런 것들이 2000년대 2012-13년 그때 전반적으로 경기부진의 원인으로 설명할 수 있는 측면이 있을 것 같습니다.

김기현: 정부지출, 재정수지 이런 문제도 성장부진의 한 요인으로 지적해주셨는데, 원자재 가격도 중요한 변수겠죠. 김영석 교수님도 예상 한번 해주시죠. 원자재 가격 어떻게 될 것 같습니까?

김영석: 아무도 모르죠. 먼 옛날 얘기하면 1997년 한국외환위기 터졌을 때 8월에 태국 바트화 위기 터졌을 때 대한민국 모든 연구기관들 정부 전부다 연말 환율 800원이라고 했는데 2천원 됐잖아요. 유가 전망도 못 맞추는 겁니다. 2015년도 전 세계 경제예측 기관들이 연말에 80불쯤 된다고 대개 예측했거든요. 30불 됐어요. 지금은 현재 시점으로 유가가 한 60불이니까. 그런데 다른 경제 기관들이 예측해 놓은 자료를 봤는데, KIEP도 LG경제연구원도 내년 유가 전망을 50불 내외 수준으로 가정하고 경제 전망들을 하셨더라고요. 현재는 60불이거든요. 지금 수준을 가지 않을까 싶은데 이거는 정말 예측이 어렵습니다. 아무리 오펙 감산이 이어지더라도 미국에 셰일가스 생산이 늘어나면 다시 또 어떻게 될지 모르는 거니까. 공급 측면에도 움직임이 있어서. 많은 기관들이 예측하는 것보다는 높은 수준에서 현재 유가가 형성되어 있고 이게 그냥 가지 않을까요? 현장 가격으로 예상한다면 구리고 거의 파운드당 2불 밑 까지 떨어졌던 거로 기억하는데 지금 2.9불이거든요? 많이 올랐어요. 전체적으로는 광물 전체를 묶어서는 교역조건이 작년도 대비해서는 올해 중남미가 10% 이상 개선된 걸로 이야기하고, 내년에도 교역조건 개선 추세는 이어질 것 같은. 그게 아마 중남미 경제에는 크게 보탬이 될 거라고 생각하고요. 뭉뚱그려서 석유, 구리 이렇게 말할

재간은 없고요. 전체적인 원자재 가격이 급락했다면, 어디가 균형 가격인지는 모르겠으나 약간 반등했고 반등세 수준을 유지하지 않을까 저는 그렇게 생각합니다.

김형주: 자원 가격을 전망할 때 요즘 제일 중요한 변수는 중국 아니겠습니까. 중국 수요가 GDP 대비 자원 소비의 비율 변화를 보면 유럽 같은 경우는 이미 오래전부터 감소세로 접어들었고 중국만 계속 늘다가 이제 중국마저도 꺾어가기 시작했죠. 대기오염 문제도 있고, 신창타이, 중국 경제의 질적 변화도 도모하고 그러면서 일차적으로는 생산보다는, 제조업보다는 서비스 위주의 생산을 하겠다, 그리고 소득주도 성장이라든지 서부 지역의 소비를 계속 장려하면서 성장을 하겠다고 나가니까 결과적으로 자원수요는 오히려 줄어들고 중국에 대한 자원 수출 의존도가 높은 브라질이라든지 중남미 경제들은 타격을 받고 있는 것 같습니다. 중국경제가 아마 앞으로도 그런 기조를 유지할 가능성이 높기 때문에 과거처럼 자원가격이 폭락하지 않더라도, 유가 100달러 시대가 다시 온다거나 그러기는 좀 어렵지 않을까. 다만 유가가 너무 떨어지면 미국 입장에서도 부담이 되지 않겠습니까? 셰일 가스는 최소한 40달러 50달러 이상의 유가를 전제하고 생산이 가능한 건데. 그래서 셰일에 대한 미국의 입장을 고려하면 유가는 5-60달러 대는 유지하지 않을까.

김기현: 2000년대 유가 황금기가 다시 오기는 힘들 거다. 최근에 상승하긴 했지만. 그 수준에서 머물지 않을까. 그리고 경기를 진작하기 위한 재정여력도 별로 없다. 이런 문제들이 경제회복 전망을 다소 어둡

게 하는 요인이 아닌가 싶은데. 저는 항상 중남미 경제를 끌어가는 두 축이 하나는 원자재, 원자재가 안 될 때는 외국자본 유입이라고 생각합니다. 중남미 경제는 기본적으로 이 두 축으로 돌아간다고 생각합니다. 원자재 수출이 힘들면 외국자본 유입 해서 성장하다가, 이자율 상승하면 외채위기 겪으면서 힘들다가, 다시 원자재 가격 상승하면 좋아지고. 하여튼 이 두 축인데 이제 당분간 원자재 쪽에는 큰 희망은 없는 거 같고 그럼 결국 외국자본 유입을 통한 성장으로 끌어갈 수밖에 없는데 이것조차 기대한 만큼 안 나오고 있다는 게 낮은 성장률의 중요한 요인으로 보거든요. 아르헨티나도 좌파에서 우파 정권으로 바뀌었고, 브라질도 좌파정권이 탄핵을 당하고 친시장적 정권이 들어섰고 했는데도 생각만큼 외국자본 유입이 늘지 않는다는 말이죠. 신용등급이 나쁘긴 한데. 어쨌든 왜 생각만큼 외자유입이 안됩니까?

김영석: 정확한 숫자는 기억 못하지만, 외국 자본이라는 게, 형태별로는 크게 FDI 직접투자 있고 포트폴리오 투자 있고 기타투자 이렇게 구분할 텐데, 직접투자가 제일 비중이 크고요, 포트폴리오나 기타투자는 주로 은행 대출 이런 것들인데 이거는 변동성이 커요. 심한 경우는 순유출로 나타나기도 할 텐데 그걸 없다고 FDI만 놓고 보면 많이 안 들어온다고 한다는데 최근에 준 건 맞습니다. 증가율을 보면 6-7% 감소는 했는데 절대기준으로는 절대 안 작거든요. 1700억 달러 정도로 제가 기억하고 있는데 그게 아마 2016년도 외국인 직접투자 유입이 그 정도 될 겁니다.

김기현: 1671억달러...

김영석: 거의 정확하게 맞췄네요. 그 정도로 들어오고요, 내년에도 그 정도로 들어올 것 같은데 작지 않은 규모입니다. 중남미 GDP 규모와 비교하면 아 또 숫자 틀릴까봐... 3~4% 정도 될 거거든요. 너무 좋았던 시절만 생각하면 안 될 것 같습니다. 2011년~12년 정도와 비교하면 안돼요. 그때 제일 좋았던 때기 때문에 그때와 비교해서 많이 떨어졌다고 하면 좀 이상하고요. 그 때가 비정상적으로 좋았던 거기 때문에 그 전과 비교하면 외국인 직접투자는 꾸준히 들어오고 있다. 제가 보는 시각에서는 꾸준히 들어오고 있다고 보거든요.

김기현: 꾸준히 들어오고 있는 것 같지 않아요. CEPAL 자료를 보니까 2014년에 1987억 달러에요. 2015년에 1831억 달러로 감소했어요. 2016년에 1671억 달러로 또 감소했어요. −7.8% 감소했어요. 2017년 자료는 없어서 모르겠고, 계속 떨어지고 있어요.

김형주: 감소는 하지만 레벨 자체는 높은 거죠.

김영석: 11년, 12년과 비교하면 안 되고 더 멀리 가서 2000년대 중반과 비교하면 많이 늘어난 겁니다. 1700억 달러가 결코 작은 게 아니거든요. 중남미 경제규모를 따져볼 때 이 중 40% 정도가 브라질에 들어가는 걸 텐데 한 800억 달러 된단 얘기거든요. 그 정도가 꾸준히 들어오는 게 작은 건 아니거든요.

김기현: 잠시만 끼어들게요, 죄송합니다. 2005년에서 2009년 사이에 평균이 1070억 달러에요. 지금은 약 1700억 달러 정도 되니까 오히려 2010년대에 와서 늘어난 거죠. 이때는 자기들 원자재 수출 잘되고 하니

까 굳이 외국자본 유입에 크게 신경을 안 쓰고, 그런데 원자재가격이 떨어지면서 외국자본 유입을 본격적으로 하려고 노력을 기울였고 그러다보니 외국자본이 들어오기 시작했고 늘어나다가 2015년부터 감소하는 게 문제에요. 정작 늘어야 될 시점에 우파정부도 들어서고 했는데.

김영석: 감소하는 것은 그 당시 중남미 경제가 제일 나빴을 때잖아요? 15-16년에 2년 연속 마이너스 성장하고 있었을 때니까. 그럴 때 외국인 투자가 좀 주는 거는 자연스럽고요 오히려 많이 줄어야 되는데 별로 안 줄었다고 저는 보고 있고요. 더 많이 줄어도 이상하지 않은데 조금 줄었다는 얘기를 드리는 거고요. 절대 규모에서 절대 작지 않은 규모의 외국인직접투자 유입이 지속되고 있다고 말씀드리는 건데 내용이 더 문제입니다. 어디서 줄었나를 봐야 되는데, 전부 자원개발 분야에서 줄은 거거든요. 자원 가격이 떨어졌으니까 자원개발 분야 투자는 당연히 줄 수밖에 없어요. 그 줄은 거를 다른 분야에서 커버해준 겁니다. 남는 건 제조업이나 서비스업이거든요. 그쪽에 외국인 투자가 꾸준히 들어와서 낙폭을 줄여줬다.

김기현: 질문을 드릴게요. 마크리가 2015년 12월에 들어섰잖아요. 우파정부가? 그러면서 외국자본이 적극적으로 유입될 것으로 기대를 많이 했잖아요? 그런데 재미있는 게 2015년에 아르헨티나 FDI가 117억 달러였어요. 그런데 2016년에 42억 달러로 줄어요.

김영석: 그게 제가 정확하게 기억은 못하는데요, 석유회사 있잖아요, YPF, 재국유화하면서 정부가 지분 사면서 돈을 줘야 되거든요? 돈 주면

돈이 들어온 게 아니라 나간 걸로 카운트돼서, 하여튼 그 재국유화 과정 관련해서 통계적으로 그런 현상이 나타난 걸로만 기억하고 있습니다.

권기수: 제가 보기에는 외국인 직접투자가 어떤 동기에 의해서 들어오느냐 이걸 보면 지금 중남미 상황을 볼 때 외국인 직접투자가 들어오는 걸 해석을 할 수 있단 생각이 듭니다. 하나는 자원을 확보하기 위해서, 내수시장을 확보하기 위해서, 생산기지로서 활용하기 위해서 그런 측면에서 보면 최근 중남미가 어떤 상황에 있느냐에 따라 외국인 투자의 증가나 감소를 설명할 수 있지 않나 합니다. 자원개발 투자, 자원을 확보하기 위한 투자가 상당히 컸었는데 최근에 어쨌든 자원가격이 하락하면서 그 부분 투자가 자연스럽게 줄 수밖에 없는 상황인 것 같고요. 그 다음에 중남미를 생산기지로 활용하는 투자들은 멕시코와 중미 쪽에 초점이 맞춰져 있고 남미 쪽은 기껏해야 파라과이 정도가 그런 역할을 합니다. 그러다보니 미국을 겨냥하는 투자들, 트럼프노믹스의 직접적인 영향은 없겠지만, 그런 영향들이 일정정도 간접적으로 반영되어 나타났을 가능성이 있습니다. 최근 집중되는 것은 내수시장을 겨냥한 투자들. 복합적으로 해석될 수 있는데, 통신 분야라든지 소비 분야라든지 내수를 겨냥한 주로 브라질에 대한 투자를 그런 식으로 설명 드릴 수 있을 것 같습니다. 아니면 전력부문에 대한 투자라든지 특히 또 최근에 광산부문에 대한 투자가 줄어들어도 내수부문에 대한 투자가 증가할 가능성이 브라질하고 아르헨티나에 있습니다. 제가 보기에는 중

남미 국가들이 90년대 이후 제2의 개방이라고 할 정도로 시장개방을 하고 있고 시장개방의 요체들이 민영화, 지분매각이라든지 PPP를 통한 민영화정책을 실시하고 있기 때문에, 아르헨티나도 그렇고 브라질이 대표적으로 그런 정책을 실시하고 있고, 콜롬비아도 재정 적자에 쪼들리다 보니까 국영기업들의 지분을 매각하고 그래서 그런 부분을 겨냥해서 투자가 들어오지 않을까 합니다.

김영석: 아마도 2017년도 FDI 투자통계가 나오면 좀 더 주는 추세가 이어진다고 얘기하고 있는데 좀 늘었을 수도 있어요. 투자가 많이 줄지 않았고요. 투자 관련해서 문제는 자원개발 이런 쪽도 중요한데 거기에서 생산성 증가의 여지가 크지 않잖아요. 첨단 산업에 대한 투자가 많아야 하는데 그런 면에서 브라질이나 멕시코의 자동차 산업에 외국인 직접투자가 많았잖아요. 이런 것들은 중남미 경제의 장기성장에 크게 기여할 텐데 그런 게 별로 많지 않은 게 사실은 문제고 그래서 어떻게 하면 그런 투자를 많이 유치할 것이냐가 중남미 국가들의 정책과제 중에 하나이죠.

김형주: 외국인 직접투자 관련해서 말씀해주신 부분으로 충분히 설명이 될 것 같고요 하나만 덧붙이면 FDI가 줄어드는 거 아니냐고 심리적으로 느끼는 이유 중 하나가 과거에 우파정부가 들어서면 굉장히 공격적으로 민영화를 하지 않았습니까? 공기업을 팔고 굉장히 큰 거래들이 이어지고 그러면서 눈에 보일만한 거래들이 있었는데 최근에는 우파정부가 집권해도 지지율이 안정적이지 않고, 또 과거 민영화에 대해 국민들이 좋지 않은 기억을 갖고 있는 거죠. 공공

요금이 오르더라. 아니면 그걸 사간 스페인 미국 기업들의 주가만 오르더라. 이런 기억 때문에 섣불리 대규모 민영화를 못하고 있는 것 같습니다. 그러다보니까 말씀하신 우파정부가 들어섰는데 왜 FDI가 늘지 않느냐란 질문에 대해 그런 요인들이 있는 것 같고, 대신 일반 기업들 입장에선 이미 들어가 있던 기업들의 생산 환경이 좋아지니까 투자를 꾸준히 늘리고 있는 거죠.

김기현: GDP 대비 외채비중이 2000년대만 해도 40% 정도 됐습니까? 중남미가? 최근 원자재수출해서 달러 많이 벌어들이고 외채 갚아서 지금은 한 10%대, 정확한 수치는 모르겠지만 그 정도 되는 걸로 알고 있어요. 중남미가 내채는 많지 외채는 2000년대 지나오면서 상당히 많이 줄어들었어요. 이제 다시 돈을 빌릴 여지는 많은 것 같아요. 조건만 맞아떨어지면 외국자본이 들어오면서 그걸로 인해 경제를 활성화시킬 수 있는 여지가 있지 않을까 생각되는데 말씀하신 여러 이유 때문에 아직까지 쉽지 않은 것 같습니다.

라틴아메리카 경제의 근본적 문제

장기적 성장을 위해 해결해야할 문제는 무엇인가?
왜 원자재 수출 의존적 구조에서 벗어나지 못하고 있는가?

김기현: 최근 경제 상황에 대해서는 그 정도로 짚고 다음 주제로 넘어가도록 하겠습니다. 다음은 근본적인 문제를 생각해봐야겠는데 라틴아메리카 경제가 가능성만 이야기하지 실제로 그 가능성이 잘 실

현되지 않잖아요. 장기적으로 라틴아메리카 경제가 발전하기 위해서는 여러 문제가 있을 것 같은데 어떤 점들을 발전시켜나가야 장기적으로 성장할 수 있을지 근본적인 문제점들을 짚어주시면 좋을 것 같습니다. 예를 들면, 원자재 수출에 의존하는 경제, 여기서 지금까지 벗어나지 못하고 있잖아요? 왜 중남미가 이런 원자재 의존 구조에서 벗어나지 못하고 있는가? 이 문제를 저도 라틴아메리카 경제의 이해 책을 쓰면서도 계속 그 문제에 대해서 주목을 했었는데 이유는 많죠. 식민지 시대 때는 중상주의고 19세기 20세기 초반엔 신식민주의, 최근에 와선 네덜란드 병 이런 이야기들도 나오는데 선생님들은 왜 중남미가 원자재 수출 의존 경제에서 벗어나지 못한다고 생각하세요. 전문가들의 의견을 듣고 싶습니다.

김형주: 관점을 조금 바꿔볼 필요가 있을 것 같습니다. 왜 원자재 의존에서 탈피하지 못하느냐에 대해서는. 어차피 비중은 분모 분에 분자 아니겠습니까? 분모가 늘어나면 원자재 비중이 줄어들 수 있는 거죠. 근데 중남미에서는 그 원자재를 대체할 만한 다른 산업들이 충분히 크지 못한 게 기본적인 원인인 것 같습니다. 예를 들면 자원부국인 노르웨이 같은 경우 과거에는 자원이 많았고 자원 의존도가 높았지만 다른 기술이라든지 제조업이 커지면서 원자재 비중은 줄어든 거죠. 다만 원자재 규모 자체는 여전히 큰 수준을 유지하고 있습니다. 중남미도 같은 기간 동안에 원자재 외 다른 성장엔진을 발전시켜 나갔다면 이런 문제가 없었을 텐데 아까 김기현 교수님께서 중남미 경제의 두 축이 원자재와 외자유입이라고 말씀

하셨습니다만 그건 80년대에도 그랬고 90년대에도 지금도 마찬가지란 얘기죠. 그런데 한국만 보더라도 중국도 그렇고 80년대 우리의 주력 성장엔진과 90년대가 다르고 지금이 다르고 지금도 새로운 성장 엔진에 대한 고민을 하고 있는데 중남미에선 그런 노력이 별로 안 보인다는 것이 문제 같습니다. 그러면 그 노력을 누가해야 하느냐, 우리나 일본 같은 나라들은 워낙 정부가 이끌어가는 체제여서 당연히 정부가 해 줘야 되는 것 아니냐고 생각할 수 있지만 사실 한중일 세 나라를 제외한 대부분의 나라는 그런 역할은 기업이 해야 된다고 생각하거든요. 중남미에서도 역시 기업이 그런 역할을 해야죠. 근데 많은 연구들에서 드러나듯이 중남미 기업들은 그런 글로벌 경쟁에 직접 뛰어들고 제조업을 발전시키고 이런 역할보다는 주어진 내수시장이 충분히 크니까 그 안에서 규제라든지 진입장벽을 통해서 가지고 있는 파이를 키워나가는 데만 집중했던 것 같습니다. 그러다보니 자원을 갖고 있던 기업들은 자원 위주로, 서비스에서 허가권을 획득한 회사들은 통신이라든지 그런 서비스를 가지고, 유통망을 장악한 회사는 유통 중심으로 그런 식으로 경제가 성장하다보니 자원의존도가 높다는 명제에서 40년 지나도록 벗어나지 못한 것이 아닌가 생각이 듭니다.

김기현: 500년 동안 벗어나지 못했죠.

김영석: 제안 해주신 데 문제도 있고 답도 있고 그런 것 같은데요. 자원의 저주라는 얘기 많이 하잖아요. 근데 원조의 저주라는 말도 있습니다. 자원과 원조가 같은 성격을 가지고 있는 거에요. 공짜라는 거.

아까 말씀드린 대로 가격이 오르면 내가 노력해야 생산이 더 되는데 이건 가만있어도 생산이 증가한 것처럼 늘어요. 소득이 느니까 그 소득을 가지고 소비하면 그때는 좋은데 떨어질 때는 고통을 당하는 거고 최근에 중남미가 자원가격 하락 때문에 고생하고 있잖아요. 그래서 저주라고 하는데 자원의 저주라는 말이 맞느냐 이거죠. 로또 당첨되면 불행해진다, 이래서 당첨된 로또를 찢어버리는 사람이 있을까요? 그게 아니라 중남미 국가들은 자원의 축복을 받은 나라들이에요. 국토 면적에 비해 많은 자원을 가진 축복을 받았는데 문제는 자원의 저주 상황에 처하게 되는 것은 그렇게 생긴 소득을 제대로 활용하지 못한 문제, 말씀하신대로 원자재에 집중된 문제, 다변화하면 되거든요. 자원도 또는 좀 더 부가가치를 높이는 가공과정을 통해 국내에서 좀 더 부가가치가 산출되게 만든다든가 그런 노력들을 안 하고 있는 건 아닌데, 더 많이 해야 할 필요가 있는 건 아닌가. 그렇다면 자원이 중남미 경제가 도약하는데 중요한 종자돈 노릇을 할 수 도 있다고 생각하거든요. 원자재 위주 경제에서 벗어나지 못하는 것도 맞지만 이유는 자원의 축복 때문이고, 자원의 축복은 활용의 문제다. 잘만 활용하고 다변화 하면 그런 노력만 잘 하면 중남미 경제 성장의 계기가 될 수 있다.

김기현: 자원이 많은 게 당연히 축복이죠. 그 축복 때문에 다른 노력을 안 해서 사업 다각화도 안 되고 그래서 저주가 되어버린 거죠.

김영석: 다각화 노력을 하고는 있는데 부족하죠. 자원 수출 비중이 외려 더 늘었으니까. 슈퍼 사이클 기간 동안에. 부족한 건 분명히 맞는

것 같고요. 근데 칠레 같은 데는 기금 같은 걸 만들어서 가격 좋을 때 저축해놨다가 가격 나쁠 때 쓰는 그런 제도를 마련해서 운영하고 있고. 칠레 정도 되는 나라는 그래도 괜찮아요. 가격 변동의 영향을 줄일 수 있는 제도적 시스템을 갖췄는데, 다른 나라들이 문젭니다. 에콰도르, 베네수엘라, 아르헨티나 이런 나라들이 문제였기 때문에.

권기수: 이 얘기를 하면 중남미 전망이 막막하죠. 그렇게 낙관적으로 보진 않는데. 중남미가 어떤 길을, 어떤 경제발전 모델, 산업발전 모델을 지향해야 할 것인가. 우리가 희망을 볼 수 있는 국가가 어디인가 하고 살펴봐도 희망이 보이는 국가가 별로 없습니다. 우리가 대표적으로 칠레가 가장 모범적인 국가라고 하지만 칠레도 다양한 시도를 하고 제조업을 포기하고 다양한 서비스업, 금융이나 유통 쪽으로도 노력 해보고, 최근에 잘 아시겠지만 칠리콘 밸리, 혁신의 허브라고 해서 노력도 해보고 했는데 그런 것들이 아직까지 제대로 된 성장 동력을 발굴하지 못하고 있고. 칠레는 기껏해야 성공 사례로 얘기하는 게, 와인이나, 양식업. 이런 것들이 경제에 대한 파급효과가 제한적이다 보니까 칠레조차도 새로운 먹거리나 가야할 방향들을 찾지 못하고 있고, 위로 올라가면 코스타리카 정도가 가능성을 보이긴 하는데 Intel이 빠져나가면서 한계점을 보이고 있는 측면도 있고. 그래서 중남미 국가들 중에서 다른 국가들이 벤치마킹할 국가들이 어디가 있을지 생각해보면 희망을 보이거나 낙관적이라는 생각이 들지 않고요. 중남미 국가들이 자원이 많다보니까 자

기가 가지고 있는, 우리 식으로 하면 무에서 유를 창출하는 포스코 같은 케이스의 과정으로 갈 것인지 아니면 자기들이 가지고 있는 자원으로 발전을 할 것인지. 답은 자원을 비교우위로 해서 발전하는 것인데, 항상 헝그리 정신이 있어야 하는데, 배가 고파서 뭐 좀 해보려 하면 배가 부르고 나태해지고 그런 사이클을 겪다보니까 한계가 있고. 어쨌든 중남미가 그나마 희망을 갖는 것들은 역사가 진행이 되면서 조금씩 과거보다는 나아지고 있는. 앞날은 예측할 수 없지만, 외채 비중이 크게 줄어든다는 것들. 중남미가 2000년대에 새로운 성장 동력을 발굴하는 데는 실패했지만 또 대외경제적인 펀더멘털이 상당히 개선돼서 과거와 다른 특징을 보이고 있단 점에서는 희망을 볼 수 있단 생각을 하면서. 중남미가 2000년대 되면서. 제가 예전에 산업정책을 연구 한 적이 있는데. 중남미가 지원했던 모델 중 하나가 자원의 고부가가치 산업화. 브라질 경제를 지난번에 (부산 외대의) 김영철 교수님 발표할 때 관심을 가지고 봤던 것 중 하나는. 브라질 같은 경우에 브라질 경제를 어떻게 발전할 것으로 정의할 것인가를 봤을 때 natural knowledge economy 이게 뭐냐면 natural resource economy와 knowledge economy가 혼합된 형태. 어쨌든 중남미 국가들이 자원부국이기 때문에 자원을 기반으로 해서 지식을. 그게 가능한 나라는 어느 정도 R&D나 과학기술 발전이 있는 나라들일 텐데. 제가 보는 지표 중 GDP 대비 R&D 투자를 볼 때 중남미 평균이 0.5, 0.6% 정도로 높지가 않고, 여러 면에서 앞서있다고 하는 칠레조차도 0.4% 정도 밖에 안 되고,

그 중 멕시코도 0.6% 밖에 안 되고. 브라질이 1%가 넘어갑니다. 저는 브라질에서 희망을 봤는데...

김기현: 동아시아 다른 나라들은 어떤가요?

권기수: OECD 평균이 2.5%구요, 아시아 국가들도 그렇게 높지는 않고 우리나라는 R&D의 역설이라 할 정도로 3.5%가 넘는데. 너무 높고요.

김영석: 우리나라가 GDP 대비 R&D 투자가 정말 높잖아요? 20년 전에는 너무 낮다고 뉴스가 났는데 그 후 노력해서 그쪽 투자를 늘린 건 맞는데 옛날에는 연구원 점심 식사비까지 전에 안 잡히던 것 다 잡아서 올렸다고 합니다. 그거 땜에 애먹었답니다. 그렇게 노력해서 올라간 숫자가 꽤 있을 거에요.

김형주: 요즘은 많은 기업들이 글로벌화 되어 있지 않습니까? 이익을 어느 나라에 남기느냐가 중요한 문제가 되거든요. 기업 입장에서 굳이 세율이 높은 지역에 이익을 많이 남길 유인이 없습니다. 그래서 일부 기업들은 이익을 줄이기 위한 수단으로 특허료, R&D 비용 등을 이용합니다. 예를 들면, 세율이 높은 국가에 진출한 해외 법인들이 이윤을 줄일 목적으로 실제보다 더 많은 금액을 R&D 비용 명목으로 본사에 송금하는 경우들이죠. 물론 회계 상의 테크닉이고 불법은 아니지만, 결과적으로 R&D 투자 및 관련 통계가 왜곡되는 결과를 낳게 되고 그 덕분에 선진국들은 생산 설비 없이도 R&D 만으로 경제성장이 가능한 겁니다. 바꿔 말하면 중남미 국가들이 이런 상황 속에서 살아남으려면 글로벌 기업이 아니라 로컬

기업들이 경쟁력을 갖고자 뛰어들어야 하는데 그 의지가 없는 게 문제죠.

김기현: 원자재가 축복이 되려면 말씀하신 대로 원자재 부가가치 창출을 하면 좋겠다는 생각에 동의합니다. 중남미가 전자산업을 하겠습니까? 자동차산업을 주도적으로 하겠어요? 경쟁력을 가지기 힘들거든요. 아무리 R&D 투자 하더라도. 그럼 중남미가 산업발전을 한다면 결국은 원자재 기반 부가가치 높이는 쪽으로 R&D 투자를 하는 게 그게 중남미 미래라고 항상 생각했고 그렇게들 말씀하셔서 동의가 됩니다. 그런데 그쪽 투자가 너무 낮다. 예전에 제가 한국과 중남미 경제를 비교하는 논문을 쓸 때도 중남미의 경쟁력을 한국과 비교해보니까 다른 어떤 분야보다 문제되는 게 기술혁신, R&D 부문이더라고요. 이쪽 경쟁력이 가장 낮게 나타나더라고요. 중남미의 미래가 결국은 R&D 쪽 투자다, 그래서 원자재를 기반으로 한 부가가치 창출이라고 생각하는데 그런 리스크 테이킹 어프로치가 부족한 게 문제고. 결국은 문화적 요인까지 있지 않을까 생각이 돼요.

김영석: 그게 왜 낮을까를 생각해봐야 되거든요. 우리나라는 왜 높은가도. 부풀려진 면이 있을지언정 우리나라가 R&D 투자를 많이 하고 있는 건 사실이거든요. 미국 특허건수 순위를 매겨도 우리가 항상 위에 있고 근데 기본적으로 R&D 투자는요, 새로운 지식을 창출하는 거에요. 지식은 공짜에요. 공공재고. 내가 지식을 창출해도 남이 금방 모방할 수 있어요. 소위 말하는 외부성 때문에. 그거 보호

하려고 특허권, 지재권 있기는 하지만 모방하는 게 훨씬 쉽습니다. 시도할 때 돈 많이 들고 실패하면 보상도 못 받고. 사실 잘 안 해요. 공공재인데 잘 안하니까 누가 하냐, 정부가 하는 수밖에 없습니다. 공공재는 정부 담당이니까요. 정부가 R&D에 어마어마한 지원을 해주거든요. 우리나라는 특히 국책연구소 정말 많습니다. 거기서 특허도 무지하게 많이 가지고 있어요. 우리가 고속철 개발한다, 세계에서 5번째로 고속철을 개발했어요. 그런 어마어마하게 많은 기술개발이 이루어졌는데 그 특허 절반은 철도기술 연구원 그런데서 가지고 있습니다. 그런데 고속철 만드는 회사는 현대 로템 딱 하나 밖에 없어요. 거기 들어간 투자비용 정부가 3000억 원은 썼을 거예요. 그거의 수혜자는 현대 로템 하나에요. 어떻게 보면. 그런데 그 밑에 죽 이어지는 산업연관 효과. 이런 거 때문에 공공재니까 정부가 지원을 많이 해주고 있고 당연히 해줘야 됩니다. 선진국은 R&D 투자에 정부 지원을 하는데 정부재정이 튼튼하니까 해줄 수 있는 겁니다. 중남미는 R&D 투자를 둘로 나눠서 민간투자, 정부투자 나누고 보면 정부투자 거의 0에 수렴할 겁니다. 민간 보고 하라고 하는데 민간은 말씀드린 대로 잘 안 해요. 남의 거 베끼는 게 훨씬 돈도 안 들기 때문에 R&D 투자가 작은 게 문제이고 늘려야 하는데 민간이 알아서 하라고 내버려 둬서는 해결되지 않으니까 중남미 정부들이 이제는 다들 나서서 국가 차원에서 R&D 투자를 늘리는 노력을 하고 있는데 쉽게 늘리지 못 하는 게 재정적인 제약 때문에 잘 못 늘리고 있다, 그런 상황입니다. 결국은 정부의 R&D투자를 늘릴 필요가 있다는 말씀을 드리고요. 두 번째로는 자원 개발 관련해서 고부가가치 경제발전이 필요하다 말씀하셨잖아요? 하나 더 있는 거 같아요. 서비스업. 중남미가 크게 보면 자원 개발이나 또는 농업. 농업분야 특히 1차 산업에도 비교우위가 있거든요. 유일하게 1차 산업이 생산성 증가가 이루어지고 있어요. 거기에 비교 우위가 있고 거기서 제일 잘하고 있는 거예요. 잘하는 걸 더 늘려라. 세계 인구가 늘고, 식량안보 이런 얘기 하니까. 앞으로 식량을 증산할 수 있는 여력에서도 중남미가 많은 잠재력을 가지고 있으니까. 농업이나 자원분야에서 특화하고, 잘할 수 있는 분야에 생산성 증가를 불러올 R&D 투자가 이루어질 필요가 있습니다. 우리는 매일 제조업 얘기하고 삼성전자, 아니면 현대자동차 생각을 하는데 그 분야는 중남미가 현재 잘 안되잖아요. 거의 외국인 투자기업한테 맡겨놓은 거니까. 서비스업 분야에서는 생산성 증가의 여지가 있는 것 같으니까 이 분야에 특화하는 게 오히려 더 좋은 국가 경제발전 전략일 수 있지 않을까 합니다.

권기수: 서비스업 말씀하셔가지고, 4차 산업혁명 관련해서. 그것의 실체가 있냐, 없냐를 떠나 많이 논의하면서, 18세기에 산업혁명이 선진국과 개도국 간의 격차를 벌린 결정적 계기라고 얘기 되고 있고, 최근에는 4차 산업혁명 시대에 그 격차가 더 커지지 않을까 우려를 하고 있고 그런 우려를 많이 하는 국가 중 하나가 중남미가 아닌가 생각이 들어요. 4차 산업혁명이 중남미에 위험요인인가 기회요인인가. 통상적으로는 위험요인이라는 생각이 드는데 긍정적인 부분은

다른 개도국들에 비해서 중남미가 4차 산업혁명을 발전시킬 수 있는 생태계가 잘 구축이 되어 있다, 전반적으로 스마트폰이나 유무선 보급률이나 증가율이 다른 개도국에 비해 빠르게 증가하고 있고, SNS 사용 비중이 세계 탑 수준에 중남미 국가들이 있고, 디지털 기술에 많이 노출되어 있다는 측면이 있습니다. 또 하나는 도시화 수준이 상당히 높다는 것입니다. 21세기에서 산업정책은 도시정책이라고 할 정도로 도시에 지식이 집중이 되면서 이런 부분들이 새로운 혁신 기업이 태동할 수 있는 모태가 된다고 얘기하는데, 예전에 multilatinas 즉 중남미 다국적 기업을 얘기한 적 있는데 최근엔 더 진화해서 tecnolatinas 즉 중남미 기술 기반 활동 기업들에 주목할 필요가 있어요. 주로 스타트업 기반, 대도시 상파울루나, 부에노스아이레스, 멕시코시티에서 태동을 하는데 4차 산업혁명 시대에 아르헨티나의 Mercado Libre는 중남미의 Alibaba, Amazon에 해당하는 대표적인 기업인데 이런 기업들이 태동을 하면서 아르헨티나 시장을 넘어 중남미의 히스패닉 전체 시장들을 겨냥하고 있어요. 다른 지역에 비해 중남미 지역이 동질적 특징들이 강하기 때문에 가능한 것이지요. 예전에는 상품의 교역을 위한 규모의 경제를 실현하기 위해서 한 나라 시장이 안되면 FTA를 통해 경제통합을 시도하는데 인터넷 세상에서는 굳이 그럴 필요 없이 대부분의 기업들이 아르헨티나, 페루, 칠레에서도 태동하지만 이 기업들이 중남미 전체 시장을 겨냥해서 진출하는 특징들이 나타나요. 중남미가 이런 측면에서 스타트업 기업들이, 그중 최근에 유니콘이라고

해서 자산규모가 비상장 기업에서 10억 달러 이상인 기업을 유니콘이라고 하는데 그런 유니콘 기업들이 9개, 10개 이상 나올 정도로 가능성을 보여주고 있어요. 아까 농업을 말씀하셨죠. 지금은 산업 경계가 많이 없어진다고 하는데 중남미는 농업 강국이고 농업 분야에서 스타트업과 연계해서, 드론이나 여러 가지, 에그테크, 정밀농업이라고도 얘기하는 분야가 주목받고 있어요. 중남미 농업을 보면 대규모 플랜테이션을 하는 일부 메이저들이 경쟁을 하는 농장이 있는 반면에 중소 규모의 가정농도 꽤 많거든요. 그런 시장을 겨냥해서 정밀농업이라든지 4차 산업 농업을 겨냥해서 성장할 수 있는 가능성이 꽤 많기 때문에 4차 산업혁명 시대에 중남미가 가지고 있는 생태계를 바탕으로 해서 발전할 수 있는 가능성에 비춰볼 때 긍정적으로 생각할 수 있는 부분이 있을 것 같습니다.

김기현: 중남미가 바로 그런 인식을 하고 있는 것 같아요. IDB 총재 모레노도 한국에 와서 중남미가 앞으로 살 길은 기술혁신이다 이야기를 하고 광업이나 농업에서도 충분히 기술 혁신이 가능함을 강조해요. 그런데 문제는 그런 분야에 스스로 실질적인 투자를 늘려야 하는데 자기들이 안하고 니들이 와서 그런 분야에 투자해라 이런 느낌을 받았어요.

김형주: 투자를 자꾸 다른 쪽에 떠넘기는 이유 중 하나가 저는 수익률에 대한 확신이 없기 때문이라고 생각하거든요. 멕시코나 브라질 기업이 그 분야에 투자해서 수익 확실하다면 굳이 해외 의존 안하고 자기들이 하겠죠. 그런데 왜 수익률이 확실하지 않은가. R&D나 기술

관련된 투자에 관련해서는 그 나라 교육 수준이 낮고 인프라 열악하고 진학률도 낮고 그런 문제가 태생적으로 발생을 하는 데요, 교육문제를 해결하기 위해서는 결국 또 돈과 재정의 문제로 돌아가지 않습니까? 공공재 성격의 R&D도 재정이 필요한 거고, 투자를 했을 때 일정수준 이상의 수익률을 내기 위해서는 국민들의 교육수준이 올라가야 되는데 그것도 역시 돈이 필요한 거고, 그 돈을 어디서 가져오느냐 결과적으로는 소득분배를 개선하는 방향 밖에 없을 것 같습니다. 그런데 중남미에서 생산에 의한 부가가치 배분의 양극화가 심하고 일부 대기업에 많이 쏠리고요. 일부 대기업이라는 게 생산보다는 내수시장이나 규제가 존재하는 쪽에 숨어들어서 부를 창출하니까 그 문제를 중남미 국가들이 건드리지 않는 이상 해결이 어려울 것 같습니다. 뒤집어서 얘기하면 그 부분을 해결할 수 있다면–국민들의 지지가 있어야겠지만–그 부분을 개방하고, 즉, 지금 특정 기업들에게 허용하는 시장을 글로벌 개방한다면 경쟁이 치열해지고 가격이 떨어질 거고 가격이 떨어지면 그쪽으로 쏠리던 부가 국민들에게 가거나 그걸 통해서 결과적으로는 정부재정을 확충하는 쪽으로 쓰이겠죠. 그렇게 해서라도 정부가 재정 여력을 확보해야 이 문제가 풀리지 다른 걸 가만두고 외국에 해달라고 해봤자 같은 돈을 가지고 베트남이나 필리핀에 투자하는 게 R&D 성과가 좋은데 글로벌 기업들이 그 돈을 가지고 멕시코나 페루에 들어갈 가능성은 별로 높지 않죠. 저는 중남미 국가들이 개방과 경쟁에 대한 인식을 근본적으로 바꾸지 않는 이상은 힘들 것 같습니다.

김기현: 저도 그런 생각을 해봤는데 결국 R&D 투자라는 게 수익이 보장되지 않고 리스크가 크잖아요. 중남미 정부가 한다 치지만 민간도 해야 되잖아요? 민간 같은 경우 특권층, 기득권층들은 굳이 리스크를 안고 R&D 투자를 하는 거 보다 말씀하신 대로 지대추구(rent seeking) 즉 정부에 로비 해서 사업 하는 게 더 이득인데 굳이 힘들게 리스크 테이킹을 하지 않는 거죠.

김영석: 중남미 사람들이 안하고 있는 거 아니에요. 열심히 합니다. 성공사례들이 많이 있거든요. 암울하게만 볼 거는 아닌 거 같고요. 진짜로 많이 하고 있어요. 사례를 여러 개 들 수 있습니다. 생략하고요. 결국 R&D 투자가 중요한데

권기수: 중남미 사람들이 인문학과 이공계 중에 어디를 선호해요? 중남미 혁신 활동이 저조한 걸 분석할 때 인상 깊게 본 게 중남미 사람들이 인문학을 더 중시하고 이공계를 경시하는 풍토가 있다 보니까 인력이 상당히 부족하다는 얘기를 하더라고요.

김기현: 교육의 문제와 연결이 되는 건데, 중남미 사람들도 그런 걸 지적하더라고요. 우수한 인재들이 오히려 이공계보다 인문계에 많이 가는 문제.

김형주: 이공계를 가더라도 전자, IT 이런 데를 안가고 기계, 건축 이런 쪽으로 가고 쏠림이 있는 것 같습니다.

김기현: R&D 투자를 통해 부가가치를 창출하는 것도 방법이겠지만 좀 더 쉬운 방법이 뭐냐면 글로벌 가치사슬에 들어가는 것이죠. 이것도

산업을 다각화 할 수 있는 방법이 아닐까 생각이 되거든요. 근데 보니까 글로벌 가치사슬에 있어서 남미의 부가가치 참여비중이 유럽 72%, 동아시아 56%에 비해 30% 정도 밖에 안돼요. 글로벌 가치사슬에 참여를 못하고 있는 거죠. 멕시코를 제외하고. 멕시코는 나프타 때문에 참여를 하는 거 같은데 남미는 그게 안 되는 것도 사업 다각화가 안 되는 중요한 이유 중 하나인 것 같은데 어떻게 생각하십니까?

김형주: 일단 중남미 입장에서는 아까 논의한 것과 연결되는 이야깁니다만, 자원 의존도가 높지 않습니까? 자원을 통해 충분한 돈이 들어오면 자원으로 돈을 번 정부나 대기업이 직원들에게 월급을 주고 저소득층에 돈으로 주고 하면 소비가 발생하고 상당한 파급효과가 생기는 거죠. 그러다보니 굳이 경쟁적으로 들어갈 필요가 없었죠. 아까 말씀드린 것처럼 기업들 역시도 글로벌 경쟁을 그다지 반가워하지 않고. 그런 문제가 한 축에 있다면 다른 한 축은 중남미 기업에 비해서 아시아 기업들이 글로벌화를 지나치게 공격적으로 하고 잘했다는 것도 원인일 것 같습니다. 대표적인게 우리나라와 중국일 텐데요. 중남미 내에서 그나마 글로벌 가치사슬에 잘 편입됐다고 하는 것이 멕시코인데 실제로 멕시코와 중국의 관계를 시기별로 비교해보면 나프타 직후에는 멕시코 기업들이 훨씬 적극적으로 참여했고 수출도 많이 하고 했죠. 중국이 부상하면서 멕시코 내부에서의 자원배분 의사결정을 멕시코 기업이나 정부가 할 수 있으면 그런 일이 안 생겼겠습니다만, 미국, 일본, 한국 기업들이 멕시코 안

에 공장을 운영하다보니까 아웃소싱을 과거에는 멕시코 내에서 하다가 중국이 좀 더 싸게 만들어내니까 조금씩 옮기기 시작한 거죠. 그러다보면 부품경쟁력을 갖춘 중국 쪽으로 부가가치 상당 부분이 넘어가고 멕시코 안에는 인건비, 조립이나 이런 쪽만 남게 되는 겁니다. 그러다보니 수출을 많이 하지만 중간재 수입이 워낙 많아서 순 수출에 의한 부가가치 기여도는 줄어드는 악순환이 발생하는 거죠. 그럼 중국은 잘하는데 왜 중남미는 못하느냐. 물론 중국 노동자나 기업들이 부지런한 것도 있지만 근본적으로 중국은 국가가 이끌고 가지 않습니까? 자원의 제약도 훨씬 적고 또 "산자이"라고 해서 좋게 말하면 혁신클러스터지만 나쁘게 말하면 지재권 안 지키고 불법카피해서 만드는 제품들을 단속을 하지 않고 놔두다 보니까 어쨌든 가격경쟁력이 굉장히 높아지는 거죠. 그에 비해 중남미 국가들은 이미 글로벌화를 오래전부터 했고 나름 스탠다드를 지켰기 때문에 지재권 단속도 많이 하고 글로벌 기업들이 감시의 눈도 크게 뜨고 있고. 이런 부분들이 중남미 기업들, 중남미에 진출한 글로벌 기업들 입장에서는 자꾸 중남미의 부가가치 exposure는 줄이고 아시아나 다른 쪽으로 늘리게 만드는 한 요인인 것 같습니다. 결과적으로 보면 글로벌 기업들이 중국에서 만들어낸 부가가치와 멕시코에서 만들어낸 부가가치 비율을 비교해보면 멕시코에서 벌어들인 게 수 배 이상 높습니다. 중국에서는 매출도 많이 발생하고 규모도 크고 수출도 많이 하지만 실제로 글로벌 기업들에게 남는 게 2나 3이라면 멕시코에서는 같은 금액을 수출했을 때

10배 이상 20배 이상 많은 부분을 가져가는 거죠. 바꿔 말하면, 갑-을로 비유하자면 중남미 기업들이 을에 위치한 거고, 중국에서는 글로벌 기업들이 을에 있고 중국내 부품업체나 정부나 기업들이 상당한 주도권을 갖고 있는 거죠. 중남미 기업들이 현재 상황에서 글로벌 가치 사슬에 참여하지 못하는 것도 문제지만 앞으로도 갑을관계를 역전시킬만한 key factor를 못 갖고 있다는 것도 문제라고 생각합니다.

김기현: 거기까지 기대하긴 힘든 것 같고, 다만 참여해서 수익이 적더라도 일단 거기 들어가는 것만도 지금 중남미에 필요한 상황이 아닌가 싶은데, 그것마저도 참여를 못하고 있잖아요. 특히 남미 국가들은요. 모레노가 이번에 와서 한 얘기도 남미에 투자해서 유럽 시장에 수출할 수 있도록 얼마든지 투자해라. 우리는 그런 투자를 적극적으로 받아들이겠다고 하는데 기업들이 그 먼 남미까지 갈려고 하지 않는 것 같아요. 세계 주요 시장들이 북반구에 있는 것도 문제인 것 같아요. 유럽이나 중국이나 미국이나 일본, 이런 주요한 시장들이 다 북반구에 있으니까 굳이 남반구까지 가서 생산할 필요가 없죠. 물류비용을 생각한다면. 남미는 이런 지리적 이유 때문이라도 글로벌 가치 사슬에서 배제되는 게 아닌가 생각됩니다.

김형주: IDB 입장에서는 그렇게 이야기 하지만 그럼 중남미 다른 많은 나라들이 그 입장을 똑같이 지지하고 보증해줄 거냐, 그것도 아니거든요. 멕시코도 지금은 트럼프와 부딪히면서 기업들한테 전향적으로 잘 해주고 있지만 내년 선거에서 바뀐다고 하면 지금처럼 그렇

게 기업들을 지원해줄 거냐. 반대로 멕시코에서 트럼프처럼 자국 기업 육성하겠다며 글로벌 기업들을 탄압할 가능성도 없지 않습니다. 중남미가 글로벌 가치 사슬에 편입되기를 원한다고 하는 게 글로벌 투자은행들이나 국제기구의 입장인지, 아니면 각국정부도 똑같이 지지하는지는 나눠서 생각해 볼 필요가 있을 것 같습니다.

권기수: 김기현 교수님께 동의하는 부분 중 하나가 멕시코가 중국과 비교했을 때 여러 문제점을 안고 있긴 하지만 세계 3대공장이라고 하는 북미, 동아시아, 유럽 공장에 어떻게 편입이 되느냐에 따라서 그 나라의 지속가능한 성장, 운명을 결정하는 측면이 있다고 생각 들고요. 남미국가들 경우에는 그런데서 소외되다보니까 그쪽 사람들 만나보면 항상 귀를 쫑긋하고 돌아가는 상황에 대해 궁금해 하고 아시아에서는 무슨 일이 벌어지고 있는지 TPP가 진행되고 있는데 한국은 어떤 입장인지, 이런데 관심이 많거든요. 자기들은 세계의 큰 공장에서 소외되어 있다 보니까, 중남미 국가 자체가 생산기지로서의 가능성들이 있으면 글로벌 가치 사슬에 참여할 수 있는 가능성이 있는데. 멕시코나. 중미 같은 경우는 미국시장, 최종시장을 겨냥해서 편입되어 있는 상황인데. 남미 국가들은 쉽지 않고요. 기본적으로 생산기지가 될 수 있는 국가들이 많지 않고 대표적으로 브라질 같은 경우에도 항상 그런 기대를 하는데 전 세계적으로 수출가공지대 붐이 일어서 브라질도 수출가공지대 실험을 하겠다고 해서 KSP 사업을 해서 같이 자문을 한 적이 있습니다. 그때 논란이 수출가공자유무역지대를 만들어서 기업들이 투자해서

수출을 많이 했으면. 수출비중을 80 내수비중을 20. 그러니까 거기서 생산하는 기업들은 수출을 80 내수를 20을 해야 된다. 그런데 브라질에 투자하는 기업들은 브라질이 전반적으로 생산, 물류비용이 높기 때문에 내수를 겨냥해서 들어가지 수출을 겨냥해서 들어가지는 않거든요. 그 비중을 가지고 우리 입장에서는 20% 가지고는 기업들이 투자를 안 한다, 그 비중을 확대해야 한다 해서 옥신각신 했던 적이 있는데, 중남미 많은 국가들이 그런 생산기지로서의 역할을 하기에는 한계점이 있다 보니까 글로벌 가치 사슬을 겨냥해서 들어가는 경우가 많지 않은 것 같고요. 또 우리 기업들 보면 비슷한 사례가, 상파울루 현대자동차 공장을 가동하는데 브라질 노조가 워낙 세고 몰려 있으면 더 세지니까 그중 한 자동차 부품회사가 파라과이에서 부품회사를 설립해서 파라과이에서 부품을 만들어서 브라질에 수출하는 구조예요. 그 사람들 입장에서는 조악한 수준이긴 하지만 한국 기업의 가치 사슬에 파라과이나 브라질이 편입되는 그림일 수가 있거든요. 그런 걸 그쪽 사람들은 희망을 하고, 최근에 태평양 동맹 국가들이 글로벌 가치 사슬을 강조하면서 한국 기업이 페루에서 부품을 생산하고, 칠레에서 가공을 해서, 멕시코에 수출하는 식의 역할을 해줬으면 하는데 우리 입장에서 보면 그렇게 그쪽에 투자해서 멕시코 시장을 겨냥해 들어갈 메리트가 없다보니까 항상 주문을 하는데 한계점이 있는 것 같습니다.

김기현: 김영석 교수님 첨언하실 게 있으신가요?

김영석: 제가 다른 데서 봤던 기억인데요. 우리가 단추를 사지는 않죠, 옷을 사면 단추가 달려있는데, 전 세계 단추의 2/3가 한군데서 생산된다고 하거든요. 어디서 생산되는지 아십니까? 중국 저장성인가 거기라는데, 단추 박물관도 있고, 글로벌 가치사슬 섬유산업 중에서 거기는 단추에 특화한 거거든요. 그런데 단추 공장이 무지하게 많은 겁니다. 단추 전문 인력도 많고. 단추 클러스터가 만들어지는 거거든요. 글로벌 가치사슬에 편입한다는 것은 완제품의 1-100까지의 공정 중 하나만 특화해서, 단추처럼, 대규모 산업클러스터가 조성되어야 하는 걸로 저는 이해하는데, 기업 차원에서 얘기하는 게 아니라 국가 차원에서. 기업은 자기가 만드는 제품의 1-10 공정은 한국에서 하고, 왜냐면 여기는 고숙련도의 기술자들이 해야 하는 일이니까. 10-20까지는 아무나 할 수 있는 일이면 비싼 한국인력 쓰지 말고 온두라스 등에 보내서 만들고 그런 식으로 해서, 요즘은 물류비용이 싸니까요. 그렇게 해서 제일 싸게 만들 수 있는 곳에서 만드는 것. 그게 기업 입장에서 글로벌 가치 사슬을 갖추는 거고. 한군데서 완제품이 나오면 가장 싸게, 경쟁력 있는 제품이 나오는 거니까요. 국가 입장에서는 그 중에서 우리가 제일 잘 할 수 있는 게 뭐냐가 있어야 하는데, 중남미는 그런 노력을, 아까 말씀하신 게 마낄라도라 산업이라든가 수출가공무역지대 있었잖아요. 있긴 한데, 단추 정도는 아니더라도 유사한 사례가 많지는 않죠.

김형주: 자동차 정도

김영석: 예. 자동차가 몇 가지 좀 있는 정도고. 왜 발전하지 못했느냐 생각을 해서 고쳐야 할 텐데요. 북미와 유럽시장이 가까운 편이에요. 거리가 멀어서 섬처럼 떨어진 것도 아닌 것 같고. 지리적으로 가까울지는 몰라도 인프라가 나빠서 물류비용이 많이 드는데 항구에 배 대기도 힘들고 통관절차 거쳐서 물건 빼내기도 힘드니까. 다른 나라와 물리적으로 먼 게 문제가 아니라 인프라가 문제입니다. 인프라 시설 자체를 이야기 하는 게 아니라 운영 시스템, 즉, 공항과 항만 운영 시스템, 관세 시스템, 이런 것들이 낙후되어 있습니다. 그런 것 개선하는 게 일단 있어야 될 것 같고, 두 번째로는 그 일을 할 기능 인력이 있어야 되는데, 교육받은 숙련된 기능 인력이 있느냐가 또 다른 문제예요. 왜냐하면 인건비가, 최저임금이라는 게 있으니까, 그 정도 주려면 그것보다 싼 데 많거든요. 그럼 더 좋은데 가서 생산하지 중남미에 오지 않죠. 따라서 그 인건비에 맞는 수준의 공정을 감당할 수 있는 기능 인력이 있어야 돼요. 받는 월급만큼 일할 수 있는 사람이. 그런데 다국적기업 입장에서 판단할 때는 받는 임금 수준을 충족할 기술 인력이 적은 거죠. 그 문제도 해결해야 하고. 결국은 인프라 개선하고, 기능인력 양성하고, 정부가 신뢰를 가지는 것이 필요해요. 기업이 그 정부의 정책이나 제도가 지속된다는 신뢰가 있어야 하는데 그런 면에서는 많이 개선된 거 같긴 한데 일부 불량국가들이 여전히 중남미에 있으니까. 그런 면에서의 개선도 필요한 것 같고요.

김기현: 글로벌 가치사슬 참여도 쉽지 않고. R&D 투자를 통한 원자재 부

가가치 창출도 쉽지 않고, 원자재 가격이 오를 전망도 없고. 이렇게 우울하게 끝나면 안 되는데. 우리가 중남미 경제 이야기 하면서, 이렇게 우울하게 끝나면 안 되죠. 마지막으로 각국으로 넘어가기 전에 그래도 희망적인 이야기 한 가지씩만 해주시죠.

김영석: 4차 산업 혁명을 이야기하는데 저는 잘 모릅니다. 산업혁명이 온 인류의 생활수준을 향상시킨 것은 명백하잖아요. "혁명" 자를 붙이려면, 정보혁명이랑 4차 산업혁명하고 구분해서 말씀하시기에 잘 모르겠더라고요. 정보화가 인터넷 사용이 우리 삶의 질을 크게 개선시킨 것 명백하게 알고 있는데 4차 산업혁명도 그 정도 수준의 뭔가를 줄 거라고 기대하고 있는 거잖아요. 정보혁명까지는 현실로 경험한 거고 4차 산업혁명은 앞으로 올 거라고 이야기 하는 것 같아요. 좋은데, 또 5차 산업을 이야기하더라고요? 앞으로는 인류의 생산 능력이 늘어나니까 옛날에 100명이 일해야 될 거 1명이 하는 세상이 왔기 때문에 여가가 중요해진답니다. 이제는 여가 산업을 5차 산업이라고 하더라고요. 틀리면 안 되는데. 기억에 의존하고 있어서. 5차 산업혁명이 있고 그런 게 생각보다 빨리 온다면 그거는 중남미가 굉장히 큰 경쟁력을 갖고 있거든요. 중남미는 2차 산업분야에서, 제조업 분야에서 경쟁력이 좀 낮은 게 산업혁명 시대의 수혜를 상대적으로 못 본 것 같고요. 그러나 3, 4, 5차 산업과 1차 산업 분야에서 경쟁력이 있기 때문에 특히 앞으로 기후변화, 식량난, 인구증가 이런 조건에서 중남미가 경쟁력을 발휘할 수 있겠죠. 미약한가요?

권기수: 4차 산업혁명을 긍정적으로 볼 수 있다고 말씀드렸고, 중남미 경제를 비행기에 비유하는데, 동체, 즉, 대외경제가 1차 상품 붐의 성과로 전반적인 거시경제 펀더멘털이 강화가 됐습니다. 아웃라이어 빼고 인플레가 문제가 되는 것도 아니고, 외채 얘기도 하셨지만 전반적 대외 여권들이 상당히 강화됐습니다. 중남미가 독립을 한지 200년이 됐지만 항상 선진국에 예속되어 있었거든요. 그런데 2008, 9년 전대미문의 선진국발 금융위기에 중남미는 끄떡없었거든요. 정치적으로 독립한지 200년이 됐지만 경제적으로는 항상 종속돼 있었는데 경제적으로 독립한 해가 2008년이 아닌가 하는 얘기를 할 정도였죠. 어쨌든 대외적 펀더멘털이 강화되면서 과거에 비해서 동체가 강화돼서 튼튼하게 나는 데는 문제가 없는데 마땅한 성장 동력이 없는 것이 문제예요. 기존에는 1차 상품 붐이 성장 동력 역할을 했는데 앞으로는 중남미 국가들이 성장 동력을 잘 찾아내야 안전하게 성장할 수 있지 않을까 합니다. 기승전생산성, 기승전혁신이 아닐까 하는데.

김형주: 중남미 국가들이 원하든 원하지 않든 세계화에 편입이 됐고 경제성장은 경쟁의 결과기 때문에 중남미 노동자들이, 기업인들이 다른 지역의 노동자나 기업인만큼 열심히 하거나 더 열심히 하지 않으면 경쟁에 뒤처지는 건 어쩔 수 없는 것 같습니다. 그 결과가 낮은 경제성장률일 텐데요. 그 숫자가 낮아졌다는 것과 사람들이 삶에서 느끼는 만족과 행복과는 별개거든요. 저는 중남미 사람들의 가치관이 아시아인의 가치관과는 많이 다르기 때문에 생긴 결과가

아니까. 성장률이 낮다고 해서 그들이 꼭 불행한 건 아니지 않냐는 얘기를 하나 하고 싶고. 또 한 가지는 우리가 했던 많은 이야기들의 기본적인 열쇠를 정치인들이 가지고 있습니다. 자원배분, 제도, 신뢰 등 정치인들이 의사결정을 어떻게 하느냐, 어떻게 조율하고 전달하느냐에 따라 달라지지 않습니까? 기득권층이 얼마나 공고하냐, 깨지고 있느냐도 중요하고. 최근 나타난 중남미의 여러 변화가 물론 마이너스 성장률, 혼란으로 볼 수도 있지만 정치엘리트들의 교체라든지 세대 변화를 가져오기 위한 전조가 아닐까 하는 생각도 듭니다. 이런 과도기를 지나고 나면 과거 기득권층들이 기득권을 잃고, 정치엘리트도 바뀌고 하면서 그 사람들이 새로운 시대를 열 수 있지 않나 하는 기대를 갖고 있습니다.

라틴아메리카 주요 국가별 경제 상황

브라질, 멕시코, 베네수엘라

김기현: 중남미 경제의 이해라는 책을 권기수 교수님과 함께 쓰면서 내린 결론은 어쨌든 중남미는 영원한 가능성의 대륙이라는 것이었지요. 다음 토론 주제는 각 국가별로 핵심 쟁점들이 무엇인가인데요, 시간 관계상 간단하게 짚어보도록 하겠습니다. 브라질부터 시작 할텐데요, 일단 최근 IMF 성장 전망치가 1.7%에서 1.3%로 하향조정 되었어요. 재밌는 것은 주식시장 주가가 작년 1월 37000대에서 최근 76616으로 역사상 최고가를 기록했단 말이죠. 이게 무슨

일인가. 이 희망은 어디서 오는가. 권기수 교수님 말씀해주시죠.

권기수: 최근에 중남미 경제에서 나타나는 현상 중 하나가 정치와 경제의 디커플링, 그런 논쟁이 있는 것 같습니다. 정치 혼란에도 불구하고 경제 지표, 대표적으로 주가가 개선되고 있는. 약간 주춤하긴 하지만 76000포인트까지. 브라질이 2008년 1차 상품 붐이 일었을 때보다 더 높은 상황이더라고요. 그런 상황이 어떻게 연출되고 있나, 그게 아이러니 중 아이러니라고 할 수 있고 브라질 경제를 이해하는 키워드라고 생각이 들거든요. 그 중 하나는 브라질의 경제 펀더멘털을 어떻게 정의하냐에 따라 다를 수 있는데 실물경제 측면에서 주춤하고 있지만 일부 지표들은 주가라든지, 다른 지표들은 개선되고 있죠. 그 중 하나가 최근 브라질 위기가 재정위기라 해서 GDP 대비 재정적자가 8.4%, 9%, 10%까지 기록하는데 이게 정부부채의 위기 모델 중 그리스모델로 가야되는, 그리스는 그 정도 부채를 가지고 최근 위기국면으로 갔던 상황인데. 그러면 브라질은 그리스 모델로 갈 것이냐, 일본 모델로 갈 거냐 하는데, 브라질의 대부분 정부 부처를 보면 2000년대 외채를 내채화하면서 브라질의 상당 정도 정부 부채가 내채라는 거죠. 한 94%정도가 내채고 6% 정도가 외채다보니까 실제적으로 브라질에서 재정적자 문제가 커지긴 하지만 문제 자체가 국내적인 문제지 외부 확장성을 가지고 있지 않는, 그런 측면에서 브라질 경제를 대외적으로 건전하게 보는 측면이 있고요. 또 최근에 경상 수지가 개선이 되고 있어요. 최근에 플랫으로 −0.2% 정도로 무역수지가 크게 개선되면서 전반적

으로 경상수지 부문도 상당히 개선되고 있고, 외환보유고가 또 우리나라와 비슷한 3800억 달러 넘어가는 수준이고, 외환보유고 대비 단기 외채나 이런 것들은 우리나라보다 훨씬 좋은 상황이지요. 전반적으로 경제의 펀더멘털이 좋기 때문이라고 설명할 수 있겠고, 또 정치적으로 보면 기대하지 않았는데 테메르 대통령이 잘 하고 있어요. 어떻게 보면 가장 인기 없는 대통령이 브라질 역사에서 가장 혁신적인 개혁정책을 실시하고 있거든요. 테메르 입장에서는 궁지에 몰려있고 지지도가 3% 밖에 안 되는데, 그러다보니 어떤 식으로든 상황을 만회하기 위해 개혁 대통령이라는 역사적인 평가에 목말라있다 보니까 정치적으로 그런 정당성을 만회하기 위해 개혁 정책들을 실시하고 있죠. 최근에 경제 팀이라고 하는 중앙은행 총재나 엔리키 메이엘레스 재무장관이 생각보다 시장친화적인 정책들을 잘 실시하고 있고, 앞으로 경제가 현 고비만 넘기면 좋아질 수 있겠다는 시장의 기대감들이 작용을 하면서 정치 상황과 경제 지표가 디커플링 되는 상황이 연출되고 있습니다.

김기현: 재정수지 문제가 심각하긴 하지만 다른 특히 대외적 펀더멘털이 좋고 재정적자 문제도 테메르 정부가 개혁을 잘 추진하고 있기 때문에 그런 희망이 나오고 있다. 다른 분 첨언하실 거 없으시면 멕시코로 넘어갈게요. 멕시코는 트럼프가 변수인데, 트럼프 정부가 등장하고 나서 본격적으로 멕시코와 관련된 대선 공약들을 실현하려고 하니까 멕시코 경제가 페소화 가치도 떨어지고 상당히 안 좋았잖아요. 그러다 트럼프가 주춤하니까 안정세에 접어들었다가 최근에

나프타 협상이 다시 시작되면서 또 안 좋아지는 거 같아요. 트럼프가 멕시코 경제에 미치는 영향이 큰 것 같은데, 나프타 협상 결과가 어떻게 나올 건지, 거기에 따라서 멕시코 경제가 어떤 영향을 받을지 전망을 해주시죠.

김형주: 멕시코가 트럼프 때문에 환율이 절하되고 그런 문제가 있었지만 아이러니하게도 그 덕분에 수출이 굉장히 잘 됐습니다. 당연히 페소화가 싸지니까 수출경쟁력이 높아지고 그러다보니 경제성장률도 의외로 괜찮았고 또 수출을 많이 하면 순수출은 GDP 기여도가 낮지만 그 쪽에서 일하는 사람들 임금소득이 늘어나면서 소비를 하고 그게 국내소비에 기여를 하죠. 트럼프 때문에 멕시코 경제가 현 시점에서 망가진 건 아니다. 예상과 달리. 그 말씀을 드리고 싶고. 또 하나는 트럼프가 멕시코에 내뱉었던 여러 독설들 중에 실제로 멕시코 경제에 치명적인 영향을 미칠만한 건 그렇게 많지가 않습니다. 제일 대표적인 건 나프타 재협상과 세제개혁 문제일 텐데요, 멕시코에 투자하는 미국 기업들에게 세제 우대를 해줬던 걸 원상복귀 시킨다거나 이런 것들은 미국 내 압력이, 반발이 워낙 거세서 실현될 가능성이 지금 상황에서는 높지 않고요. 나프타도 재협상을 하겠다고 말은 했고 진행 중인데 멕시코 뿐 아니라 캐나다, 미국 내에서도 반발이 거세서 원래는 올해 안에 끝내기로 했지만 내년으로 넘어갈 가능성이 높아졌습니다. 내년으로 넘어가면 두 가지 문제가 있는데 하나는 미국 행정부가 신속협상권을 의회로부터 위임받은 게 곧 만기가 되어버려서 나프타 재협상 자체가 흐지부지

해질 가능성이 있구요. 내년에 미국 하원 중간선거가 치러지는데 중간선거가 시작되면 공화당과 민주당 사이 중요한 쟁점은 멕시코 문제가 아니라 자기들이 여기서도 여전히 승리할 수 있느냐의 문제가 되기 때문에 의원들이 트럼프에 대해서 일부는 굉장한 공격에 나설 거고 반대쪽은 수비하려고 나설 가능성이 높습니다. 멕시코는 가만히 앉아서 어부지리를 얻을 수도 있죠. 미국 전체를 놓고 보면 트럼프에 우호적인 사람보다는 적대적인 사람의 비율이 훨씬 높고 하원 선거에 나서는 사람들도 트럼프의 정책결정에 대해서 비판적으로 돌아설 가능성이 높습니다. 일부에선 탄핵 이야기도 나올 만큼 트럼프 입지가 좋지 않습니다. 올해 안에 나프타 재협상이 마무리 되면 모르겠지만 내년으로 넘어가면 멕시코에게 유리할 가능성이 높고요. 올해 안에 협상을 끝내려면 미국이 많은 양보를 할 수 밖에 없습니다. 그러면 재협상의 악영향은 줄어들 수밖에 없고. 그래서 나프타도 그렇고 세제개혁도 그렇고 트럼프가 공언했던 것만큼 멕시코에 불리하지 않을 것이라는 게 제 견해입니다.

김기현: 다른 분들도 동의하십니까?

김영석: 트럼프 행정부 출범의 부정적인 영향에 대해 연 초에 걱정들을 많이 했는데 구체적으로 악영향을 미쳤다고 나타난 게 하나도 없어요. 혹시 부정적 영향이 있다손 치더라도 미국이란 나라가 트럼프 대통령 한 명으로 움직이는 나라가 아니기 때문에, 법안이 통과되는 문제도 있고 해서, 생각보다 미국 리스크는 크진 않은 것 같습니다.

권기수: 미국 입장에서 4차 협상 끝난 최근의 반응을 보면 생각보다 캐나다나 멕시코가 강경하게 반발을 하고 있고 멕시코 입장에서는 PRI 당선 가능성이 높지 않다고 하지만은 PRI 정부 입장에서는 협상에서 밀리면 안 되는 상황이다 보니까 미국이 생각만큼 과격하게 나오긴 하지만 이슈에 대해 멕시코나 캐나다도 물러서지 않고 있죠. 그러니까 생각만큼 미국의 입장이 관철이 안 되면서 내년 넘어가면 장기화될 가능성, 흐지부지될 가능성이 있는데 그 와중에 트럼프가 어떤 액션을 취할지가 변수입니다. 그래도 실제로 절차를 밟으려면 지난하고 해서 생각보다 장기전으로 갈 가능성도 있고 당초보다는 영향이 제한적일 수 있습니다. 내년에 PAN 쪽에서 당선되면 현상유지가 되는데, (좌파인) 로페스 오브라도르가 집권할 경우는 여러 가지... 2002년도 (룰라가 당선된) 브라질 상황까지는 아니겠지만 로페스 오브라도르가 멕시코라는 경제 환경에서 취할 수 있는 정책의 범위가 제한적이지 않을까 생각되지만 그래도 금융외환시장의 불안 이런 것들은 있을 수도 있겠다는 생각이 듭니다.

김형주: 오히려 내년에 멕시코는 트럼프보다 로페스 오브라도르가 더 문제일 것 같습니다. 트럼프랑 닮은 사람이기 때문에, 멕시코 국민들이 반발해서 로페스 오브라도르를 찍는다면 멕시코 국민들의 의사와 상관없이 멕시코 기존 기득권을 강화하는 방향으로 흘러갈 수 있죠. 그건 멕시코 경제에 결코 좋은 변화가 아니라는 점에서 중요하게 지켜봐야할 것 같습니다.

김기현: 마지막으로 한 나라만 더 짚고 마치겠습니다. 베네수엘라인데요.

마두로가 며칠 전이죠? 채무상환을 중단하고 채권단과 채무재조정을 하겠다, 올 것이 오는 것이 아닌가 싶은데, 어떻게 보십니까? 디폴트, 어떻게 될까요?

김영석: 베네수엘라는 사실상 디폴트 상태에 들어간 지 오래죠. 이미 디폴트 상탭니다. 디폴트가 기정사실화 되어있는데 디폴트는 원리금, 이자상환이 안되어야 선언할 수 있거든요. 근데 여태까지 이자를 냈어요. 근데 낼 돈이 떨어지니까 얼마 전에 마두로 대통령이 이게 마지막 이자 지급이고 다음번 들어오는 원리금 상환부터는 낼 돈 없다, 못한다, 그러니 부통령한테 지시해서 빨리 채권자들하고 채무조정 협상을 하라고 지시한 상태거든요. 그럼 디폴트가 예고되어 있잖아요. 마두로 대통령은 지금 예고했지만 시장에서는 1, 2년 전에 이미 알고 있었기 때문에 가격에 반영이 되어 있었고요, 사실 디폴트 상태에 있는 거죠.

김기현: 재밌는 게, 디폴트가 예상되면 채권 가격이 10% 정도로 떨어진대요. 그런데 베네수엘라 채권이 원가의 20-30%로 유지되고 있다는 거에요. 이건 뭘 말하는 겁니까? 어떻게든지 갚고 있고, 지금 보니까 외환보유고가 아직 100억불이 남아있어요. 내년도에 24억불 까지 떨어질 거라고 예상들을 하는데 아직까지는 괜찮은 거 같아요. 내년까지 디폴트 가능성 60%, 5년 안에 디폴트 가능성 99% 이렇게 이야기 하더라고요.

권기수: 신용등급은 99% 디폴트라고 볼 수 있는데 그런 상황에서도 불구하고 골드만삭스부터 해서 하이리스크 하이리턴 식으로 계속 베네

수엘라 채권을 사고 투자하고 그래왔더라고요. 어떻게 보면 치킨 게임이라고 표현할 수도 있는데 베네수엘라 상황이 디폴트를 할 수 없는 상황이다, 금융권에서는 그렇게 판단을 하고서 계속 산 거 같아요. 왜냐면 베네수엘라의 유일한 외화 가득원이 석유기 때문이죠. 만일 디폴트를 선언하게 되면 석유를 담보로 해서 기존의 채권자들이 다 뺏을 수 있게 되죠. 그래서 석유를 수출 못하게 되면 베네수엘라 현 정권은 완전히 파산하는 거다. 그런 최악의 상황까지 안 가려고 하니까 마두로가 어떤 식으로든, 따박따박 이자를 내는 거죠. 사람들이 베네수엘라의 아이러니라고 말을 했는데 마두로가 11월 2일 채무 구조조정을 하겠다, 마지막이다, 라고 선언하면서 금융권의 패닉이 왔지만, 베네수엘라가 채무를 재협상하겠다고 했는데도 국제금융시장에 미친 영향은 생각보다 크지 않았던 것 같습니다.

김형주: 방어벽이 다 쳐져 있어서.

권기수: 예. 선반영이 되어있는지 생각만큼은... 예전에 아르헨티나가 디폴트 선언할 때도 초기에 그런 말이 나왔을 때 상당히 불안했는데 지금은 아르헨티나가 디폴트 할 때도 조용히 넘어간 경향이 있고, 베네수엘라도 생각만큼 갖고 있는 채권규모나 이런 것들, 정확하지가 않은데, 파이낸셜 타임즈에 최근 나온걸 보면 채권 규모가 660억 달러라고 얘기 하고 있고, 300억 달러에 IMF가 차관해서 한 900억 달러, 일부에선 1000억에서 1500불까지도 보는데 생각만큼 채권 규모가 작은 규모가 아니에요. 일전에는 어떤 얘기가 있었

냐면 베네수엘라의 디폴트 파장 크지 않을 거다. 왜냐하면 외채가 채권보다는 차관으로 이루어져 있고 차관의 상당 정도는 러시아와 중국이 가지고 있기 때문에 영향이 일부 국가에만 제한된다. 하지만 채권은 갖고 있는 사람이 워낙 많다보니까 파장이나 영향이 커질 수가 있는데. 어느 게 정확히 진실인지는 모르겠지만 생각보다는 블룸버그나 CNN에서 요란하게 떠드는 것에 비해 국제금융시장에 미치는 파급은 생각보다 크지 않을 것입니다.

김기현: 베네수엘라가 디폴트를 못하는 이유가 해외자산이 너무 많아서 그렇다는 분석도 있어요. 디폴트하면 해외자산 다 빼앗길 수도 있으니까. 그런데 이번에 마두로 정부가 채무재조정을 하려고 한 이유가 아예 그냥 채권을 20%나 30% 할인된 가격에 소련이나 중국이 그걸 사주는 걸 노린다. 이런 이야기를 하거든요. 당장에 디폴트로 갈 상황은 아니지만 그런 이유로 채무재조정 카드를 내놓았다고 하는데 그럼 디폴트가 당분간은 어느 정도 일어나지 않을 것도 같은데.

김영석: 채무국 입장에서 외채관리 전략 중 하나로 과거 에콰도르가 그런 얘기를 많이 들었었는데, 자기네 디폴트 할 거라고 소문을 내면 채권 가격이 떨어져요. 액면가 100만 원짜리가 10만원으로 떨어지거든요. 그럼 시장에서 자기가 사요. 그래서 태워버려요. 소각하면, 그만큼 외채가 사라지는 거거든요. 근데 지금 베네수엘라가 사실상 디폴트 상태에 있음에도 불구하고 가격이 유지되는 거는 아르헨티나 사례 때문에 그렇죠. 아르헨티나 때 디폴트 선언하고 스왑

했잖아요? 근데 끝까지 채권 스왑에 응하지 않은 벌처 펀드가 큰 돈을 벌었잖아요. 저도 지금 시장 가격 액면가 100만 원짜리 20% 정도에 살 수 있다면 5년만 기다리면... 굉장히 하이 리스크를 선호하는 투자자들은 산다는 거예요. 옛날에는 10% 미만까지 떨어졌는데...

김기현: 시간이 많이 흘러서 이제 마쳐야 할 것 같습니다. 다른 나라, 쿠바나 아르헨티나도 짚어보고 싶고, 더 심도 있는 토론을 하고 싶은데 시간이 다 되었네요. 이것으로 오늘 토론회를 마치도록 하겠습니다. 중남미 경제를 이해하는 데 유익한 시간이었다고 생각합니다. 감사합니다.

2. 라틴아메리카 경제지표 2017

권기수(한국외국어대학교 교수)

Ⅰ. 거시경제지표

항목	단위	아르헨티나	브라질	칠레	콜롬비아	멕시코	페루	베네수엘라	중남미 전체
GDP 증가율	% (연증가율)	2.9	0.9	1.5	1.8	2.2	2.5	−12.0	1.3
1인당 GDP 증가율		2.0	0.1	0.5	1.0	0.9	1.3	–	0.3
소비자물가 상승률		22.9	2.7	1.9	4.0	6.4	2.0	1,133.0	5.3
명목 GDP	십억 달러	612	2,081	263	308	1,142	210	215	5,465
1인당 명목 GDP	달러	14,062	10,020	14,315	6,238	9,249	6,598	6,850	–
실업률	%	9.0	14.5	6.9	10.6	3.8	5.4	26.4	9.4
총 외채	십억 달러	204.8	667.8	173.6	124.8	323.4	80.2	120.2	1,812
수출		58.8	217.5	66.8	38.7	407.8	42.2	29.0	986.3
수입		64.6	151.0	61.4	45.5	411.6	36.9	18.5	959.6
무역수지		−5.8	66.5	5.5	−6.8	−3.8	5.3	10.4	26.6
외환보유고		54.6	381.1	38.0	47.4	176.4	64.4	9.8	867.0
경상수지	% (GDP 대비)	−5.1	−0.3	−1.0	−3.6	−2.8	−1.3	−0.4	−2.0
재정수지		−5.5	−7.8	−2.7	−3.6	−1.3	−2.9	–	−2.8

주 | 2017년 국별 통계의 일부는 각 기관의 추정치, 베네수엘라 총 외채는 2015년 기준

자료 | 명목 GDP, 1인당 명목 GDP, 베네수엘라의 소비자물가상승률은 IMF; 경상수지는 BBVA; 나머지 지표는 유엔중남미경제위원회(ECLAC) 참조

Ⅱ. 실물경제지표

1. 경제성장률

:: 2017년 중남미 경제는 소비 및 투자 등 내수 회복에 힘입어 2년 연속 침체에서 탈피해 성장세(전년대비 1.3%)로 돌아섬.

| 물가하락에 따른 실질 임금 증대, 이민의 송금 유입 확대 등의 호재에 힘입어 민간소비가 빠르게 증가함. 경기회복에 대한 기대감으로 그간 주춤했던 투자도 3분기부터 미약하나마 증가세로 반전됨.

| 대외여건 개선에 힘입어 수출도 증가세로 돌아섰으나 수입이 동시에 증가하면서 순수출의 경제성장 기여도는 미미했음.

| 그간 뚜렷한 격차를 보였던 멕시코 및 중미 경제권과 남미 경제권의 성장세는 남미 경제권이 2016년 2분기 최저점을 지나 회복세로 접어들면서 수렴되는 양상을 보임.

| 국별로는 브라질과 아르헨티나를 제외한 나머지 국가들의 성장률이 전년보다 다소 둔화되는 모양새임.

- 아르헨티나 경제는 마크리 정부의 경제정상화 정책이 효과를 나타내며 빠른 회복세(전년대비 2.9% 성장)로 돌아섬.
- 브라질 경제도 1930년대 대공황 이후 최악의 경기침체에서 벗어나 회복세로 전환되었으나 그 성장폭은 0.9%로 미약함.
- 베네수엘라 경제는 2017년에도 마이너스 성장(-12.0%)을 기록하며 4년 연속 최악의 경기침체를 겪음.

주요국의 경제성장률 추이

(단위: %)

국가	2013	2014	2015	2016	2017
아르헨티나	2.4	−2.5	2.6	−2.3	2.9
브라질	3.0	0.5	−3.5	−3.5	0.9
칠레	4.0	1.9	2.3	1.6	1.5
콜롬비아	4.9	4.4	3.1	2.0	1.8
멕시코	1.4	2.8	3.3	2.9	2.2
페루	5.9	2.4	3.3	4.0	2.5
베네수엘라	1.3	−3.9	−5.7	−16.5	−12.0
중남미	2.9	1.2	−0.2	−0.8	1.3

주 | 2017년은 ECLAC 추정치, 베네수엘라의 2016년, 2017년 수치는 IMF 자료

자료 | ECLAC

:: 1인당 GDP도 2년 연속 하락에서 벗어나 플러스 성장세로 돌아섬. 그러나 그 증가폭은 전년대비 0.3%에 그침.

| 국별로는 아르헨티나의 1인당 GDP가 2.0%로 가장 빠른 성장세를 보임.

| 3년 연속 하락세를 보였던 브라질의 1인당 GDP도 증가세로 반전되었으나 그 증가폭은 0.1%에 머묾.

주요국의 1인당 GDP 증가율 추이

(단위: %)

국가	2013	2014	2015	2016	2017
아르헨티나	1.3	−3.5	1.6	−3.2	2.0
브라질	2.0	−0.4	−4.4	−4.3	0.1
칠레	2.9	0.8	1.2	0.5	0.5
콜롬비아	3.8	3.4	2.1	1.1	1.0
멕시코	0.0	1.5	1.9	1.6	0.9
페루	4.4	1.0	1.9	2.7	1.3
베네수엘라	0.0	−5.1	−6.9		
중남미	1.7	0.1	−1.3	−1.9	0.3

주 | 2017년은 ECLAC 추정치, 2010년 불변가격 기준

자료 | ECLAC

2. 투자

:: 13분기 연속 하락세를 보이던 투자는 2017년 3분기부터 플러스 성장세로 돌아섬.

| 중남미에서 투자가 장기간의 침체를 보인 주요한 이유는 남미, 특히 브라질에서의 투자 하락에 기인함.

| 그러나 2017년 3분기부터 남미를 중심으로 한 투자 증가에 힘입어 이러한 상황은 반전됨. 남미에서 3분기 투자는 전년 동기 대비 1% 증가함.

:: 그러나 지속적인 투자 감소의 영향으로 2017년 전체적인 중남미의 투자율(GDP대비)은 4년 연속 하락세를 보임.

| 투자율은 2016년 18.7%에서 2017년 17.9%로 0.8%포인트 하락함.

| 중남미 주요국 중에서는 아르헨티나, 브라질이 중남미 평균이하의 투자율을 보임.

주요국의 투자율(GDP대비) 추이

(단위: %, GDP 대비)

국가	2013	2014	2015	2016	2017
아르헨티나	17.3	16.5	16.7	16.2	16.7
브라질	21.4	20.4	18.2	16.9	16.6
칠레	24.7	23.1	22.4	21.9	21.7
콜롬비아	25.0	26.3	26.0	24.6	24.6
멕시코	27.6	27.3	31.2	31.2	31.3
페루	22.4	23.3	26.3	27.4	27.2
베네수엘라	19.6	17.0	17.5	19.3	9.2
중남미	21.3	20.7	19.5	18.7	17.9

주 | 2010년 불변가격 기준, 2017년 베네수엘라 실업률은 IMF 통계

자료 | ECLAC

3. 수출입, 무역수지 및 경상수지

가. 수출(상품수출)

:: 일차산품의 국제가격 상승과 이로 인한 교역조건 개선에 힘입어 수출은 전년대비 10.9% 증가함.

| 보다 구체적으로는 수출 가격 인상(8%)과 수출 물량 증가(3%)가 수출 확대를 견인함.

| 상품별로는 광물 수출국의 수출이 전년대비 15%, 석유 수출국의 수출이 12% 증가함.

:: 국별로는 철광석, 석유, 대두 등의 수출 증가에 힘입어 브라질의 수출 성장세(17.9%)가 가장 두드러짐.

| 그밖에 콜롬비아(16.0%), 페루(14.0%), 칠레(10.3%), 멕시코(9.0%), 베네수엘라(4.0%), 아르헨티나(1.8%) 순으로 높은 수출 증가세를 시현함.

주요국의 수출증가율 추이 (단위: %, 전년 대비)

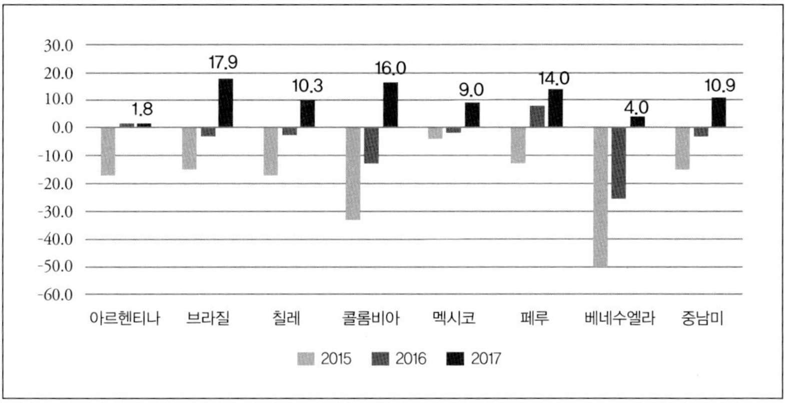

출처 | ECLAC

:: 수출 확대에 힘입어 중남미의 수출 규모는 2016년보다 971억 달러 증가한 9,863억 달러를 기록함.

| 국별로는 멕시코가 4,078억 달러로 수출 규모가 가장 컸으며, 그 뒤를 브라질(2,175억 달러), 칠레(668억 달러), 아르헨티나(588억 달러), 페루(422억 달러), 콜롬비아(387억 달러), 베네수엘라(290억 달러)가 이음.

주요국의 수출 추이

(단위: 백만 달러)

국가	2013	2014	2015	2016	2017
아르헨티나	81,660	68,407	56,813	57,784	58,831
브라질	242,034	224,098	190,092	184,453	217,470
칠레	76,684	74,924	62,183	60,597	66,847
콜롬비아	59,992	56,899	38,275	33,381	38,722
멕시코	380,741	397,650	380,976	374,296	407,796
페루	42,177	39,533	34,414	37,020	42,206
베네수엘라	89,000	74,714	37,357	27,868	28,983
중남미	1,119,154	1,083,333	919,908	889,136	986,270

자료 | ECLAC

나. 수입

:: 중남미 경제의 회복을 반영해 수입도 증가세로 전환됨.

| 2013년 이후 처음으로 성장세로 반전된 수입은 전년대비 7% 증가함.

주요국의 수입증가율 추이

(단위: %, 전년 대비)

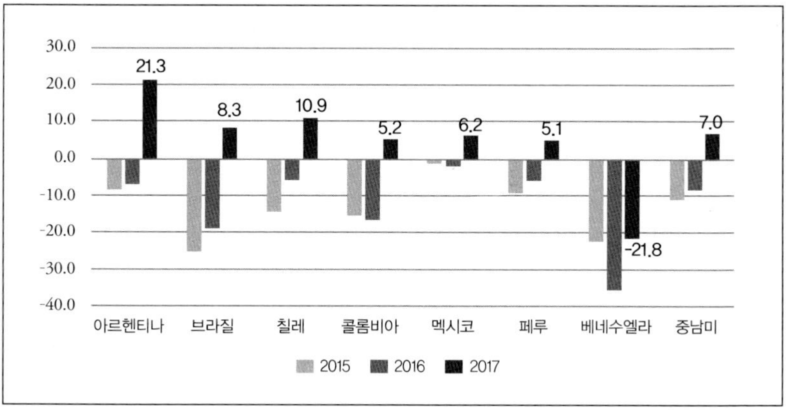

자료 | ECLAC

:: 국별로는 베네수엘라를 제외한 대부분의 국가에서 수입이 증가함.

| 아르헨티나가 가장 큰 수입 증가세(21.3%)를 보였으며, 칠레(10.9%), 브라질(8.3%), 멕시코(6.2%), 콜롬비아(5.2%), 페루(5.1%) 순으로 높은 증가세를 기록함.

| 그에 반해 극심한 외환 부족 사태를 겪고 있는 베네수엘라의 수입은 전년대비 21.8% 급락함.

:: 2017년 중남미 수입 규모는 전년보다 626억 달러 증가한 9,596억 달러를 기록함.

| 국별로는 멕시코가 4,116억 달러로 가장 큰 수입 규모를 기록했으며, 그 뒤를 브라질(1,510억 달러), 아르헨티나(646억 달러), 칠레(614억 달러), 콜롬비아(455억 달러), 페루(369억 달러), 베네수엘라(185억 달러)가 이음.

주요국의 수입 추이

(단위: 백만 달러)

국가	2013	2014	2015	2016	2017
아르헨티나	70,541	62,429	57,176	53,243	64,593
브라질	239,634	230,727	172,422	139,416	150,967
칠레	74,568	68,580	58,718	55,341	61,384
콜롬비아	57,160	61,539	52,050	43,239	45,490
멕시코	381,638	400,440	395,573	387,369	411,571
페루	42,217	41,042	37,331	35,132	36,923
베네수엘라	53,000	47,508	36,901	23,724	18,546
중남미	1,107,387	1,105,630	981,650	897,078	959,639

자료 | ECLAC

:: 수출 가격 인상에 힘입어 교역조건은 5년 만에 처음으로 전년대비 2.4% 개선됨.

| 상품별로는 탄화수소(석유) 수출국의 교역조건이 전년대비 12% 증가해 가장 큰 폭으로 개선되었으며, 광물수출국의 교역조건도 6% 향상됨.

| 그에 반해 농업수출국의 교역조건은 에너지 및 중간재 가격의 상승으로 전년대비 1% 하락함.

| 국별로는 콜롬비아의 교역조건이 가장 크게 개선되었으며 그 뒤를 칠레, 브라질, 페루가 이음. 그에 반해 아르헨티나와 멕시코의 교역조건은 전년에 비해 소폭 악화됨.

중남미 교역조건 추이

(단위: 2010 = 100)

국가	2013	2014	2015	2016	2017
아르헨티나	108.1	105.4	100.8	107.3	106.3
브라질	99.4	96.1	85.5	88.1	94.1
칠레	91.9	89.9	86.0	87.9	94.1
콜롬비아	100.6	91.6	69.1	68.7	75.1
멕시코	102.8	97.6	93.3	89.0	88.9
페루	99.0	93.6	87.8	87.0	91.4
베네수엘라	118.9	111.8	63.3	-	-
중남미	102.1	97.9	88.2	88.6	90.7

자료 | ECLAC

다. 무역수지 및 경상수지

:: 수입 증가세를 크게 상회하는 수출 신장세에 힘입어 무역수지는 2017년 큰 폭의 흑자로 전환됨.

| 중남미 전체 무역수지는 2016년 79억 달러 적자에서 2017년에는 266억 달러 흑자로 반전됨.

| 그러나 국별로 무역수지는 상이한 특징을 나타남. 브라질과 베네수엘라가 큰 폭의 무역흑자를 달성한데 이어 칠레, 페루도 흑자를 시현함.

| 그에 반해 콜롬비아, 멕시코는 무역적자를 기록함. 그러나 이들 국가에서 무역적자 규모는 전년보다 크게 감소함.

주요국의 무역수지 추이 (단위: 백만 달러)

국가	2013	2014	2015	2016	2017
아르헨티나	11,119	5,978	−363	4,541	−5,762
브라질	2,400	−6,629	17,670	45,037	66,503
칠레	2,116	6,344	3,465	5,256	5,463
콜롬비아	2,832	−4,640	−13,775	−9,858	−6,768
멕시코	−897	−2,790	−14,597	−13,073	−3,775
페루	−40	−1,509	−2,917	1,888	5,283
베네수엘라	36,000	27,206	456	4,144	10,437
중남미	11,767	−22,297	−61,742	−7,942	26,631

자료 | ECLAC

:: 무역수지 개선에 힘입어 중남미의 경상수지 적자는 전년보다 개선됨.

| 국별로는 큰 폭의 무역흑자 확대에 힘입어 브라질의 경상수지 적자(204억 달러 → 120억 달러)가 가장 빠르게 감소함. 그밖에 페루와 베네수엘라의 경상수지적자도 소폭 감소함.

| 그에 반해 아르헨티나의 경상수지 적자는 무역적자 증가로 인해 큰 폭(150억 달러 → 270억 달러)으로 악화됨.

주요국의 경상수지 규모 추이

(단위: 10억 달러)

국가	2013	2014	2015	2016	2017
아르헨티나	–13	–9	–17	–15	–27
브라질	–75	–104	–59	–24	–12
칠레	–12	–5	–5	–4	–4
콜롬비아	–13	–20	–19	–12	–12
멕시코	–31	–23	–29	–23	–21
페루	–9	–9	–9	–5	–2
베네수엘라	5	5	–16	–4	–1
중남미	–165	–184	–173	–99	–86

주 | 2017년 ECLAC 기준, 2017년 중남미 총 경상수지규모는 카리브 제외

자료 | IMF

:: 2017년 중남미의 GDP대비 경상수지 적자는 지난해보다 개선(1.9% → 1.6%)되었으나 국가마다 상황은 조금씩 다름.

| 국별로는 브라질, 페루, 베네수엘라의 경상수지 적자가 GDP대비 1%포인트 이상 하락해 큰 폭의 개선을 보임.

| 그에 반해 아르헨티나에서 GDP대비 경상수지 적자는 2.7%에서 5.1%로 크게 악화되었으며 멕시코에서도 소폭 증가함.

주요국의 경상수지(GDP대비) 추이

(단위: %)

국가	2013	2014	2015	2016	2017
아르헨티나	−2.1	−1.5	−2.7	−2.7	−5.1
브라질	−3.0	−4.2	−3.3	−1.3	−0.3
칠레	−4.1	−1.7	−1.9	−1.4	−1.0
콜롬비아	−3.3	−5.2	−6.4	−4.3	−3.6
멕시코	−2.5	−1.8	−2.5	−2.2	−2.8
페루	−4.4	−4.4	−4.8	−2.7	−1.3
베네수엘라	2.0	2.3	−6.6	−1.6	−0.4
중남미	−2.8	−3.1	−3.4	−1.9	−1.6

주 | 2017년은 베네수엘라를 제외하고 BBVA 전망치 기준

자료 | IMF

4. 정부지출 및 재정수지

:: 2017년 중남미 재정지출은 지난해와 비슷한 수준(GDP대비 21.3%)을 나타냄. 그러나 재정지출의 내용에서는 변화를 보임.

| 먼저 공공부채의 상환 규모가 2005년 이후 가장 높은 수준인 GDP대비 2.1%에서 2.3%로 증가함.

| 그에 반해 기초재정 지출(부채 상환 등 금융비용을 제외한 지출)은 15.5%(GDP 대비)에서 15.4%로 소폭 감소함.

| 소지역별로 기초재정 지출을 살펴보면, 먼저 남미의 경우 아르헨티나와 브라질에서 정부지출 축소 및 동결로 비교적 가파른 하락세(GDP대비 18.3% → 18.1%)을 보임.

- 반면에 멕시코와 중미에서 감소폭(GDP대비 13.0% → 12.9%)은 미미함.

:: 2017년 중남미의 명목 재정수지(GDP 대비)는 전년대비 0.1%포인트 증가하는 수준에 그침.

| 그러나 재정수지를 기초재정수지(총 재정수지에서 금융비용 제외)와 명목재정수지로 나누어 살펴보면 상이한 특징을 보임.

- 기초재정수지적자는 중남미 각국 정부의 지출 축소와 세수 확대 노력에 힘입어 2016년 1.0%에서 2017년에는 0.8%로 0.2%포인트 하락함.
- 그에 반해 명목재정수지적자는 부채 상환 비용 증가로 소폭 증가(2.7% → 2.8%)함

| 소지역별로 재정수지적자도 상이한 양상을 보임.

- 중미의 경우 기초재정수지흑자는 2년 연속 감소해 거의 균형(GDP대비 0.2% 흑자) 상태에 도달함. 그러나 정부부채에 대한 이자지급 확대로 명목재정수지적자는 GDP대비 2.1%에서 2.4%로 증가함.
- 남미의 경우 기초재정수지적자는 5년 만에 처음으로 감소세(2016년 1.9% → 2017년 1%)로 돌아섬. 기초재정수지 개선에 힘입어 명목재정수지적자도 GDP대비 4.2에서 3.9%로 하락함.

| 국별로는 브라질(-7.6% → -7.8%), 페루(-2.4 → -2.9%)에서 재정수지적자가 소폭 증가한데 반해 멕시코(-2.6% → -1.3%), 콜롬비아(-4.0% → -3.6%), 아르헨티나(-5.9% → -5.5%)에서는 하락함.

주요국의 명목재정수지 추이

(단위: %, GDP 대비)

국가	2013	2014	2015	2016	2017
아르헨티나	–2.5	–4.2	–3.7	–5.9	–5.5
브라질	–2.6	–5.0	–9.0	–7.6	–7.8
칠레	–0.6	–1.6	–2.1	–2.7	–2.7
콜롬비아	–2.3	–2.4	–3.0	–4.0	–3.6
멕시코	–2.3	–3.2	–3.4	–2.6	–1.3
페루	0.7	–0.3	–2.2	–2.4	–2.9
베네수엘라	–	–1.9	–1.4	–	–
중남미	–2.6	–2.8	–2.8	–2.7	–2.8

자료 | ECLAC

:: 2017년 중남미의 총 정부부채는 2016년과 비슷한 수준에서 안정적 수준을 유지함.

| GDP대비 정부부채 규모는 전년보다 0.6%포인트 하락한 55.3%를 기록함.

| 그러나 국별로 공공부채 수준은 매우 다양함.

- 브라질이 73.9%(GDP대비)로 가장 높은 수치를 기록한데 이어 아르헨티나(53.7%), 온두라스(48.7%), 베네수엘라(47.4%)가 그 뒤를 따름.
- 반면에 중남미 국가 중에서는 파라과이가 가장 낮은 수준(20.8%)을 기록하고 있으며, 그 뒤를 페루(23.0%)가 이음.

주요국의 총 정부부채(비금융부문) 추이 (단위: %, GDP 대비)

국가	2013	2014	2015	2016	2017
아르헨티나	43.5	44.7	53.5	54.2	53.7
브라질	56.7	58.9	66.5	69.9	73.9
칠레	20.5	24.0	27.6	30.7	30.9
콜롬비아	43.1	46.0	50.1	54.9	54.0
멕시코	36.8	40.1	44.2	50.8	46.7
페루	19.6	20.1	23.3	23.8	23.0
베네수엘라	32.9	28.5	31.7	44.6	47.4
중남미	52.9	53.4	54.5	55.9	55.3

자료 | ECLAC

5. 실업률

:: 미약한 경기회복세를 반영해 2017년 전체적으로 실업률은 2009년 이후 가장 높은 수준을 보임.

| 2017년 실업률은 전년보다 0.5%포인트 높은 9.4%를 기록함.

:: 이 같은 실업률 증가는 멕시코를 제외한 대부분의 국가에서의 고용시장 악화에 기인함.

| 대부분의 중남미 국가에서 고용률은 2014년 2분기 이후 지속으로 하락해왔으나 2017년 들어 소폭의 경기회복에 힘입어 그 감소폭이 크게 둔화됨. 그 결과, 2017년 고용률 하락세는 전년대비 0.1%에 그침.

| 그밖에 중남미에서 실업률 악화는 노동시장에 노동공급이 증가하고 있기 때문으로 풀이됨.

| 아직까지 미약한 경기회복의 영향으로 브라질의 실업률은 전년보다 1.5%포인트 증가한 14.5%에 달함.

| 최악의 경제혼란을 겪고 있는 베네수엘라에서 실업률도 전년대비 약 6%포인트 증가한 26.4%를 기록함.

| 그에 반해 멕시코의 실업률은 4.3%에서 3.8%로 0.5%포인트 하락함.

주요국의 (도시)실업률 추이 (단위: %, 연말 기준)

국가	2013	2014	2015	2016	2017
아르헨티나	7.1	7.3	6.5	8.5	9.0
브라질	8.0	7.8	9.3	13.0	14.5
칠레	6.2	6.7	6.8	6.8	6.9
콜롬비아	10.7	10.0	9.8	10.3	10.6
멕시코	5.4	5.3	4.7	4.3	3.8
페루	4.8	4.5	4.4	5.2	5.4
베네수엘라	7.8	7.2	7.0	20.6	26.4
중남미	7.1	6.9	7.3	8.9	9.4

주 | 베네수엘라의 2016년, 2017년 수치는 IMF 통계

자료 | ECLAC

Ⅲ. 금융·외환지표

1. 환율

:: 2016년과 비교해 2017년 중남미 대부분의 국가에서 외환시장의 변동성은 크게 완화됨.

| 경기회복에 대한 기대감, 일차산품 가격의 반등, 선진국 통화정책의 불확실성 개선 등이 중남미 외환시장의 안정에 기여한 것으로 평가됨.

:: 그러나 국별로 환율은 상이한 행보를 보임.

| 아르헨티나와 브라질의 환율이 상승세를 보인데 반해 나머지 주요국의 환율은 하락세를 나타냄.

- 아르헨티나의 페소화 환율은 인플레이션 증가 및 재정 악화에 대한 우려로 전년대비 17.4% 상승함.
- 브라질의 헤알화 환율도 하반기 연금개혁 좌초에 대한 우려로 전년대비 1.5% 상승함.

| 그에 반해 멕시코(전년대비 5.2% 하락), 칠레(7.8%), 콜롬비아(1.0%), 페루(3.3%)의 환율은 하락세를 보임.

- 특히 베네수엘라에서는 2017년 5월 환율제도 변경 이후 환율이 큰 폭으로 하락함.

주요국의 환율 추이 (단위: 달러 대비, 연말 기준)

국가	2013	2014	2015	2016	2107	
					환율	2016년대비 변동률(%)
아르헨티나	6.52	8.55	13.01	15.85	18.60	17.4
브라질	2.35	2.66	3.90	3.26	3.31	1.5
칠레	523.76	607.38	707.34	667.29	615.22	−7.8
콜롬비아	1,926.83	2,392.46	3,149.47	3,000.71	2,971.63	−1.0
멕시코	13.08	14.72	17.21	20.73	19.66	−5.2
페루	2.79	2.99	3.41	3.35	3.24	−3.3
베네수엘라	6.28	12.00	13.50	672.92	9.98	−98.5

주 | 플러스는 환율 상승(자국통화가치 하락), 마이너스는 환율 하락(자국통화가치 상승)을 의미

출처 | 각국 중앙은행.

2. 금리

:: 물가 하락세를 반영해 대부분의 중남미에서 정책 금리는 하락세를 보임.

| 중남미 7개국 기준으로 정책금리는 2016년보다 0.9%포인트 하락한 8.9%를 기록함.

:: 그러나 소지역별로 금리 정책은 상이한 움직임을 보임.

| 물가 하락세가 뚜렷한 남미에서는 하락세를 보인데 반해, 물가 상승 압박을 받고 있는 멕시코 및 중미에서는 증가세를 보임.

| 브라질은 경기 부양을 위해 중남미 주요국 중에서 가장 적극적으로 금리 인하를 단행함. 그 결과, 브라질의 정책금리는 2016년 14.2%에서 2017년 10.4%로 3.8%포인트 하락함.

| 그에 반해 멕시코는 물가 인상 억제이외에 2016년 중반이후 계속되고 있는 페소화 변동성 완화를 위해 금리를 인상함.

주요국의 정책금리 추이

(단위: %)

국가	2013	2014	2015	2016	2017
아르헨티나	14.6	26.7	27.0	28.8	26.0
브라질	8.4	11.0	13.6	14.2	10.4
칠레	4.9	3.7	3.1	3.5	2.7
콜롬비아	3.4	3.9	4.7	7.1	6.3
멕시코	3.9	3.2	3.0	4.2	6.7
페루	4.2	3.8	3.4	4.2	4.0
베네수엘라	6.2	6.4	6.2	6.5	6.5
중남미	6.5	8.4	8.7	9.8	8.9

주 | 중남미 수치는 7개국 단순 평균

자료 | ECLAC

3. 소비자물가상승률

:: 2017년 중남미 소비자물가는 2014년 이후 가장 낮은 수치인 5.3%를 기록함.

| 이 같은 소비자물가 하락은 여전히 미약한 국내 수요, 환율 하락(달러대비 각국 통화가치의 상승) 등에 기인함.

| 대부분의 국가에서 소비자물가는 중앙은행의 물가목표치에 근접함.

:: 그러나 지역별로 소비자물가는 상이한 추세를 보임.

| 남미에서는 소비자물가가 하락세를 보인데 반해 멕시코 및 중미에서는 증가세를 보임. 이 같은 요인은 환율 효과와 인플레이션 정책의 차이에서 비롯됨.

주요국의 소비자물가상승률 추이 (단위: %, 연말 기준)

국가	2013	2014	2015	2016	2017
아르헨티나	10.9	23.9	27.5	38.5	22.9
브라질	5.9	6.4	10.7	6.3	2.7
칠레	3.0	4.6	4.4	2.7	1.9
콜롬비아	1.9	3.7	6.8	5.7	4.0
멕시코	4.0	4.1	2.1	3.4	6.4
페루	2.9	3.2	4.4	3.2	2.0
베네수엘라	56.2	68.5	180.9	302.6	1,133.0
중남미	5.0	6.3	7.9	7.3	5.3

주 | 중남미 수치는 베네수엘라 미포함, 베네수엘라 2016년, 2017년 수치는 IMF 통계

자료 | ECLAC

4. 국가위험도

:: 중남미의 국가위험도(EMBI+ 기준)는 2016년 2월 이후 하락세로 돌아서 2017년 들어서도 지속적인 감소세를 보임.

| 그 결과, 2017년 중남미 국가위험도는 2013년 이후 가장 낮은 437bps를 기록함.

| 이 같은 국가위험도 하락은 글로벌 금융시장의 안정, 중남미 역내 채권시장으로의 자금 유입 증가, 그리고 중국 경제의 리스크 감소 등의 요인에 기인함.

| 그러나 베네수엘라의 국가위험도는 2017년 말 디폴트 선언이후 큰 폭으로 상승함.

주요국의 국가위험도 추이 (단위: bps, EMBI+, EMBI Global, 연말 기준)

국가	2013	2014	2015	2016	2017
아르헨티나	808	719	438	455	361
브라질	224	259	523	328	243
칠레	148	169	253	158	118
콜롬비아	166	196	321	227	185
멕시코	155	182	232	232	186
페루	159	181	246	175	114
베네수엘라	1,093	2,295	2,658	2,138	3,267
중남미	410	491	584	483	437

자료 | ECLAC

5. 주가

:: 중남미 대부분의 국가에서 주가는 경제회복에 대한 기대감을 반영해 플러스 성장세를 보임.

| 국별로는 아르헨티나의 주가가 전년대비 77.2% 증가해 가장 빠른 신장세를 보였으며, 그 뒤를 칠레(35.0%), 페루(28.3%), 브라질(27.9%), 콜롬비아(12.0%), 멕시코(8.1%)가 이음.

| 그에 반해 극심한 정치경제의 혼란을 반영해 베네수엘라의 주가는 큰 폭으로 하락(–96.0%)함.

주요국의 주가 추이 (단위: 연말 기준)

국가	2013	2014	2015	2016	2017	
					주가	2016년 대비 변화율(%)
아르헨티나(MERV)	5,391	8,579	11,675	16,918	29,975	77.2
브라질(BOVESPA)	51,507	50,007	43,349	60,227	77,020	27.9
칠레(IGPA)	18,227	18,870	18,151	20,734	27,981	35.0
콜롬비아(COLCAP)	1,615	1,512	1,153	1,352	1,514	12.0
멕시코(IPC)	42,727	43,146	42,977	45,643	49,354	8.1
페루(LIMA)	15,753	14,794	9,849	15,567	19,974	28.3
베네수엘라(IBC)	2,736,585	3,859	14,588	31,705	1,263	–96.0

출처 | Bloomberg.

6. 외환보유고

:: 2017년 중남미 총 외환보유고는 전년대비 4.3% 증가한 8,670억 달러를 기록함.

| 국별로는 아르헨티나의 외환보유고가 전년대비 40.7% 증가(158억 달러)해 가장 높은 성장세를 보임. 그밖에 브라질(4.4%), 페루(4.3%), 콜롬비아(1.6%)의 외환보유고가 증가세를 시현함.

| 그에 반해 베네수엘라의 외환보유고는 전년대비 11.1% 하락해 가장 큰 폭의 감소세를 보임. 그밖에 칠레(-6.1%), 멕시코(-0.9%)의 외환보유고가 하락세를 보임.

:: 국별로 외환보유고 규모는 브라질이 3,803억 달러로 가장 크며, 그 뒤를 멕시코(1,764억 달러)가 잇고 있음.

| 브라질과 멕시코 양국의 외환보유고가 중남미 전체 외환보유고의 64% 비중을 차지함.

| 중남미 주요 7개국 중에서는 베네수엘라의 외환보유고 규모(98억 달러)가 가장 작음.

주요국의 외환보유고 추이 (단위: 백만 달러, 연말 기준)

국가	2013	2014	2015	2016	2017
아르헨티나	30,599	31,443	25,563	38,772	54,563
브라질	358,808	363,551	356,464	365,016	381,056
칠레	41,094	40,447	38,643	40,483	38,033
콜롬비아	43,639	47,328	46,740	46683	47,417
멕시코	180,200	195,682	177,597	178,025	176,441
페루	65,710	62,353	61,537	61,746	64,423
베네수엘라	21,478	22,077	16,367	10,992	9,767
중남미	830,204	857,634	811,913	831,542	867,042

주 | 2017년은 11월 말 기준

자료 | ECLAC

7. 국가신용등급

:: 2018년 2월 기준으로 중남미 국가 중에서는 멕시코, 칠레, 콜롬비아, 파나마, 페루, 우루과이, 트리니다드토바고가 국제 신용평가기관으로부터 투자적격 등급의 평가를 받음.

| Moody's, S&P, Fitch 등 세계 3대 신용평가기관 모두로부터 투자적격 판정을 받고 있는 국가는 멕시코, 칠레, 콜롬비아, 파나마, 페루, 우루과이 5개국임.

| 중남미 국가 중에서는 칠레의 국가신용도가 가장 양호한 것으로 평가됨.

주요국의 국가신용등급

(2018년 2월 28일 기준)

	Moody's		S&P		Fitch	
	등급	평가 일자	등급	평가 일자	등급	평가 일자
과테말라	Ba1	2016.06.30	BB	2016.10.27	BB+	2011.11.21
도미니카공화국	Ba3	2017.07.20	BB–	2015.05.20	BB–	2014.11.21
멕시코	A3	2017.04.27	BBB+	2016.08.23	BBB+	2013.04.28
베네수엘라	Caa3	2016.03.04	SD	2017.11.14	C	2017.11.05
볼리비아	Ba3	2017.08.01	BB	2014.05.16	B+	2011.11.21
브라질	Ba2	2017.05.26	BB–	2018.01.11	BB	2016.05.05
아르헨티나	B3	2017.03.06	B+	2017.10.30	B	2016.05.10
에콰도르	B3	2016.11.23	B	2015.08.12	B	2013.10.18
엘살바도르	Caa1	2017.04.13	B–	2016.12.08	BB–	2013.07.16
우루과이	Baa2	2017.07.13	BBB	2017.05.30	BBB–	2017.09.21
칠레	Aa3	2017.08.24	A+	2017.07.13	A+	2011.11.21
코스타리카	Ba2	2017.02.09	BB–	2016.02.25	BB+	2011.11.21
콜롬비아	Baa2	2016.05.26	BBB	2016.02.16	BBB	2013.12.10
트리니다드토바고	Ba1	2017.04.25	A–	2016.04.22		
파나마	Baa2	2015.12.01	BBB	2012.07.02	BBB	2011.11.21
파라과이	Ba1	2016.06.21	BB	2016.06.15		
페루	A3	2017.08.23	BBB+	2013.08.19	BBB+	2013.10.23

주 | Moody's, S&P, Fitch.

2018 라틴아메리카 – 세계화 시대의 라틴아메리카

발행일 | 2018년 4월 30일
지은곳 | 서울대학교 라틴아메리카연구소
편집자 | 임태균
펴낸곳 | 동명사 | 우 10881 경기도 파주시 회동길 50(문발동) | (031)955-7200(대표)~2

ISBN | 978-89-411-8190-3 93950
이 저서는 2008년 정부(교육부)의 재원으로
한국연구재단의 지원을 받아 수행된 연구임(NRF-2008-362-B00015)